JN197627

ティッシュで作る
リアルな昆虫
駒宮 洋
基本のカナブンから
カブトムシ、アゲハ、
トノサマバッタの
工作まで

はじめに

私がティッシュペーパーで昆虫を作り始めたのは、今から20年ほど前のことです。もとは、古民家の模型を手作りし始めたことがきっかけです。当時50歳の私は、建築関係の仕事をしており、仕事の関係から東北地方、中部地方と、現存する古民家を数多く見て回っていました。埼玉の田舎の古民家で生まれ育ったこともあって、古民家のことが大好きになった私は、実物を写真に撮り、図面に起こし、1/40の模型を作るようになったのです。そのうち、古民家の模型の周囲に、馬やニワトリ、野菜などのミニチュア模型も自作して配置するようにもなりました。そのミニチュアを作るのに最適な材料を探しているときに出会ったのが、ティッシュペーパーだったのです。ティッシュペーパーは、まさに私の模型作りにぴったりの素材でした。小さく切って丸めたり、コヨリ状にしたり、ボンドやニスで固めたりすることで、さまざまな使い方ができます。

もともと昆虫を飼うことが趣味であった私は、ほどなくティッシュで昆虫も作るようになります。卵からサナギ、成虫へと変化する様子を１日中観察していると、昆虫の命のはかなさを思います。「もう死なないよ」と、生きていた頃と同じ形の模型として残してあげたい思いから、昆虫作りを始めたのです。昆虫の原寸大の図面を作るところから始め、ティッシュでひとつひとつ部品を作り、色をていねいに塗って完成させたときの喜びは、古民家の模型を完成させたとき以上のものでした。そして、さらに昆虫作りに熱中するようになり、現在までに120種類300匹以上の「ティッシュ昆虫」を作り続けてきました。作るたびに新たな発見があり、また新しい昆虫作りに生かすことができます。

ティッシュペーパーは、どこの家庭にもある身近な紙です。しかし、使い方や加工の工夫によってさまざまに変化し、多様な表情を見せる、とても奥深い可能性を持った紙でもあるのです。ティッシュペーパーを使って、私と一緒に多くの昆虫を楽しく作ってみませんか。

駒宮 洋

収録作品紹介①

豊富なプロセス写真とともに、作り方を詳しく解説している昆虫たちです。難易度順に掲載してありますので、ぜひ挑戦してみてください。

カナブン
p.32

アゲハ
p.54

トノサマバッタ
p.64

オニヤンマ
▶p.80
カブトムシ
▶p.92
ミンミンゼミ
▶p.106

収録作品紹介②

図面のみを掲載している昆虫たちです。p.4 ～ 5 の昆虫の作り方をマスターすれば、応用して作ることができます。

着色前のティッシュ昆虫に見られる赤い部分は、
ボンドの経年による変化です。

ノコギリクワガタ
▸p.124

アトラスオオカブト
▸p.126

アケビコノハ
▸p.135

収録作品紹介③（着色済み）

ティッシュ昆虫は、ティッシュで各パーツをひとつひとつ作った後、色を塗り、組み立てます。昆虫によってはニスを塗って仕上げます。

オオカマキリ
p.118
オオスズメバチ
p.122
ミヤマカミキリ
p.120
ノコギリクワガタ
p.124
ショウリョウバッタ
p.128
タマムシ
p.132
タガメ
p.130
ルリタテハ
p.134
ツマグロヒョウモン
p.134
オオゴマダラ
p.133

ティッシュ昆虫ができるまで

ティッシュペーパーで作るリアルな昆虫「ティッシュ昆虫」ができるまでの、基本的な製作手順を紹介します。

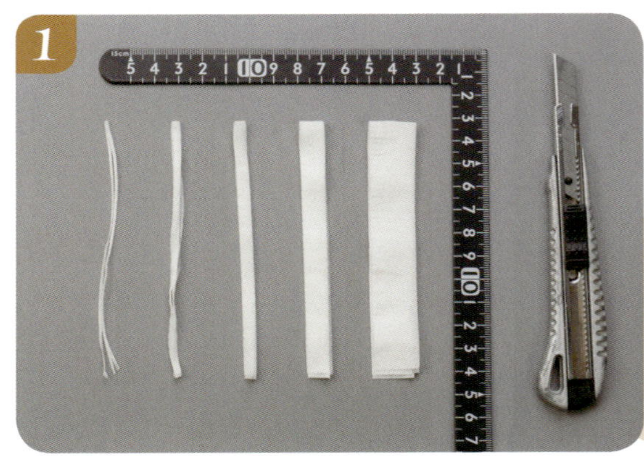

ティッシュをカットする

市販のティッシュペーパーを
必要なサイズに切ります。

ティッシュを丸める

ボンドをつけて、さまざまなサイズにティッシュを丸めます。昆虫の目などになります。

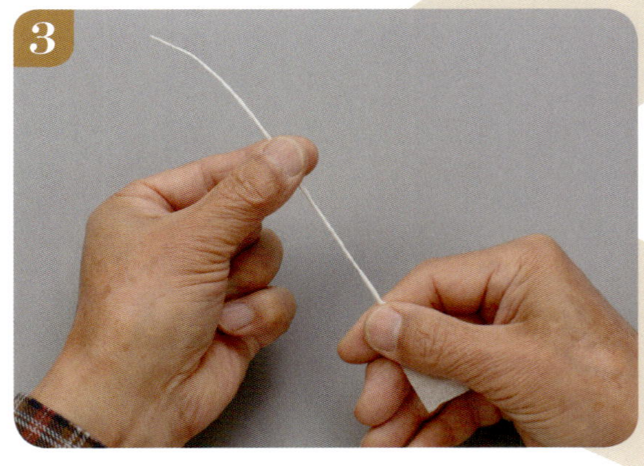

ティッシュをコヨリにする

ティッシュを細くコヨリ状にし、ボンドで固めます。さまざまな太さのコヨリを作り、昆虫の脚や触角などに使います。

ボンド紙とニス紙を作る

ティッシュをボンドやニスで固めてボンド紙（厚紙）とニス紙（透過紙）を作ります。昆虫の硬い体やパーツ、薄い羽などに使います。

土台を作る

1～4で準備したティッシュを使って、
昆虫の体や頭の土台を作ります。

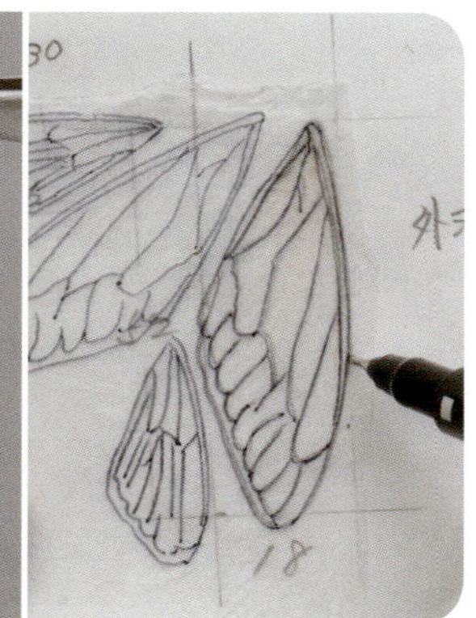

パーツを作る

目、触角、節、脚、羽など、
細かいパーツを作ります。

着色する

水彩絵具でパーツを塗ります。

組み立てる

パーツを組み立てます。昆虫によっては、
組み立ててから着色する場合もあります。

完成

できあがりです。

Contents

Part 1

必要な道具と基本テクニック

道具の紹介

ティッシュ昆虫を作る上で必要な道具を紹介します。身近な道具がほとんどですが、一部私が独自に使いやすいように改良したものもあります。

基本の道具

▶ティッシュペーパー

本書掲載のすべての昆虫は、ティッシュペーパー（以下ティッシュ）で作られています。クリネックス、ネピア、エリエールなど、どのメーカーのものでもOK。ただしメーカーによって「紙の目」が異なるので注意（p.16）。

▶ハサミ

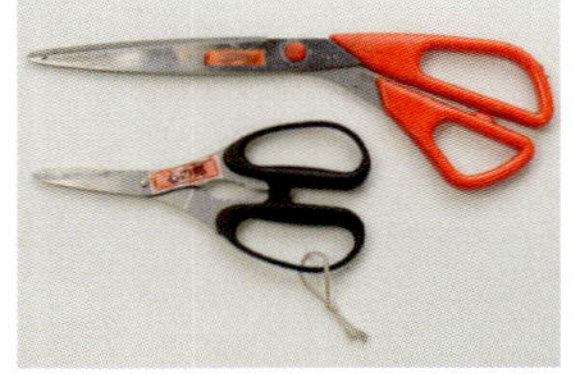

ティッシュなどを切るのに使います。大小サイズあると便利。

▶カッター

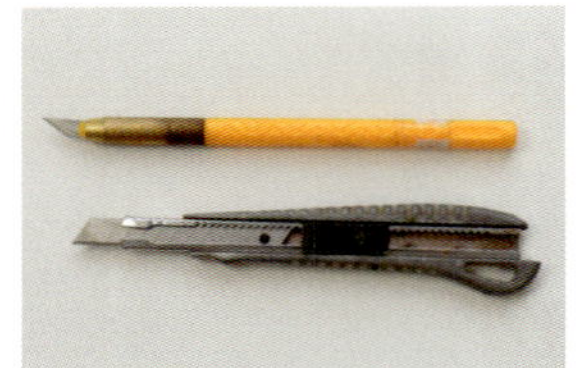

デザインカッターと、ふつうのカッターの両方あると便利。

▶木工用ボンド

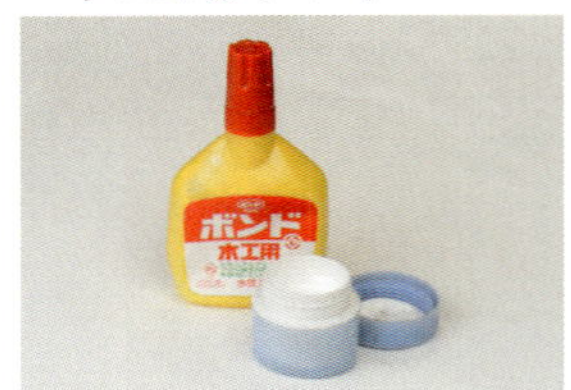

接着するのに使います。別容器に移しておくと使いやすいです。

▶つまようじ

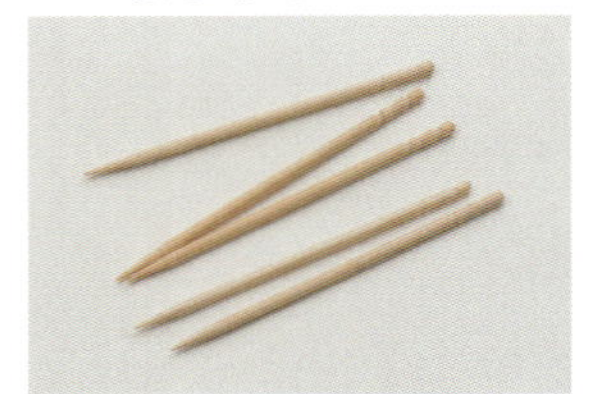

木工用ボンドをつけるのに使います。

▶ピンセット

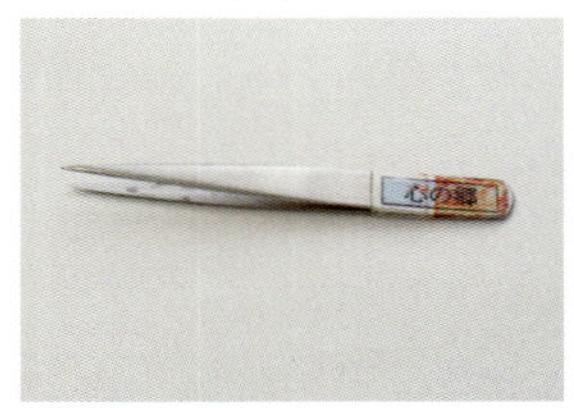

細かい作業をするのに必須。

▶角定規

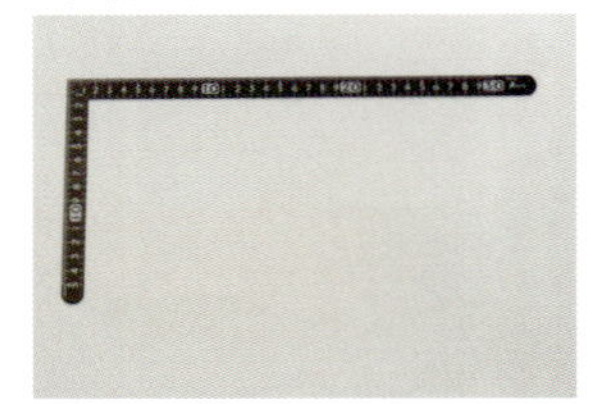

ティッシュを指定のサイズにカットするのに使用。

▶手作りスケール

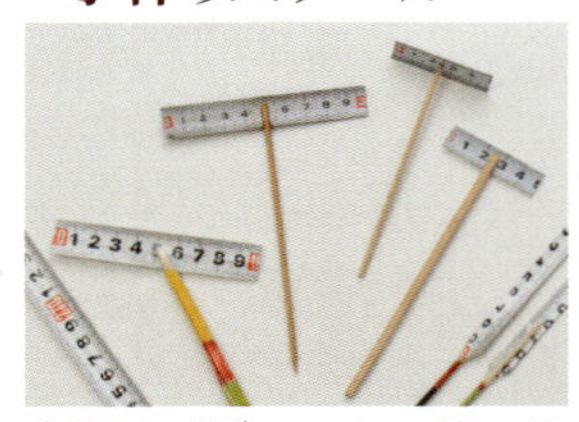

市販のメジャーを、使いやすいように改良したもの。

▶ノギス

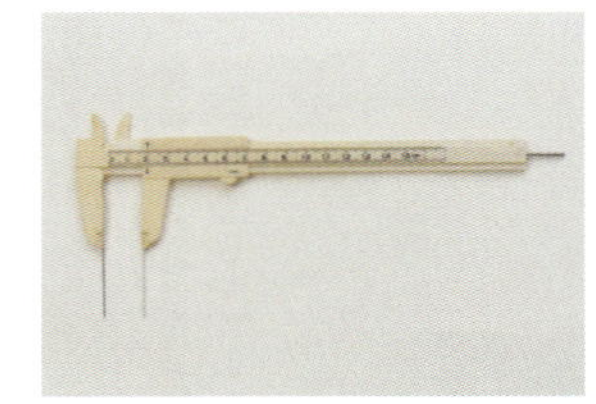

正確なサイズを測るときに使用。

▶鉛筆

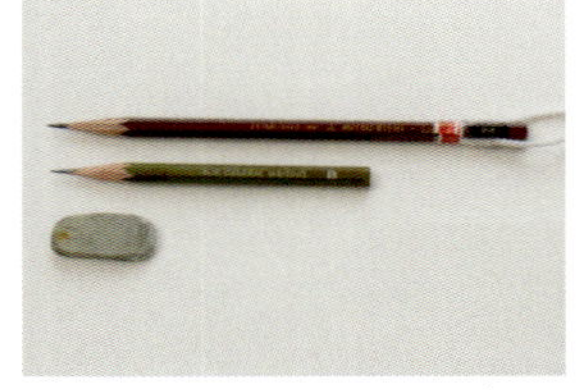

印をつけたり、図面を転写したりします。

▶カッターマット（板）

カッターを使うときに、机を傷つけないために使用。

▶透明プラスチック板

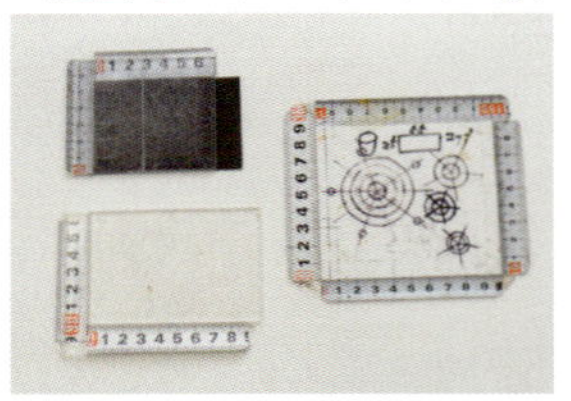

透明な板なので、細かい作業がしやすい。

▶発泡スチロール

作業途中のパーツの台座として使用。

▶丸箸

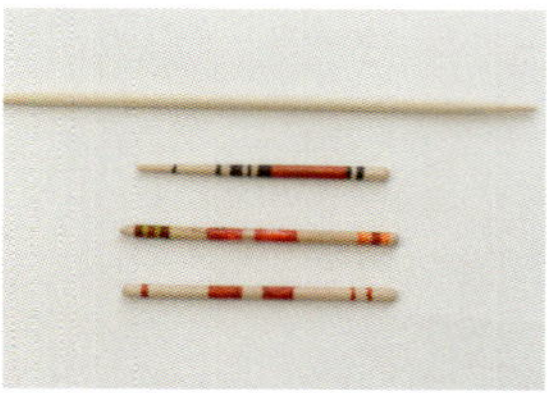

丸箸の先端を削ったもの。昆虫の体に丸みをつけたりするのに使用。

▶ティースプーン

カナブン（p.32）の節を作るのに使用。

▶やすり

ピンセットを尖らせるのに使用。

▶布（おしぼり）

指先についたボンドをきれいにするのに使用。

着色用の道具

▶水彩絵具

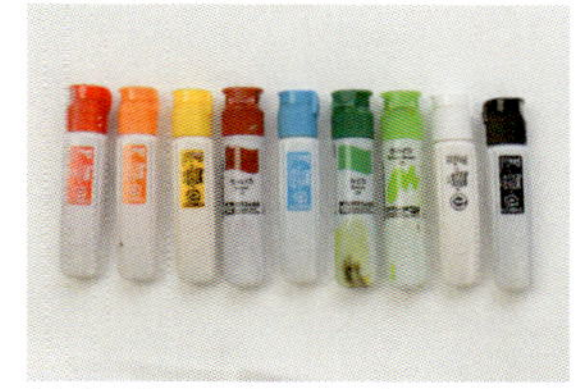

着色仕上げ用の水彩絵具。100円ショップのものでもOK。

▶絵皿

絵具を出して混ぜるための皿。

▶筆

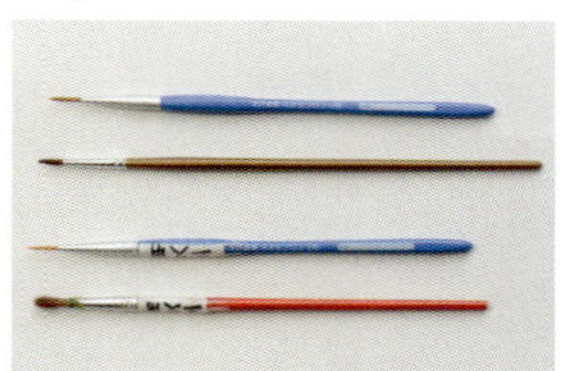

水彩絵具用の絵筆1～2本と、ニス仕上げ用の筆1～2本。細い筆が便利。

▶サインペン

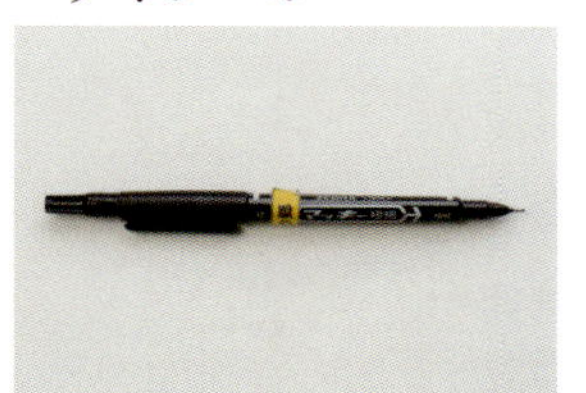

羽の模様を描いたり、繊毛を作ったりするのに使用。

ボンド紙（p.26）とニス紙（p.28）を作るための道具

▶トレイ

20×20×5㎝くらいのもの。ボンド液やニス液を入れます。

▶ボンド液用の容器

ボンド液を入れておくための容器（ペットボトル）。

▶スプレー容器

ニス紙を作るために使用。工作用のつや出しニス（透明）。

▶ニス

ニス紙を作るために使用。工作用のつや出しニス（透明）。最終仕上げ用にも使用。

▶スプーン

いわゆるカレーライスを食べるときのスプーン。ボンド紙を作るときに使用。

▶割り箸・洗濯ばさみ

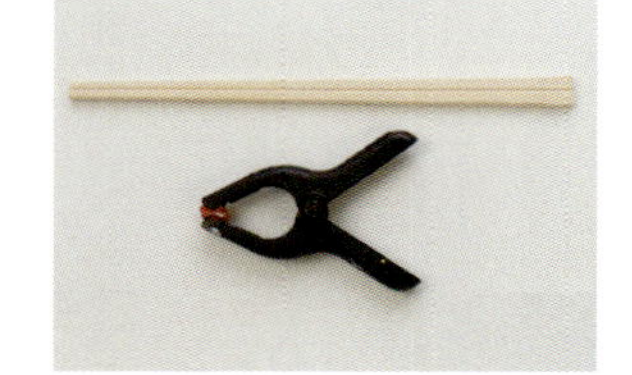

ボンド紙とニス紙を乾かすときに使用。

▶アイロン

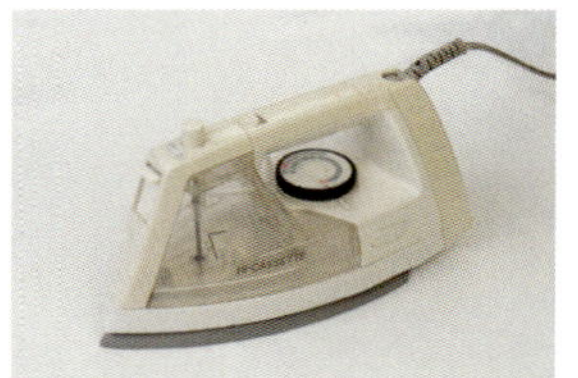

ボンド紙とニス紙を仕上げるときに使用。

▶新聞紙

ボンド液とニス液で机を汚さないためのもの。

基本① ティッシュの下準備

まずは、ティッシュの下準備をしましょう。

ティッシュの「目」を知ろう

ティッシュの目（繊維の流れ）は、メーカーによって異なります。ティッシュ箱を購入したら、必ず下記のように裂け目を入れてみて、目の方向を確かめましょう。

ティッシュを１枚箱から取り出し、広げます。

写真のような方向に裂け目を入れてみましょう。

抵抗なく、きれいに裂け目が入りました。この方向が「目」の方向です。

もう１枚広げ、2とは90度異なる方向に裂け目を入れてみましょう。

きれいに裂け目が入りません。この方向は「目」の方向ではありません。

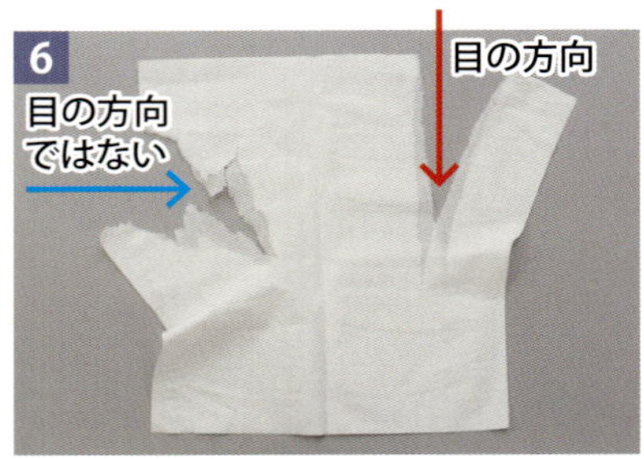

ここでしっかり目の方向を確認しておきましょう。

「2枚紙」と「1枚紙」

昆虫のパーツによっては、ティッシュ（2 枚紙）をはがして「1 枚紙」として使うことがあります。

ティッシュを1枚箱から取り出した状態（薄い紙が２枚１組になっています）。これを本書では「**2枚紙**」と呼びます。

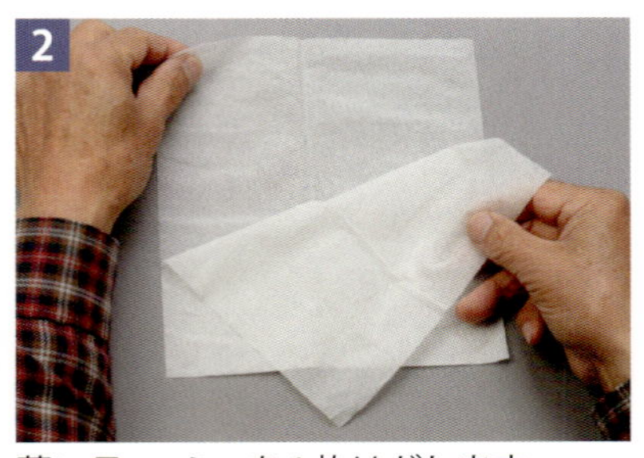

薄いティッシュを１枚はがします。

１枚はがしたところ。これを本書では「**1枚紙**」と呼びます。

基本② ティッシュをカットする

ティッシュを必要なサイズにカットしてみましょう。

5種類の幅にカットしてみよう

ここでは、2cm幅、1cm幅、5mm幅、3mm幅、2mm幅、1mm幅にカットする手順を紹介します。作りたいパーツの大きさに応じて、カットする幅を変えます。

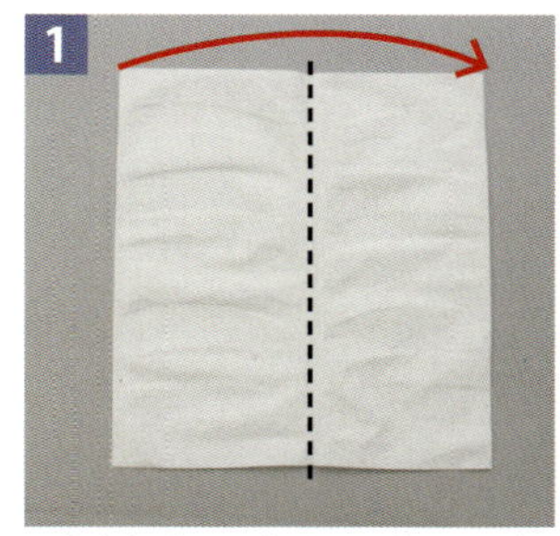

2枚紙（p.16）を用意して点線で半分に折ります。

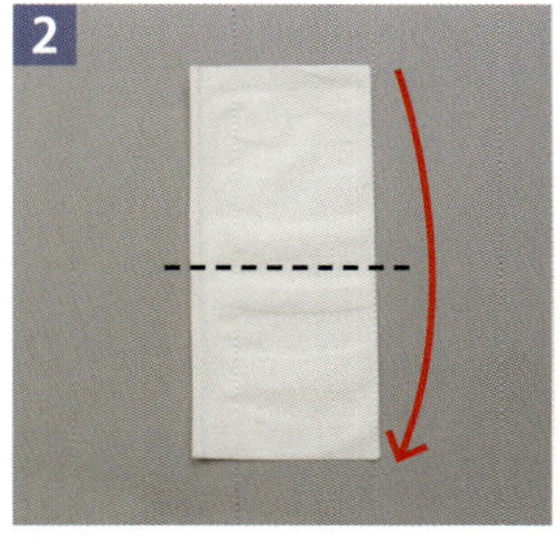

点線で半分に折ります。

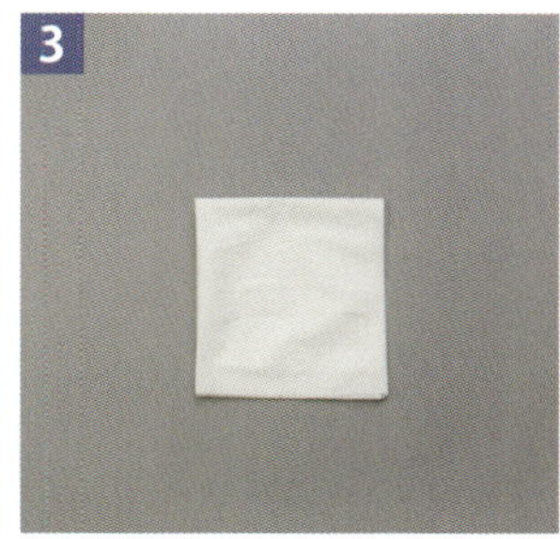

折ったところ。

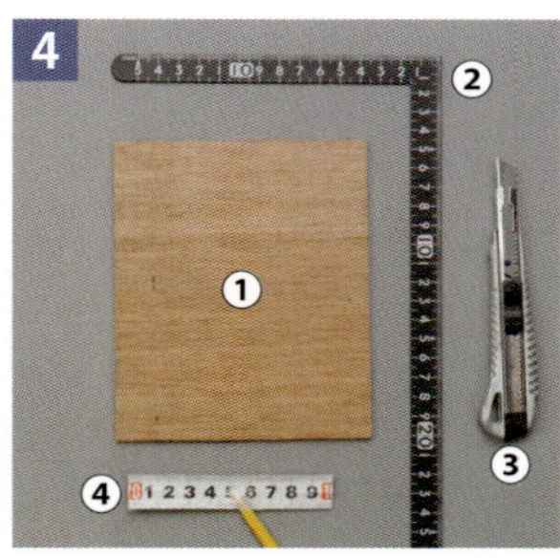

①カッターマット（板）②角定規 ③カッター ④メジャーを用意します。

3 をカッターマットの上に乗せ、2cmのところに角定規を当てます。

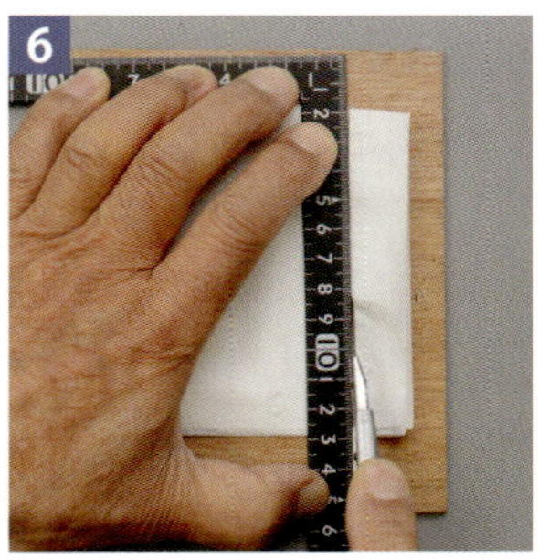

カッターでカットします。カッターはなるべく手前に寝かせるようにして引きます。

2cm幅にカットしたところ。

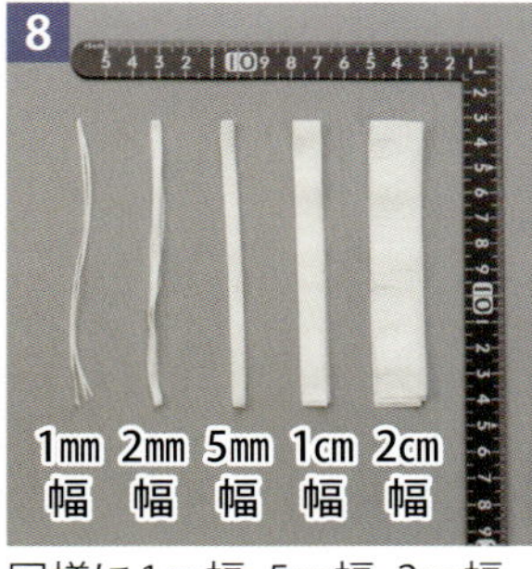

同様に1cm幅、5mm幅、2mm幅、1mm幅に切ります。

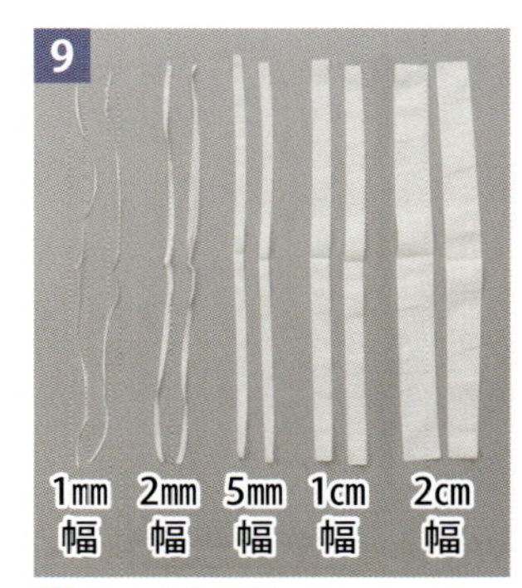

8 を広げて並べたところ。幅の異なる2枚紙が、それぞれ2本ずつできます。

9 を1本ずつ、1枚はがして、1枚紙の状態にします。

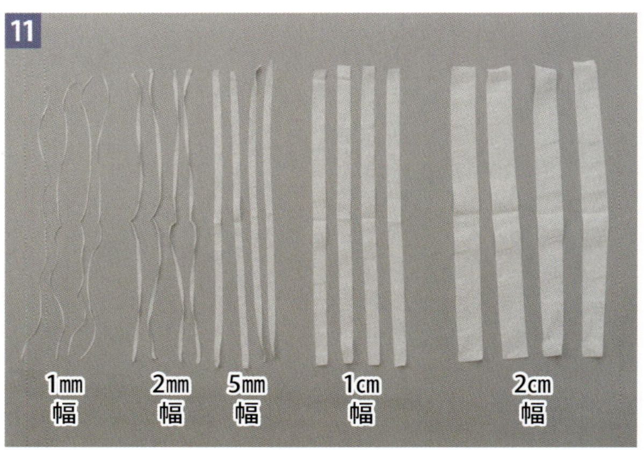

幅の異なる1枚紙が、それぞれ4本ずつできました。

基本③ ティッシュを丸める

昆虫の目などに使うために、ティッシュを丸めてボンドで固めます。

ティッシュの丸め方

昆虫の大きさによって、丸める「丸」のサイズが異なります。ここでは、直径10㎜の丸を作る手順を紹介します。

1

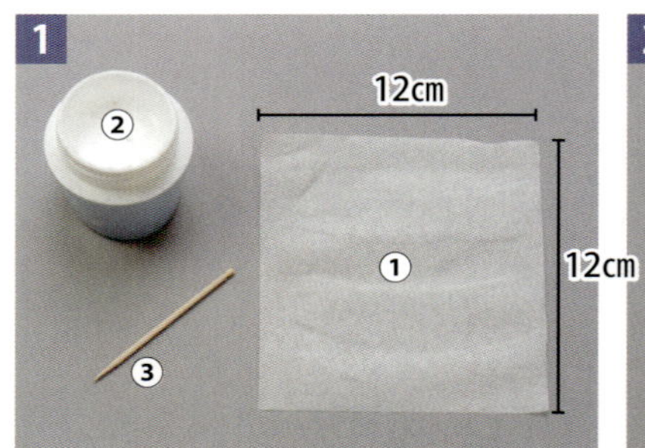

①12cm× 12cmにカットした１枚紙 ②木工用ボンド ③つまようじを用意します。

2

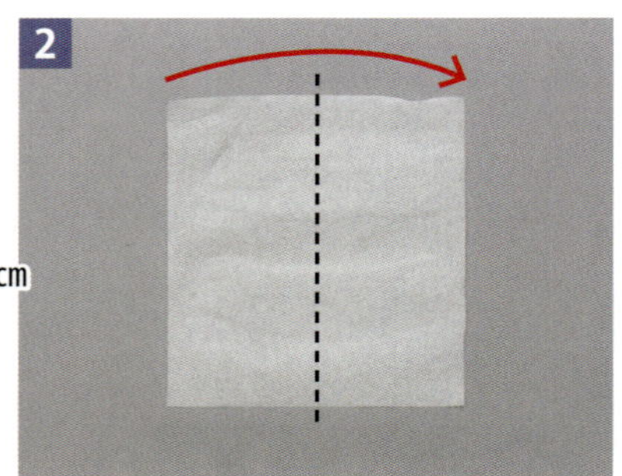

①を点線で半分に折ります。

3

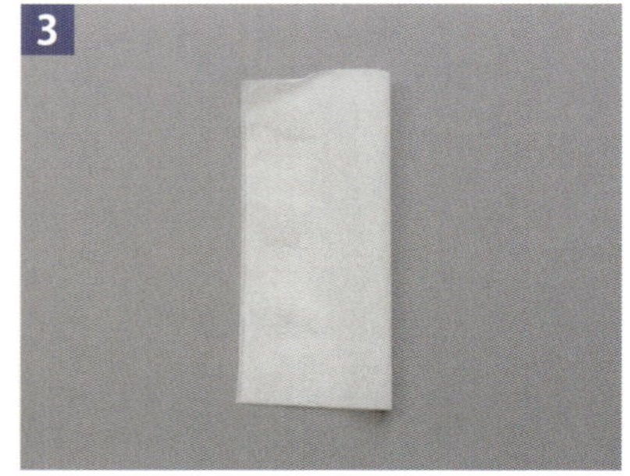

折ったところ。

4

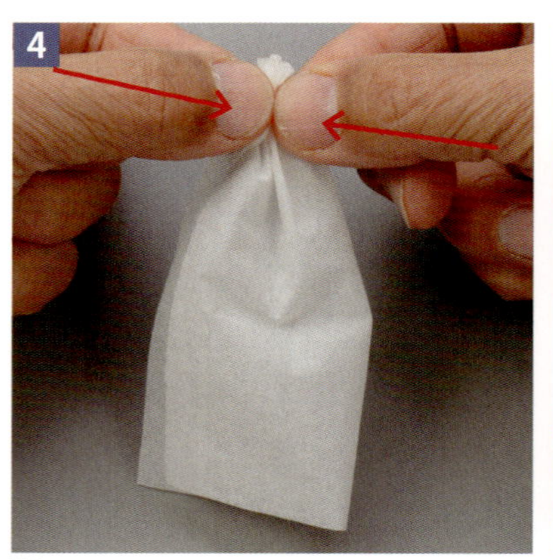

3の上端を両サイドからつぶします。

5

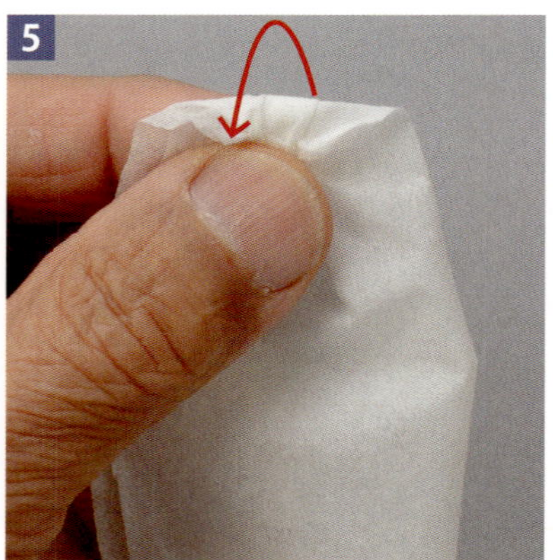

つぶしたら、写真のように上からかぶせます。

6

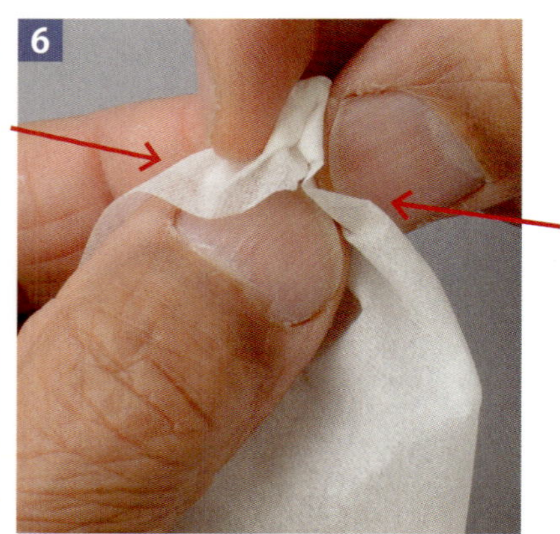

さらに両サイドからつぶします。

7

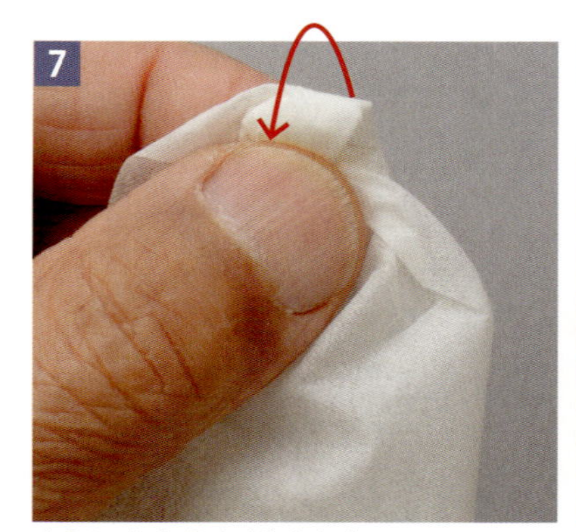

さらに上からかぶせます。

8

さらに両サイドからつぶします。

9

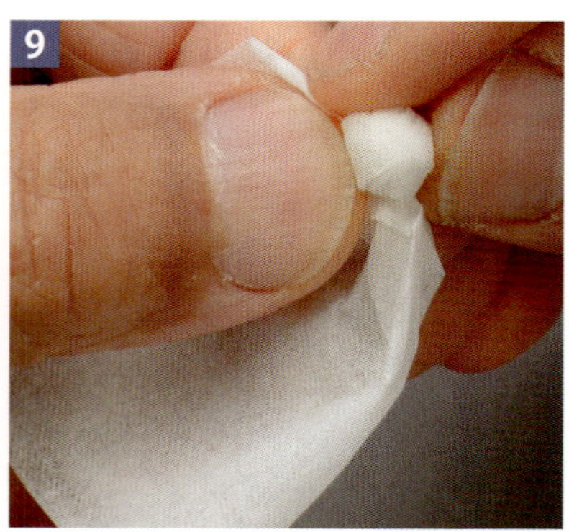

さらに上からかぶせます。だんだん丸になってきました。

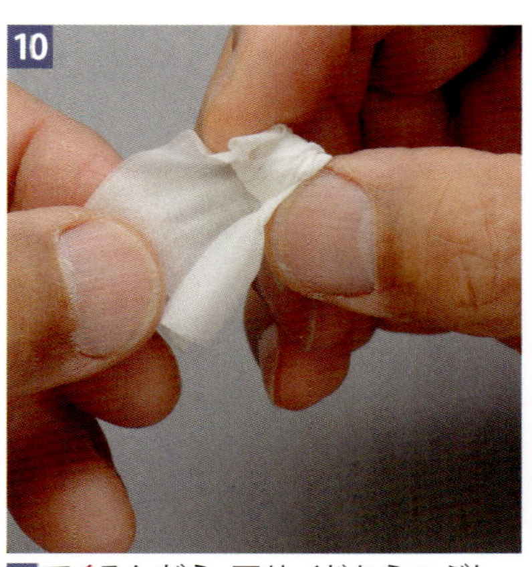

9 でくるんだら、両サイドからつぶし、上からかぶせる作業を繰り返して、丸くしていきます。

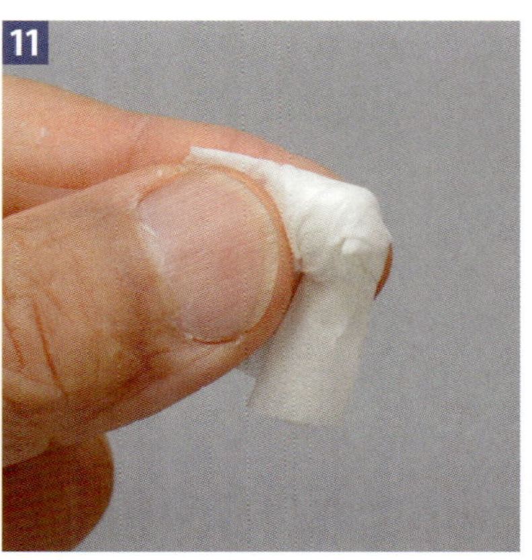

かぶせている途中。

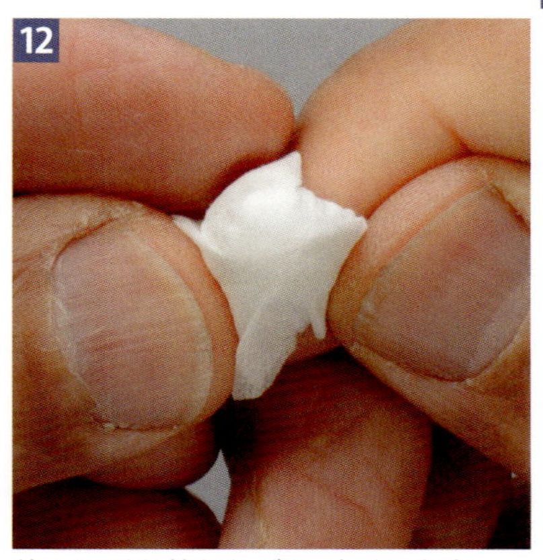

徐々に形を整えながら、丸くします。

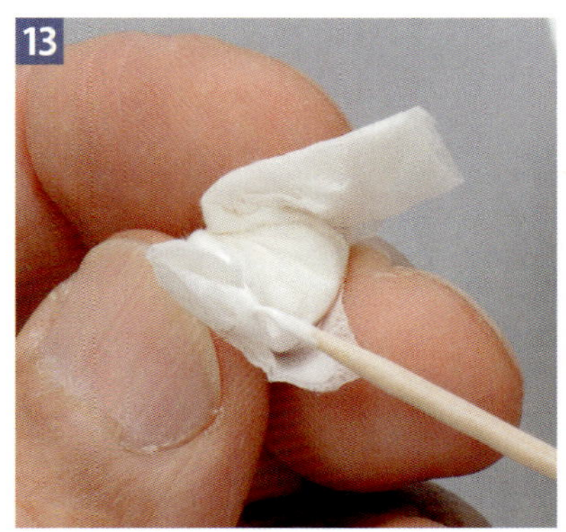

最後に、つまようじでボンドをつけます。

ボンドを少量ずつつけながら、丸くします。

丸のできあがり。

メジャーでサイズを確認しましょう。

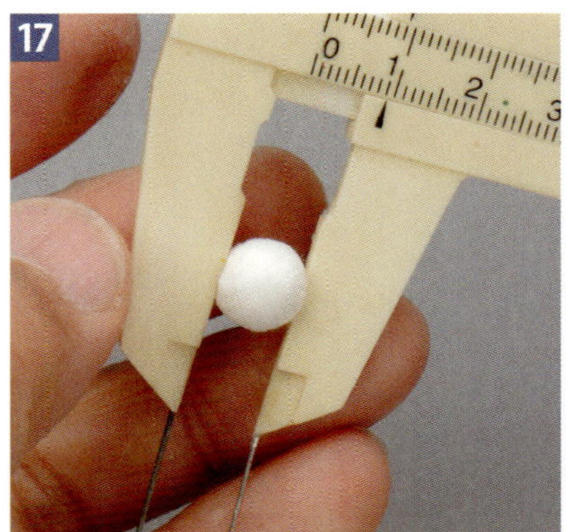

ノギスがあると、より正確に測れます。

直径20㎜以上の丸を作りたい場合は、ティッシュを何度も重ねることで、丸を大きくしていきます。

★いろいろなサイズで丸めてみよう

上記は直径10㎜の丸の丸め方ですが、昆虫の大きさによって、さまざまなサイズで丸を作る必要があります。
次のページに、さまざまなサイズで丸めた「丸」の原寸大見本があります。参考にしてください。

ティッシュの「丸」サイズ一覧①（原寸大）～直径15㎜

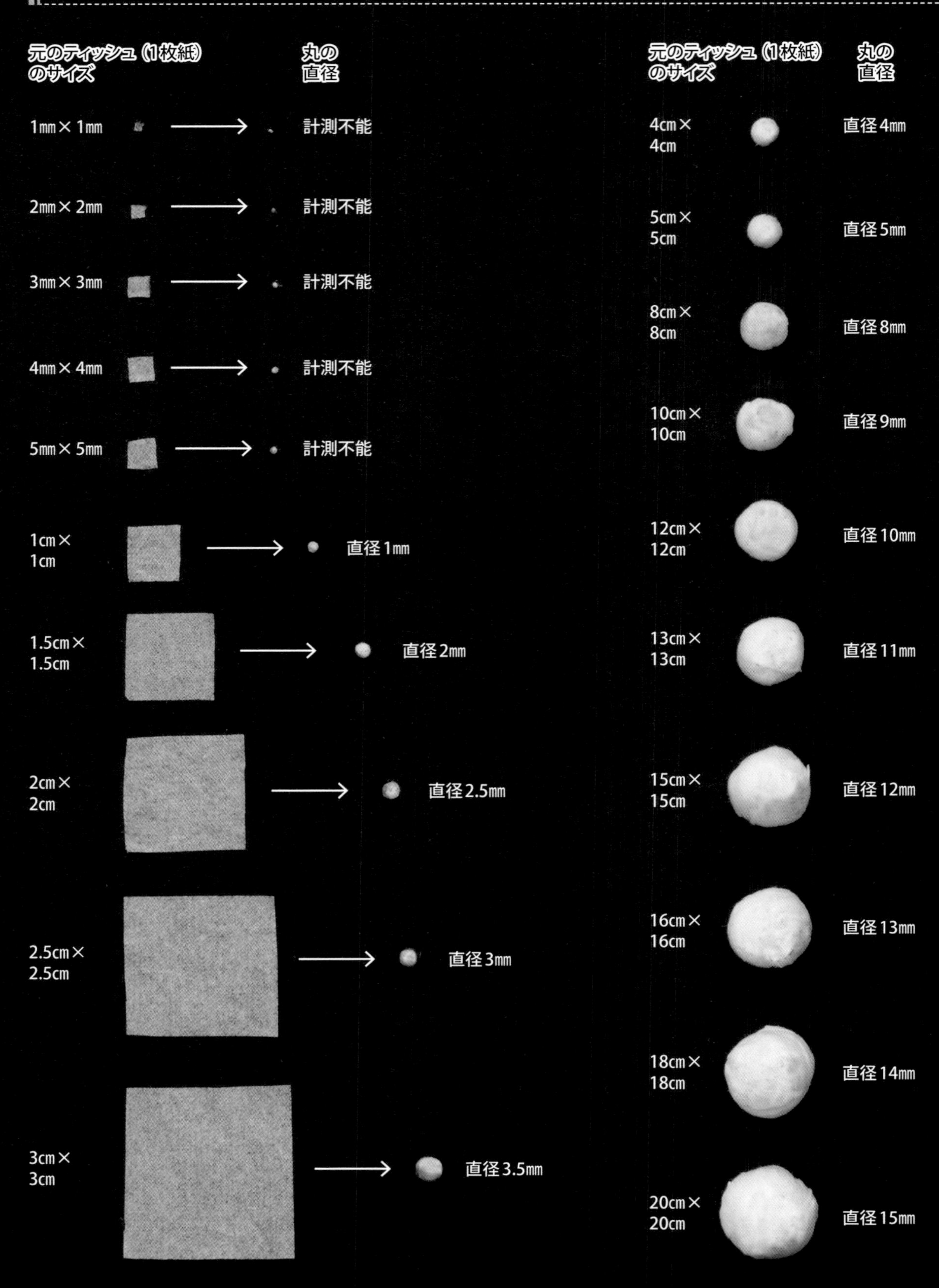

ティッシュの「丸」サイズ一覧②（原寸大）直径20㎜～30㎜

ティッシュ1枚紙を
2回重ねる

直径20㎜の丸

ティッシュ1枚紙を
4回重ねる

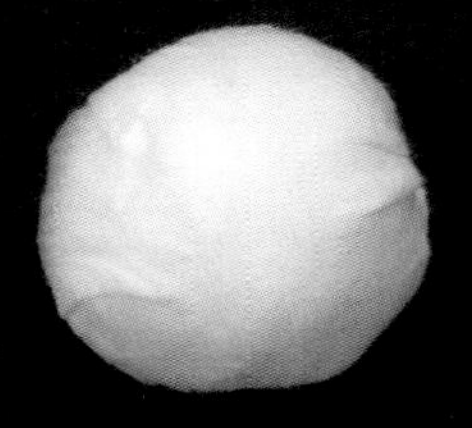

直径25㎜の丸

ティッシュ1枚紙を
6回重ねる

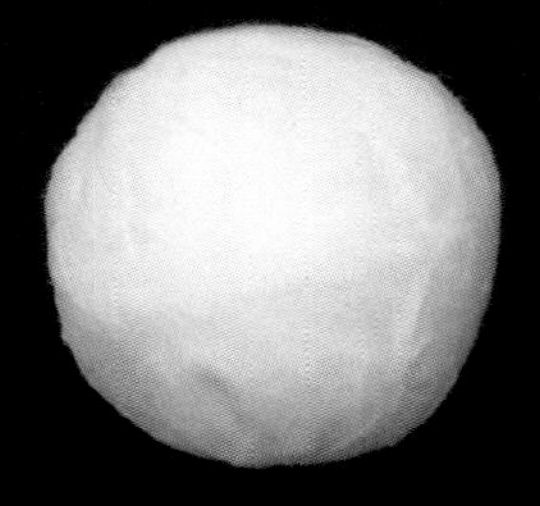

直径30㎜の丸

基本④ ティッシュをコヨリにする

昆虫の脚などに使うために、ティッシュをコヨリにして、ボンドで固めます。

ティッシュをコヨリにする手順

昆虫の大きさによって、作るコヨリのサイズは異なります。ここでは、幅10㎜のティッシュからコヨリを作ります。

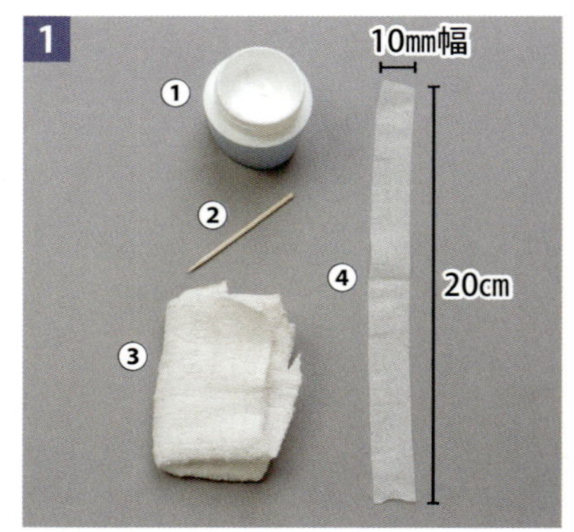

①木工用ボンド ②つまようじ ③おしぼり ④10㎜幅（長さの目安20㎝）の1枚紙を用意します。

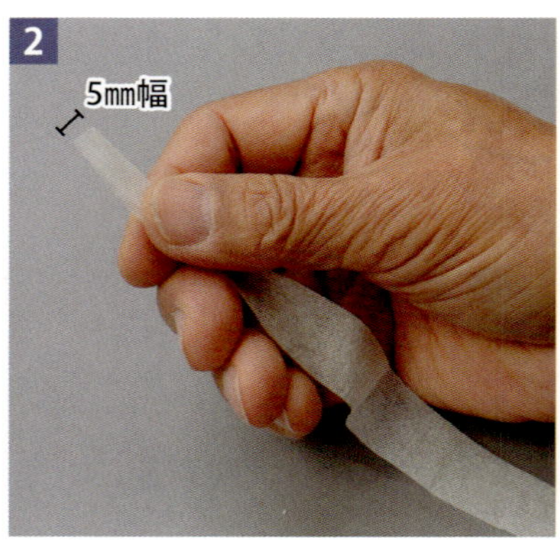

④を写真のように右手で持ち（右利きの場合）、先端を半分に折って5㎜幅にします。

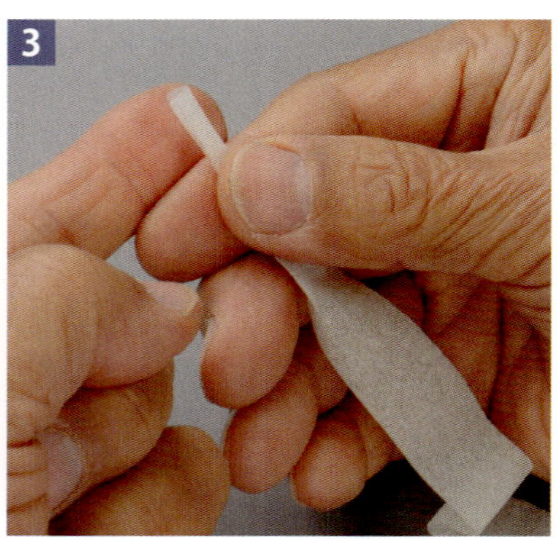

2の先端を、人差し指の幅分出します。

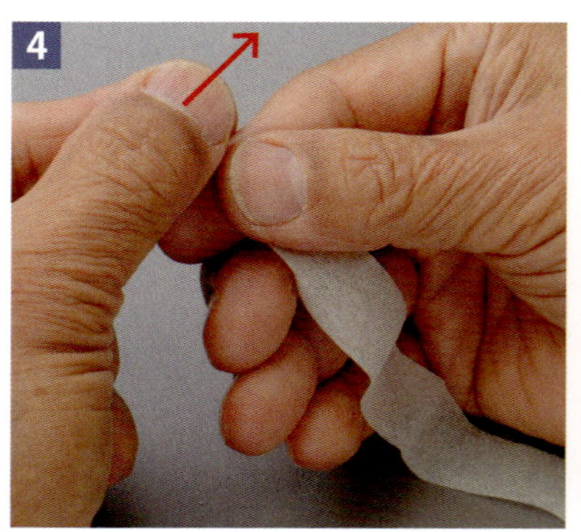

左の人差し指と親指ではさみ、親指を矢印方向へずらしながらねじり、コヨリを作ります。

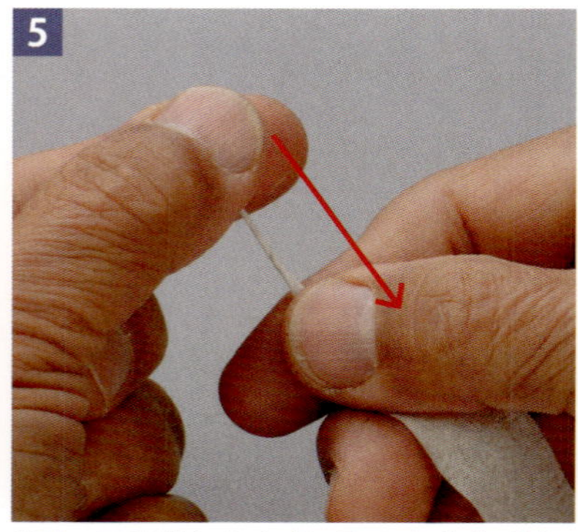

1回コヨリ状にしたら、そのまま右手を指1本分、下方へずらします。

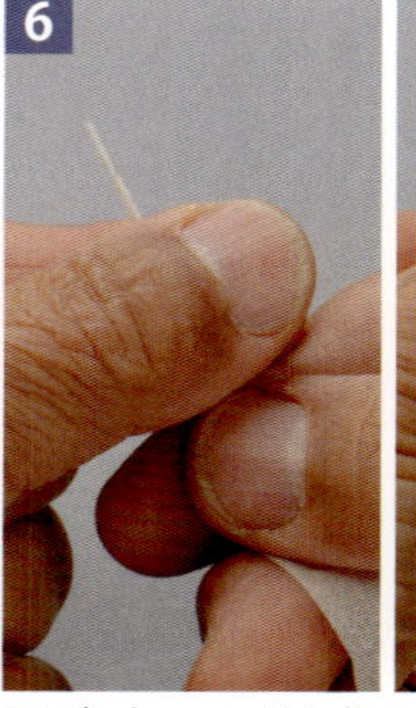

再び、左の人差し指と親指ではさみ、4～5の作業を行います。

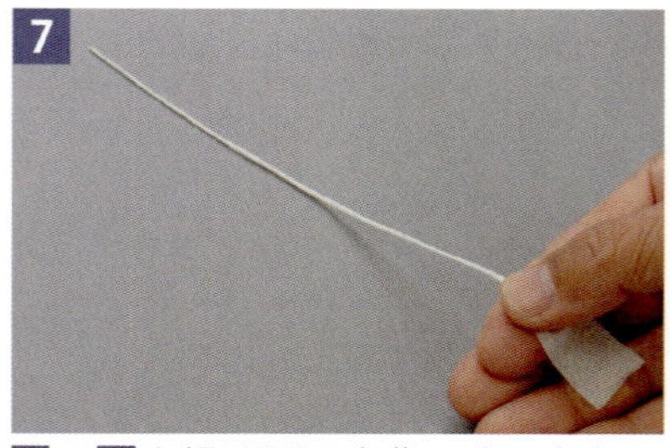

4～6を繰り返し、左指でまっすぐに形を整えれば、コヨリのできあがり。何度か練習してみましょう。

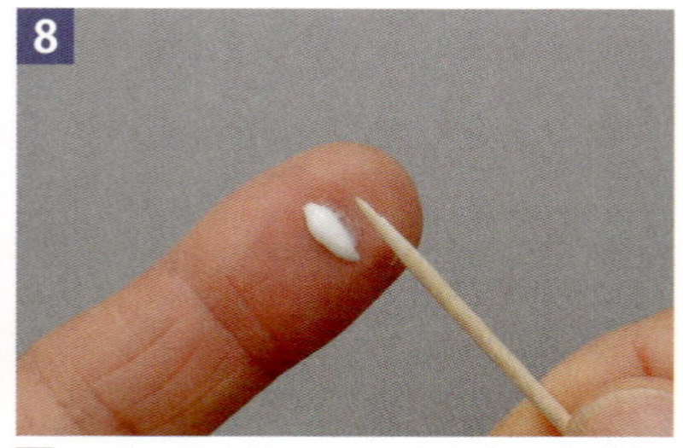

7にボンドを塗って固めます。まず左の人差し指にボンドを少しつけます。

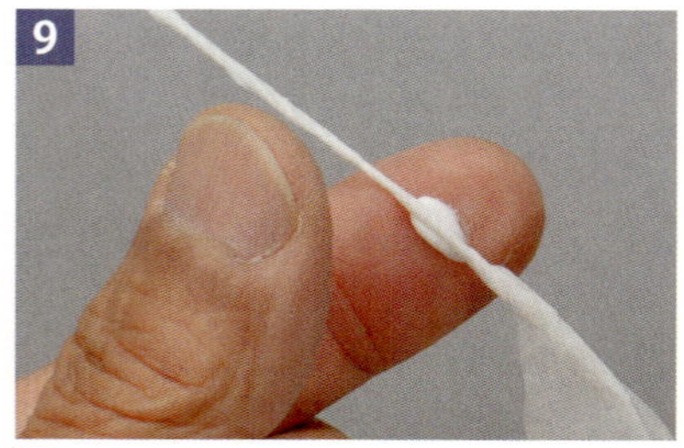

7の根元をボンドに当てます。

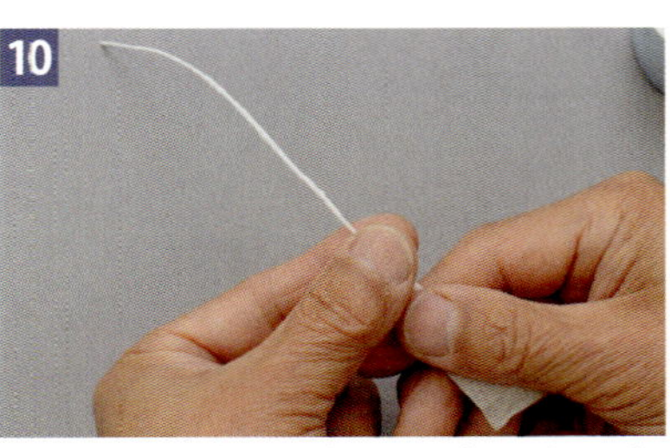
10 左の親指を当て、ボンドの部分をはさみます。

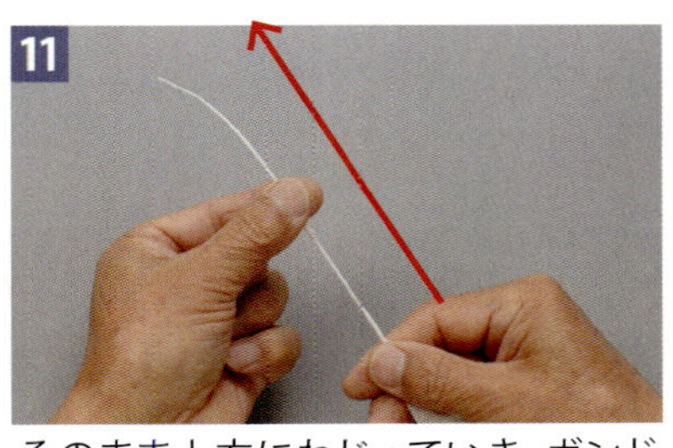
11 そのまま上方にねじっていき、ボンドをコヨリ全体に伸ばします。

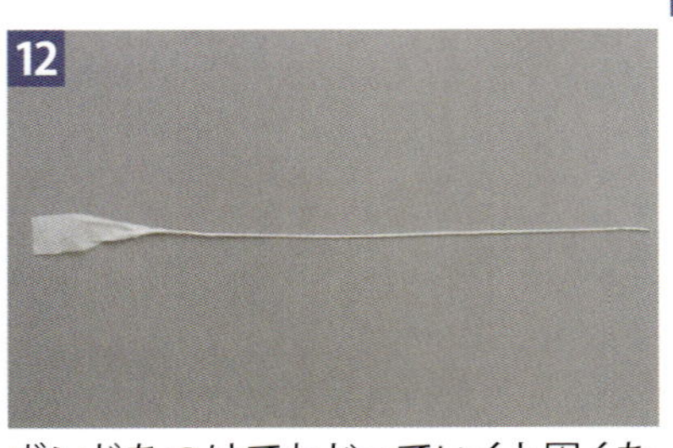
12 ボンドをつけてねじっていくと固くなり、昆虫のパーツとして使えます。

13 今度は、1㎜幅（長さの目安20㎝）の1枚紙でコヨリを作ってみましょう。

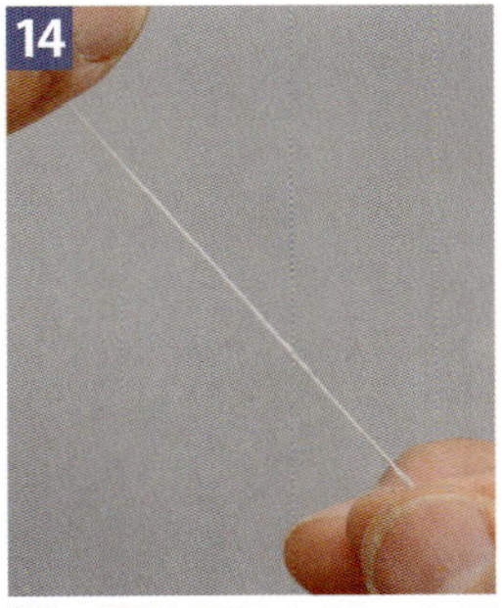
14 2～7と同じように、ねじってコヨリ状にします。細く切れやすいので、慎重に。

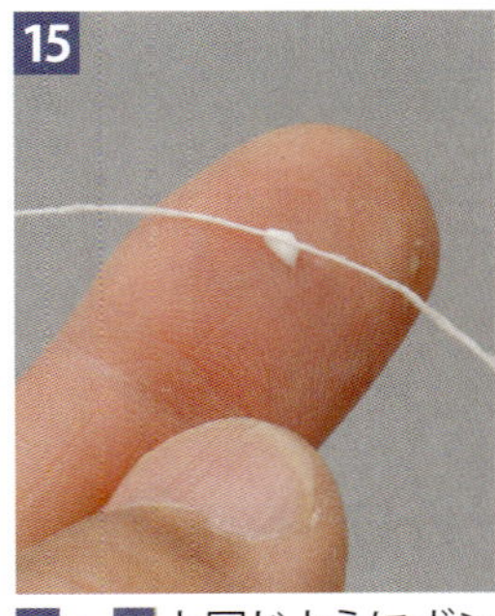
15 8～11と同じようにボンドで固めます。ボンドの量はごく少量です。

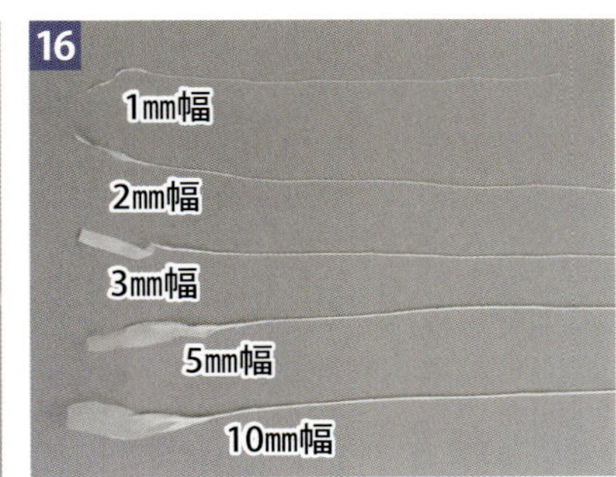

16 同じ方法で、いろいろな幅の1枚紙でコヨリを作ってみましょう（指についたボンドはおしぼりで拭いましょう）。

直径2㎜以上のコヨリを作る場合

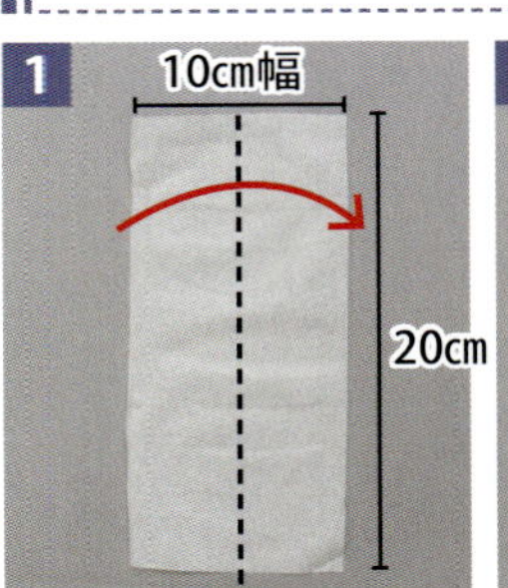

1 ここでは幅10㎝の2枚紙（長さ20㎝）を使います。点線で半分に折ります。

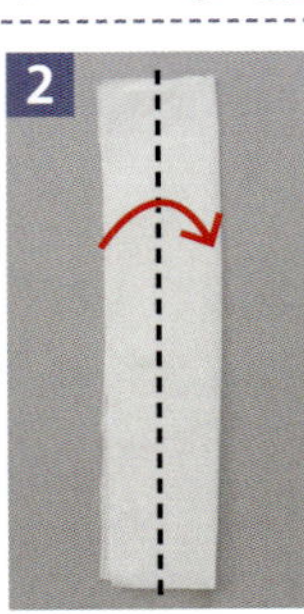
2 点線で半分に折ります。

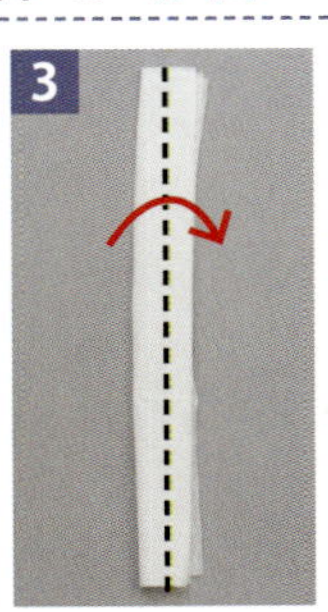
3 さらに点線で半分に折ります。

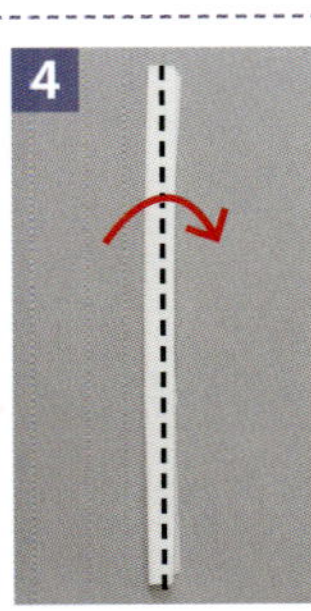
4 さらに点線で半分に折ります。

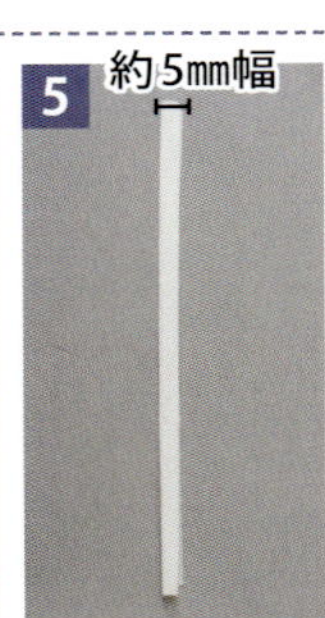

5 折ったところ。5㎜幅くらいにします。

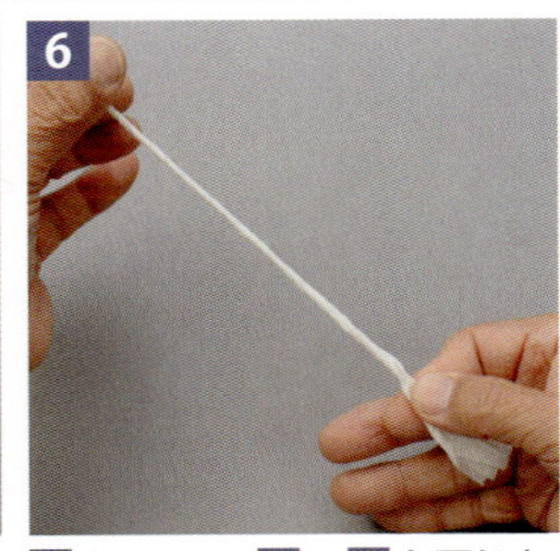
6 5をp.22の2～7と同じようにコヨリ状にします（直径3㎜くらいになるように）。

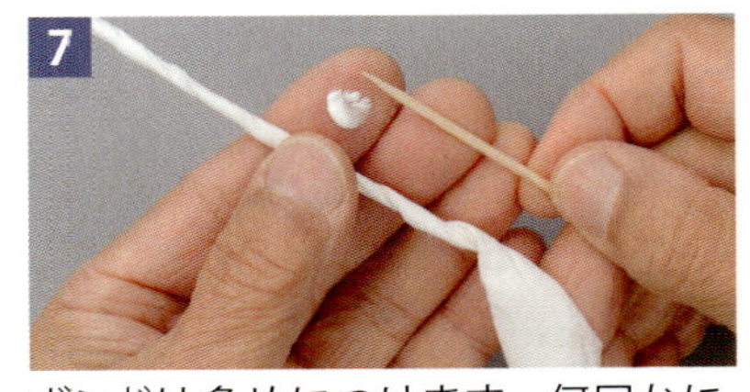
7 ボンドは多めにつけます。何回かに分けてつけましょう。

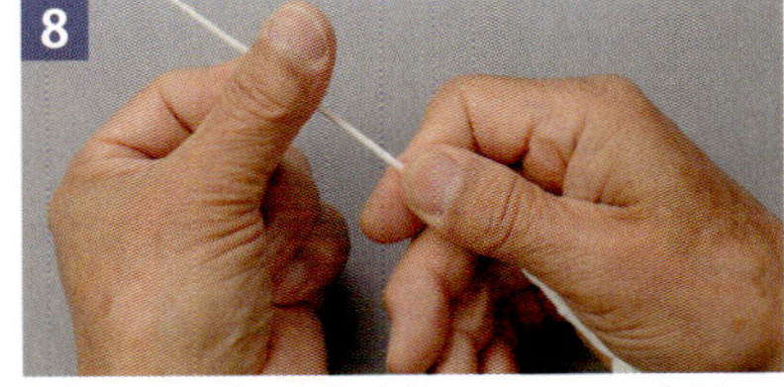
8 ボンドを伸ばすように、コヨリを引っ張りながらねじっていきます。

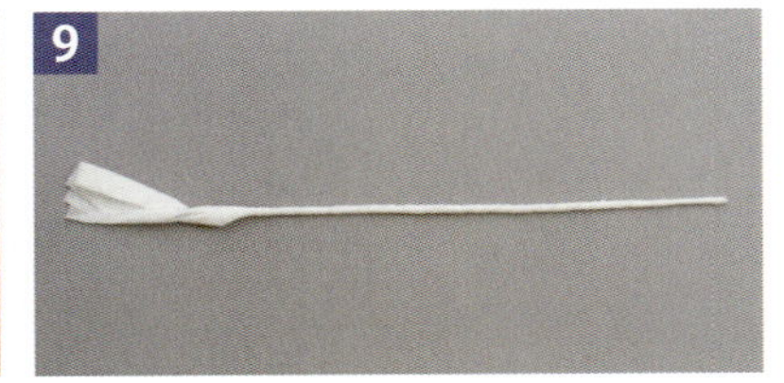
9 直径2㎜のコヨリができました。

★いろいろなサイズでコヨリを作ってみよう

昆虫の大きさによって、さまざまなサイズでコヨリを作る必要があります。
次のページに、さまざまなサイズの「コヨリ」の原寸大見本があります。参考にしてください。

ティッシュの「コヨリ」サイズ一覧①（原寸大）〜直径1㎜

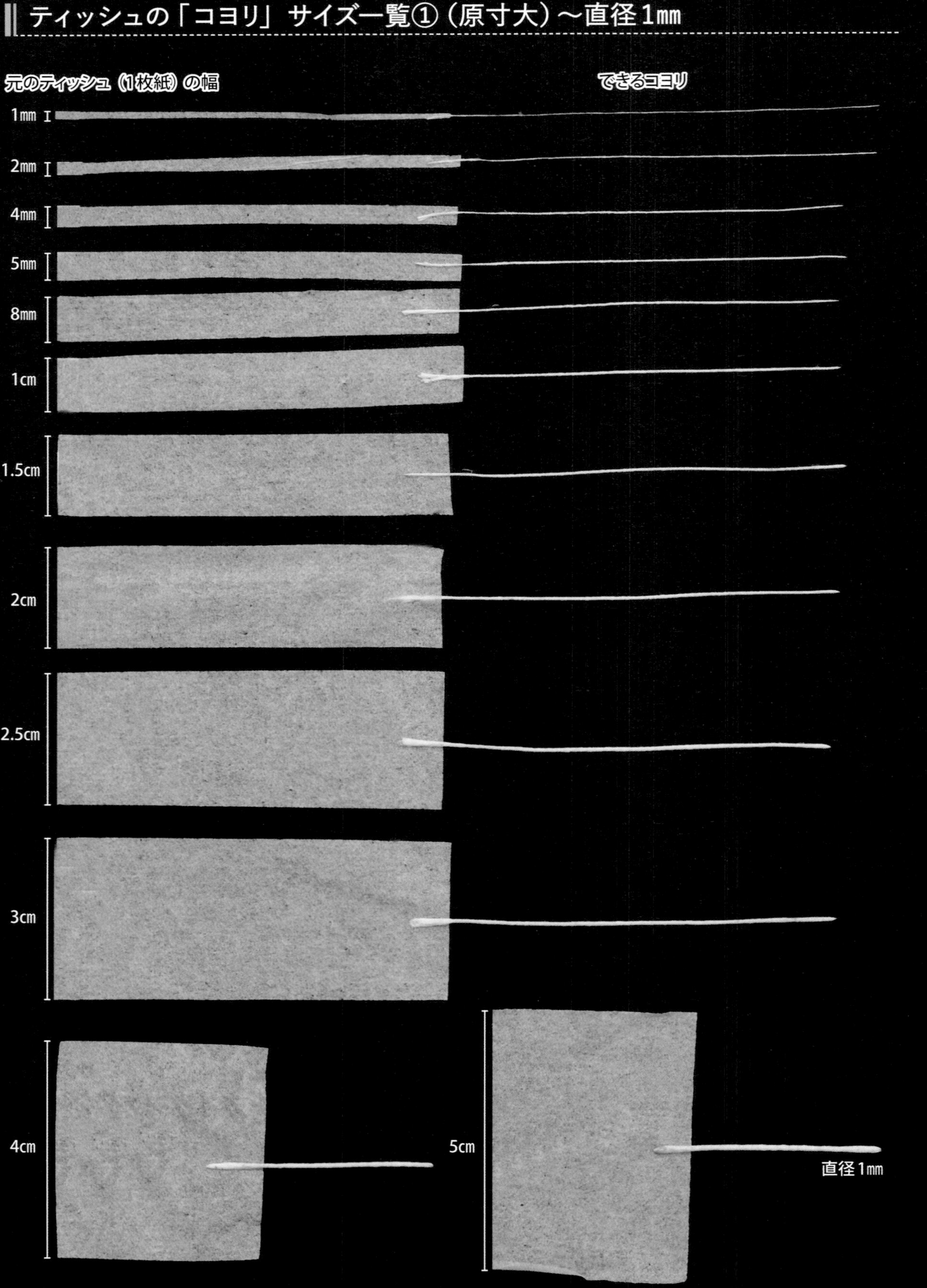

ティッシュの「コヨリ」サイズ一覧②（原寸大）直径1.3㎜～2.5㎜

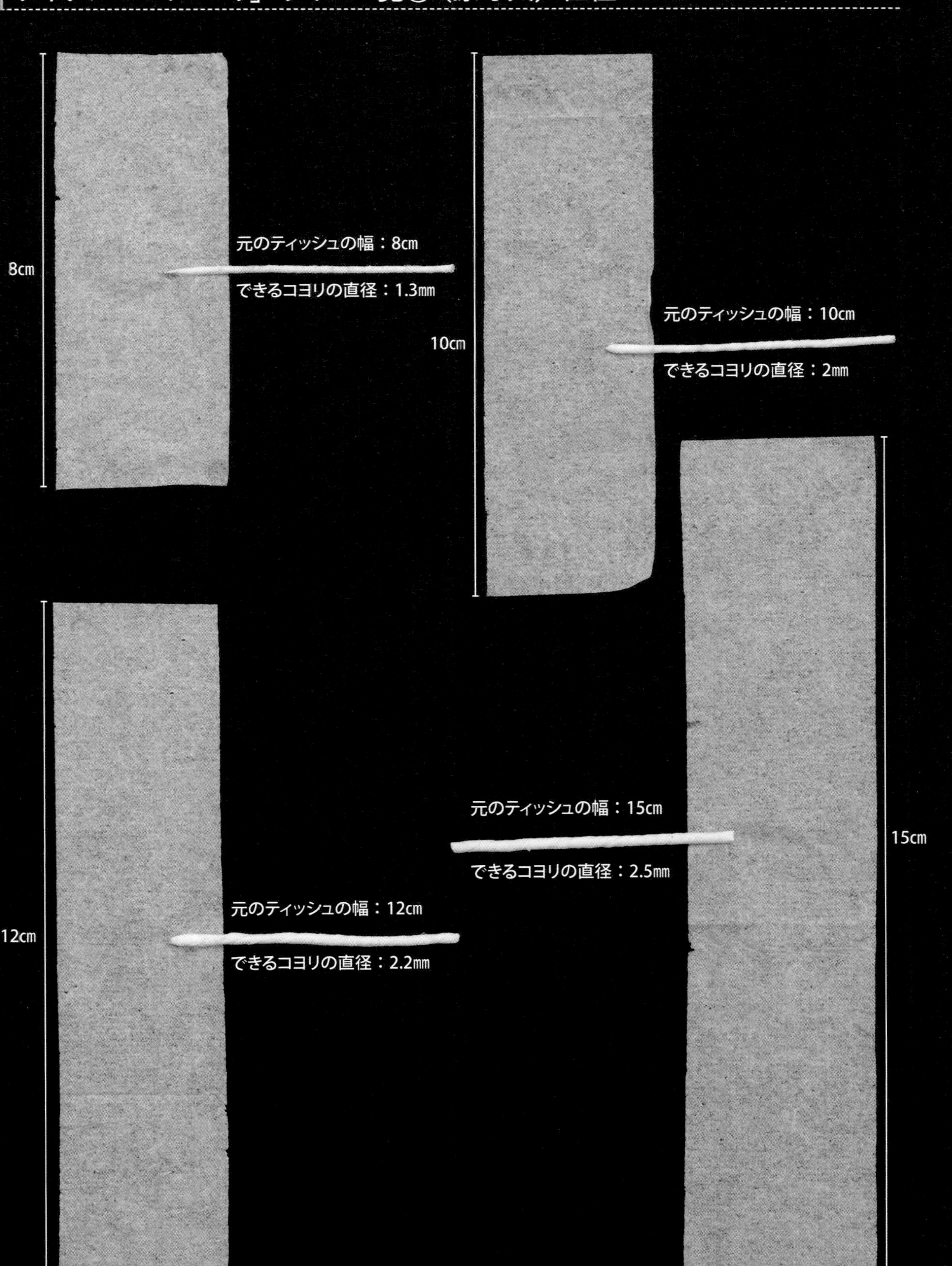

基本⑤ ティッシュでボンド紙（厚紙）を作る

ティッシュをボンドで固めて、厚紙を作ります。ティッシュを重ねる枚数で厚みが変わります。ボンド紙は、昆虫の分厚い体や羽、パーツなどに使います。

トレイを使ってボンド紙を作る

昆虫の部位によって、使うボンド紙の厚さを変えます。厚さを変えるには、ボンドでティッシュを固めるとき、重ねるティッシュの枚数を変えます。以下はティッシュ2枚紙を使ってボンド紙を作る手順です。

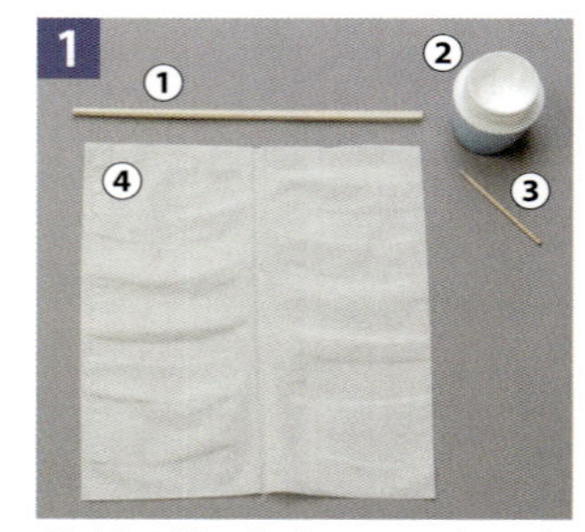

①割り箸 ②木工用ボンド ③つまようじ ④ティッシュ2枚紙を用意します。

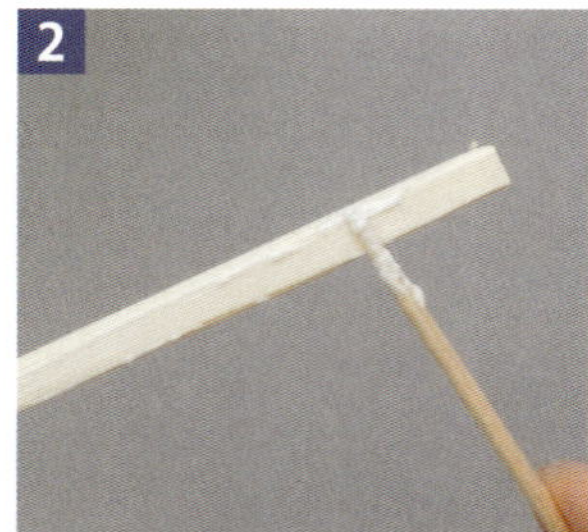

割り箸の片面にボンドを塗ります。

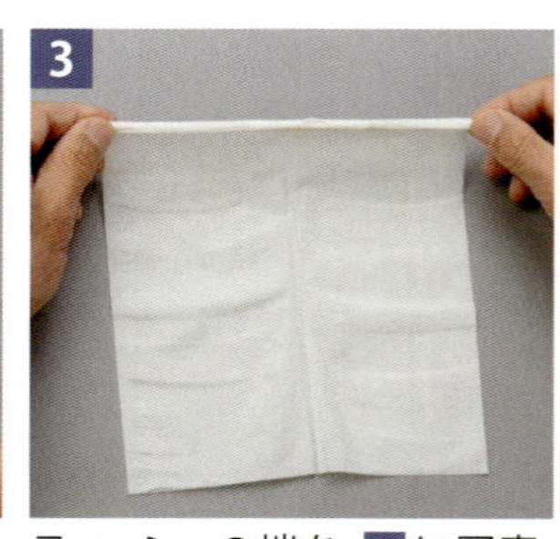

ティッシュの端を、2に写真のように貼ります。

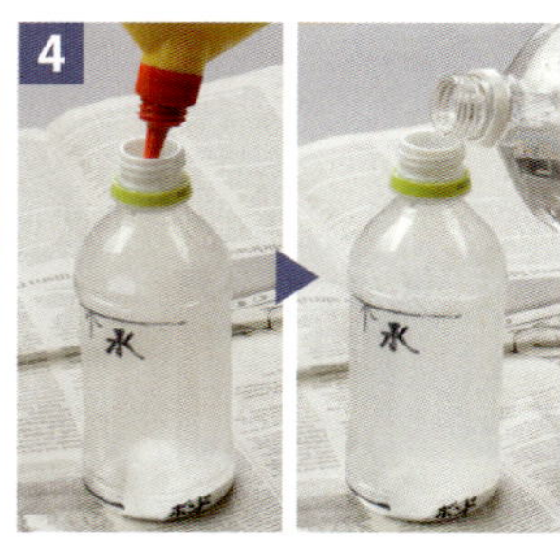

木工用ボンドと水を約1：20の割合で混ぜます。

4をトレイに深さ5㎜ほど出します。

3をトレイの上端から下端に向けて、静かに浸していきます。

浸している途中。シワにならないようにゆっくり手前に引きましょう。

浸している途中（終わりかけ）。1枚紙の場合は、よれやすいので注意。

全面を浸し終わったら、写真のように構えて、余分なボンドを落とします。

風通しの良いところで乾かします。

※本書では、例えばティッシュ「2枚」をボンドで固めたものを「ボンド紙（2枚組）」、ティッシュ「4枚」を固めたものを「ボンド紙（4枚組）」と呼びます。

乾いたらアイロンをかける

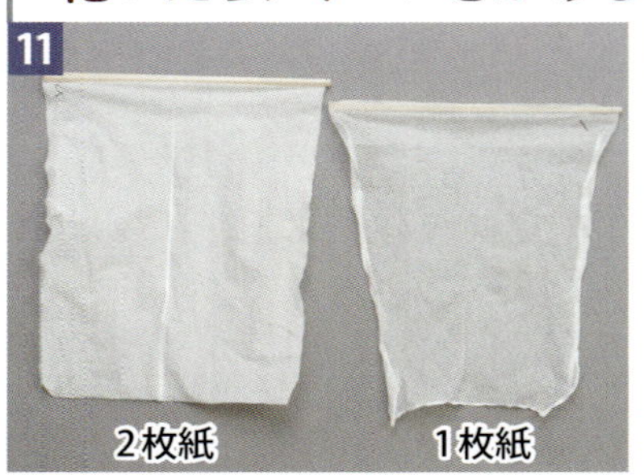

10 が乾いたところ。右は1枚紙を固めたもの。

11 にアイロンをかけます。スチームは切り、あまり高温にせず、1方向にのみかけること。

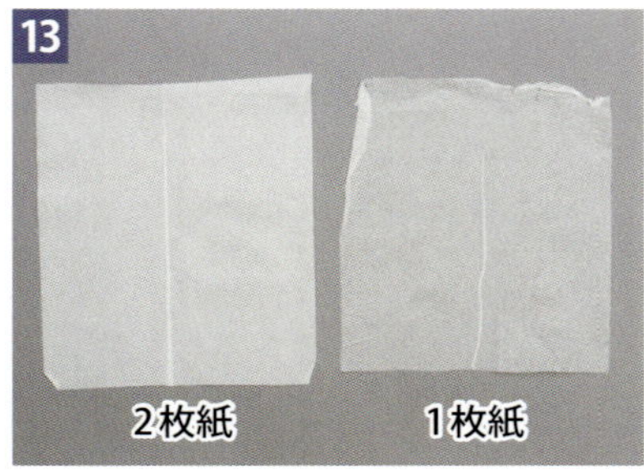

割り箸をはずしたら、ボンド紙のできあがり。

スプーンを使ってボンド紙を作る

カブトムシの羽を作る場合は、スプーンを使ってボンド紙を作ります。

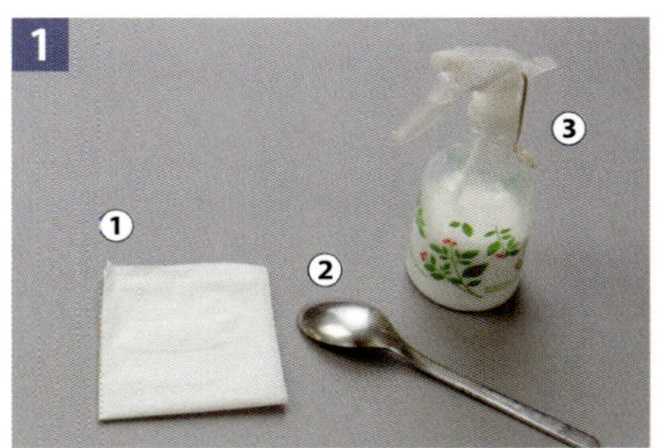

①ティッシュ2枚紙を4つに折りたたんだもの ②スプーン ③薄めた木工用ボンドをスプレー容器に入れたものを用意します。

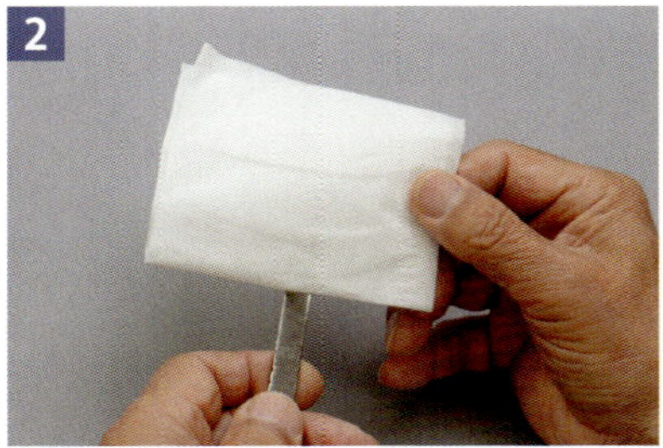

①をスプーンの凸面に乗せて、軽く包みます。

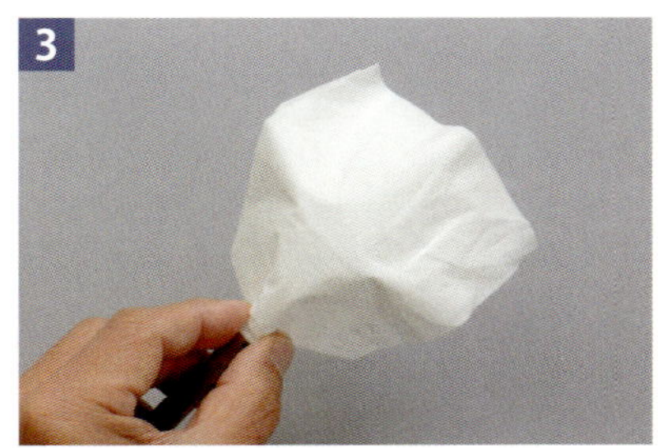

軽く包んだところ。

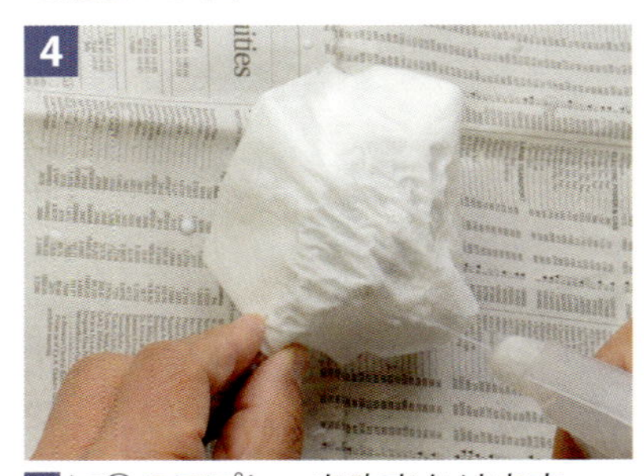

3 に③のスプレーを吹きかけます。

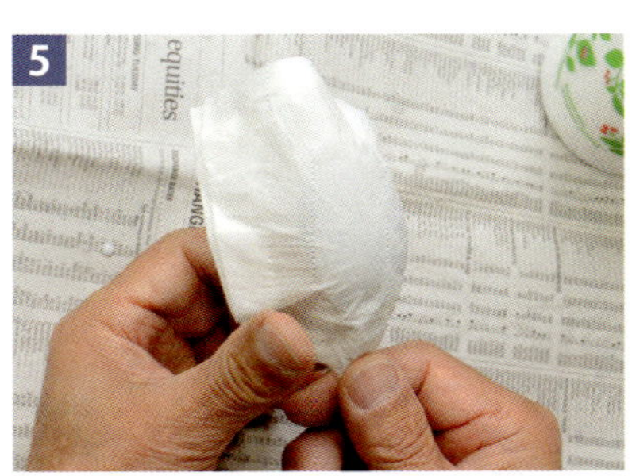

すぐにティッシュを引っ張って伸ばし、形を整えます。

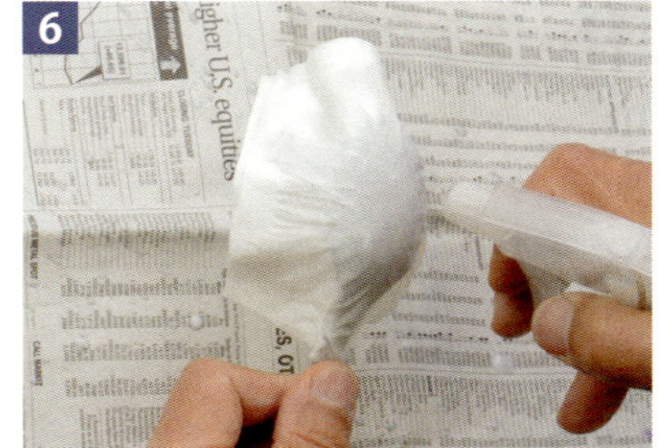

さらに③のスプレーを吹きかけます。

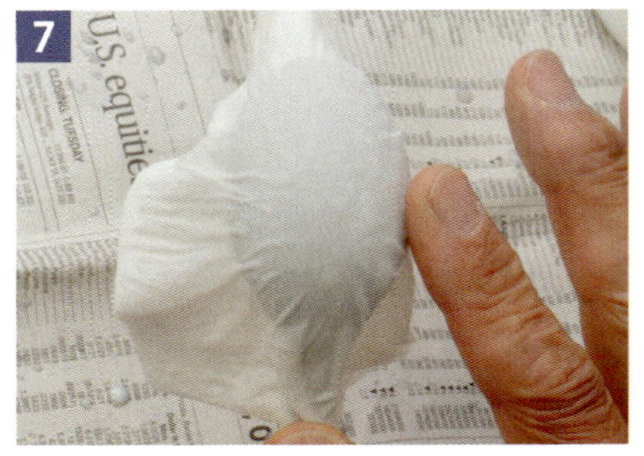

さらに形を整えます。

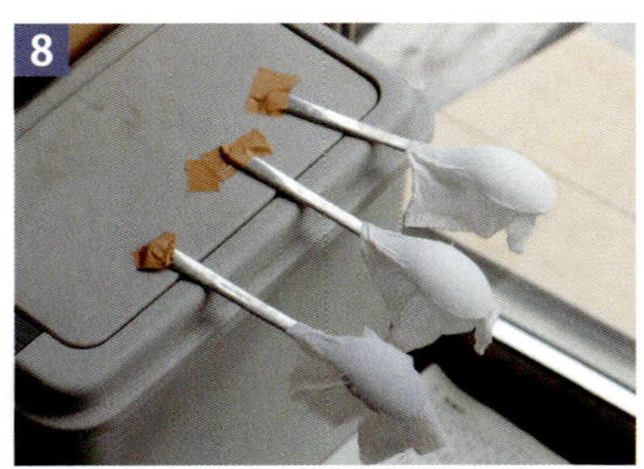

風通しの良いところで乾かします。

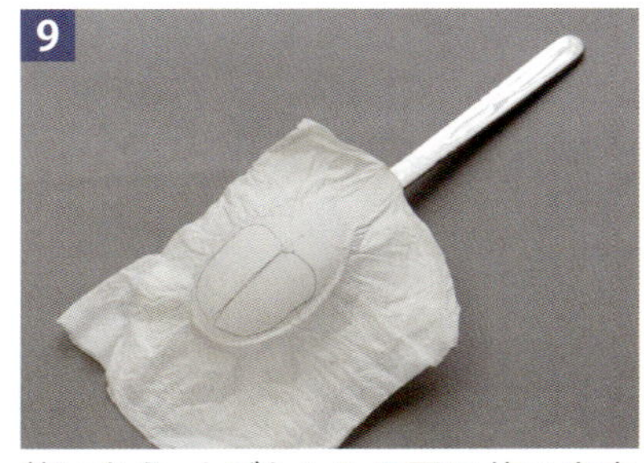

乾いたら、カブトムシの羽に使います（p.101）。

基本⑥ ティッシュでニス紙（透過紙）を作る

今度は、ティッシュをニスで固めて透過紙を作ります。こちらもティッシュを重ねる枚数で透過紙の厚みが変わります。ニス紙は、昆虫の透けた羽などに使います。

トレイを使ってニス紙を作る

昆虫の部位によって、使うニス紙の厚さを変えます。厚さを変えるには、ニスでティッシュを固めるとき、重ねるティッシュの枚数を変えます。以下はティッシュ1枚紙と2枚紙を使って2種類のニス紙を作る手順です。

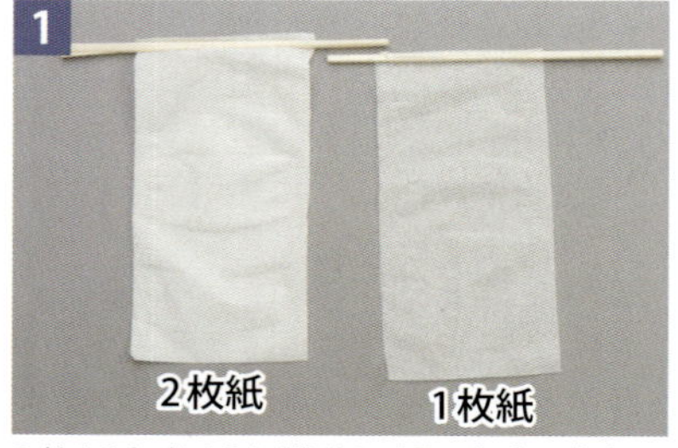

2枚紙（1枚紙を半分に折ったもの）と1枚紙（半分に切ったもの）を割り箸に貼ります。

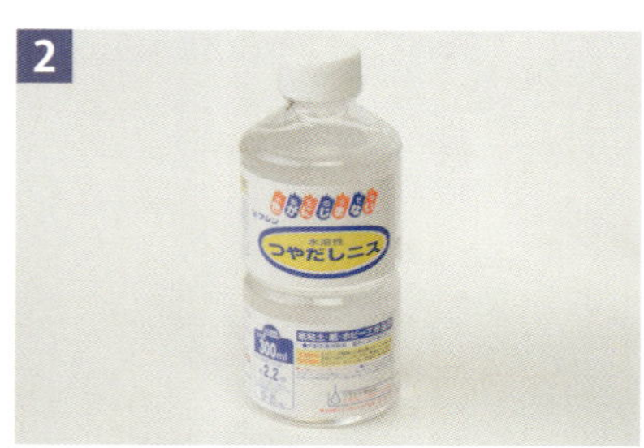

ニスを用意します。

2 をトレイに深さ5㎜ほど出します。

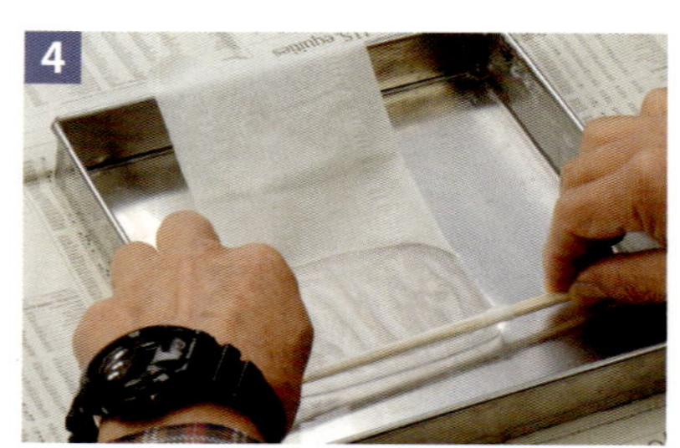

1 をトレイの上端から下端に向けて引きながら浸します。4 ～ 6 まで手早く行います。

浸している途中（終わりかけ）。2枚紙は特に注意して、素早く浸します。

全面を浸し終わったら、写真のように構えて、余分なニスを落とします。

風通しの良いところで乾かします。

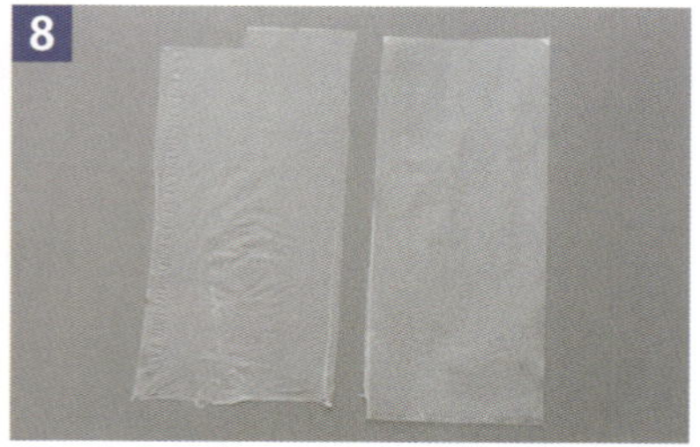

乾いたらアイロン（ボンド紙よりも低い温度に設定して、1方向にかける）をかけ、割り箸を外します。

ニス紙のできあがり。ニス紙は昆虫の透けた羽などに使います（p.88）。

※本書では、例えばティッシュ「1枚」をニスで固めたものを「ニス紙（1枚紙）」、ティッシュ「2枚」を固めたものを「ニス紙（2枚組）」と呼びます。

ティッシュの「ボンド紙（厚紙）」「ニス紙（透過紙）」厚さの違い

ボンド紙（1枚紙）

ボンド紙（2枚組）

ボンド紙（4枚組）

ボンド紙（6枚組）

ニス紙（1枚紙）

ニス紙（2枚組）

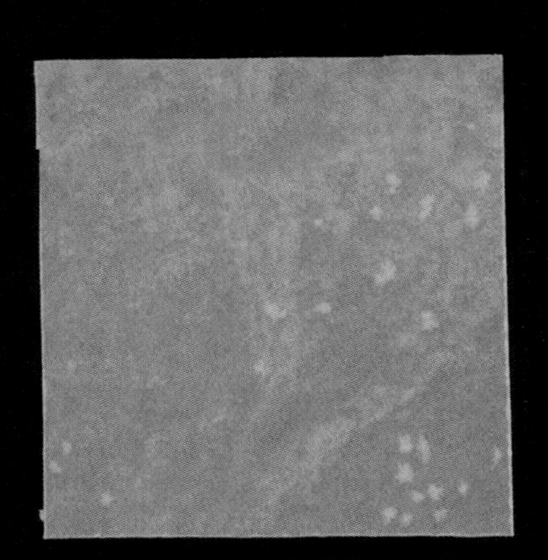

ニス紙（3枚組）

基本⑦ 着色する

ティッシュ昆虫は、最後に水彩絵具で着色して完成となります。実際の昆虫や図鑑などを参考に、なるべく実物に近い色を探して塗ります。

水彩絵具を用意します。昆虫によって、使う色は異なります。

実物に近い色になるように、何度も塗り重ねます。

絵具が乾いたら、必要な箇所にニスを塗って、ティッシュ昆虫の完成です。

✓本物の昆虫から図面を起こす

本書掲載の昆虫の図面は、すべて私が本物の昆虫を観察し、忠実に描き起こしたものです。ティッシュ昆虫を作るときに、寸法や形状の参考にしてください。

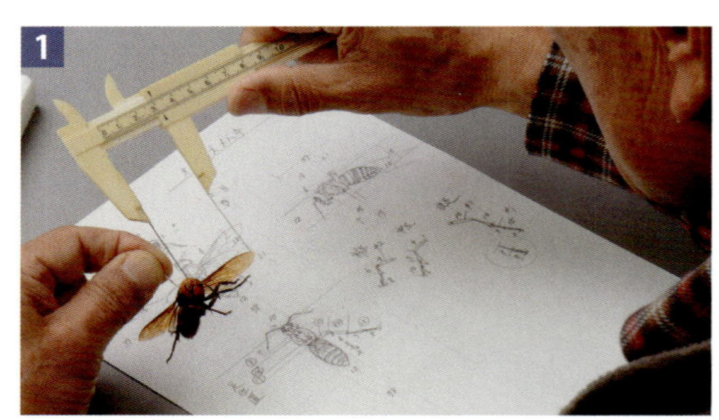

本物の昆虫を標本にして、正確に寸法を測ります。

図面に描き起こします。

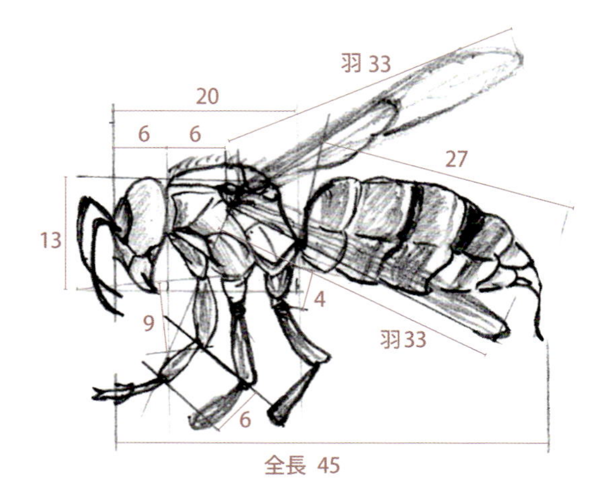

Part 2

ティッシュ昆虫を作ってみよう

カナブン

▶ティッシュ昆虫の基本、「カナブン」から作ってみよう

Step 00 カナブンの図面と解説

カナブンは長さ3cm、幅1.5cmほどで、昆虫の中では中間ぐらいの大きさです。体と頭を別々に作らなくても良いので、ティッシュ昆虫を初めて作る方におすすめです。ゆっくり楽しみながら作ってみてください。

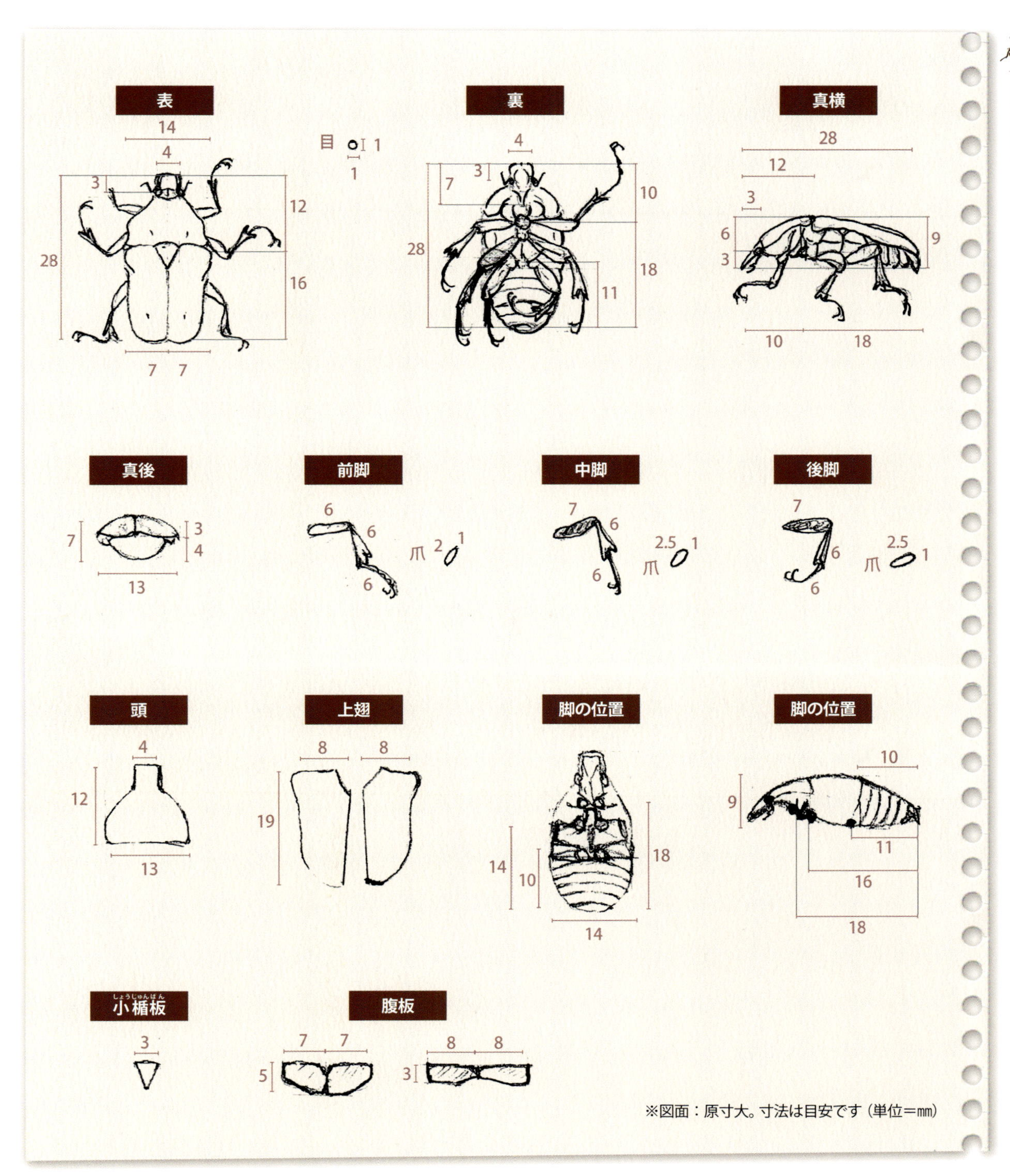

※図面：原寸大。寸法は目安です（単位＝mm）

Step 01 体の土台を作る

最初に体の土台を作ります。カナブンのフォルムの基礎を決める過程なので、ていねいに作ってください。ボンドを使うときは、少なめに少しずつつけていくのが、うまくいくコツです。

ティッシュペーパーを折る

1 体の土台を作ります。2枚重ねのティッシュペーパーをはがし、そのうちの1枚（1枚紙）を使います。

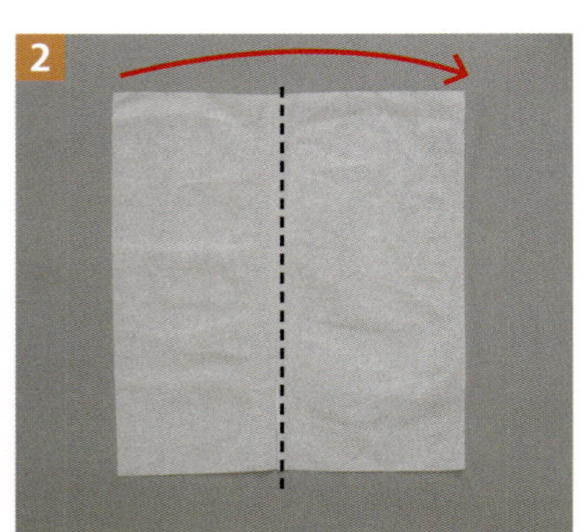

2 1の1枚紙を、図の点線で半分に折ります。

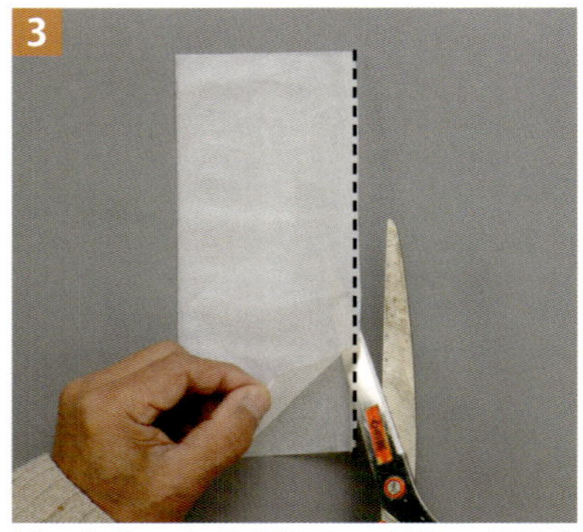

3 折ったら、点線部分をハサミで切ります。

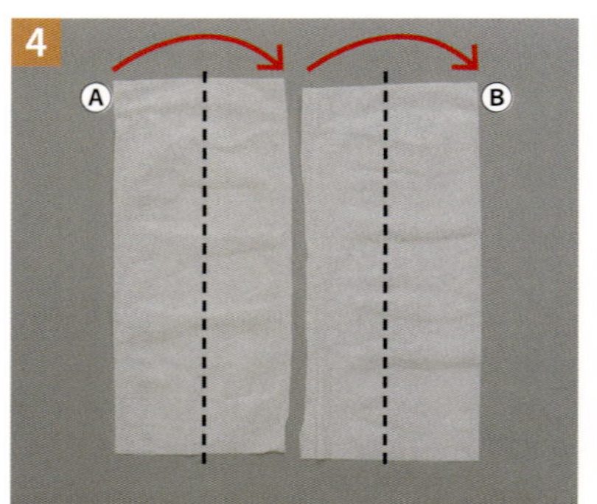

4 切り離したら、点線で半分に折ります。

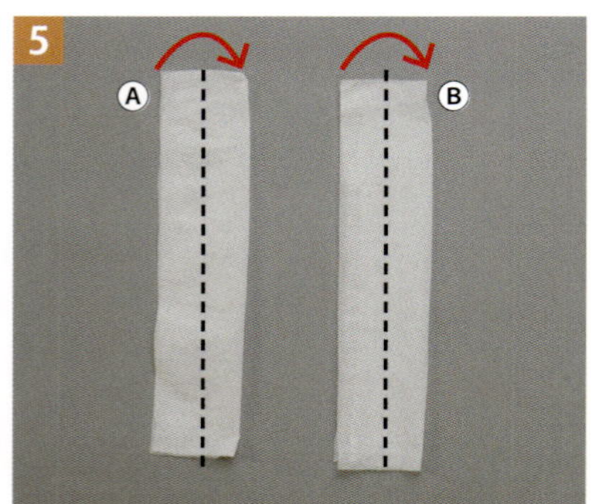

5 さらに点線で半分に折ります。

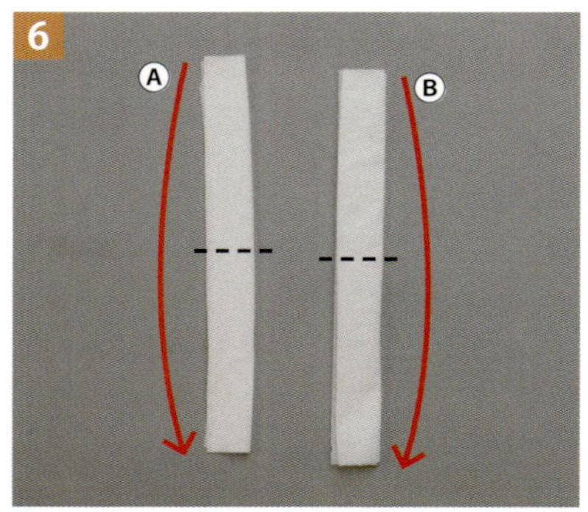

6 点線で半分に折ります。

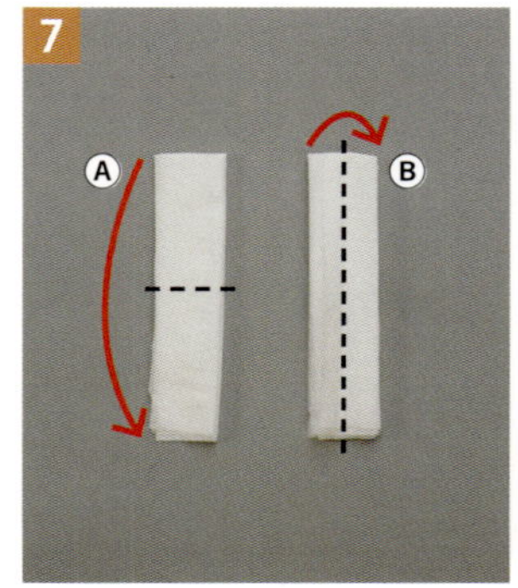

7 ⒶⒷそれぞれを点線で半分に折ります。

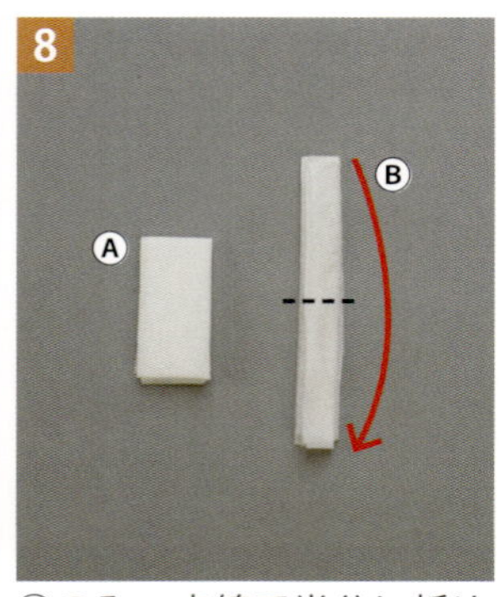

8 Ⓑのみ、点線で半分に折ります。

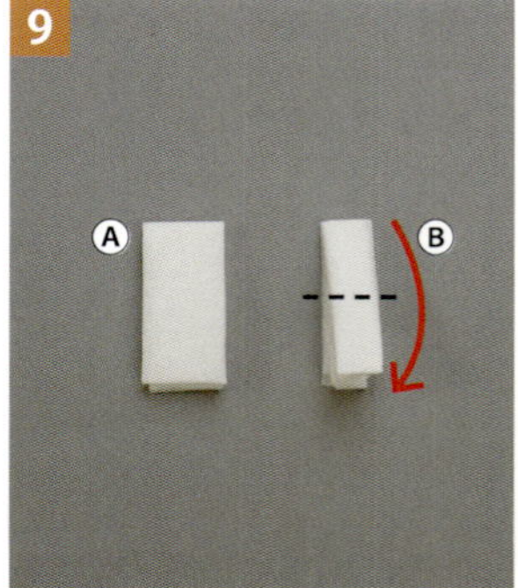

9 Ⓑのみ、点線で半分に折ります。

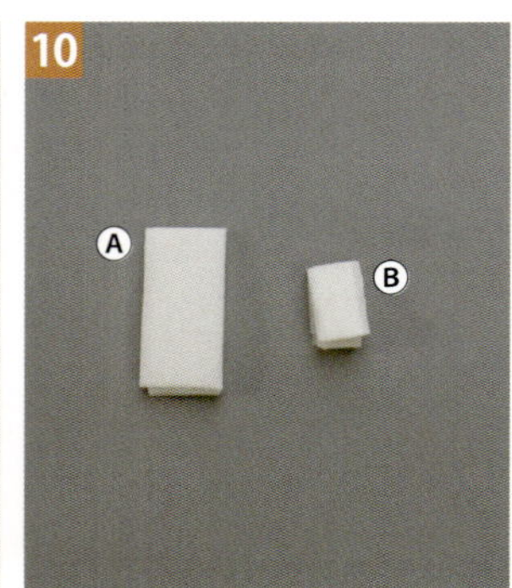

10 折ったところ。

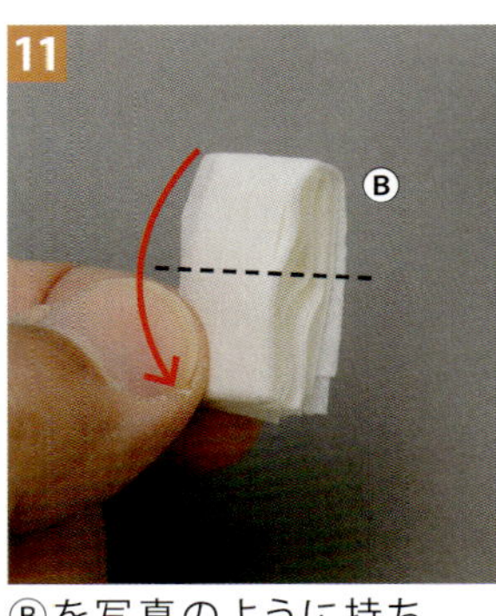

Ⓑを写真のように持ち、点線で半分に折ります。

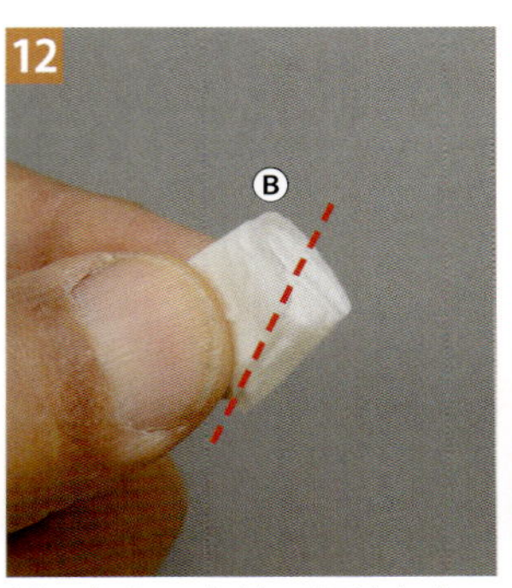

折ったら、点線で切ります。

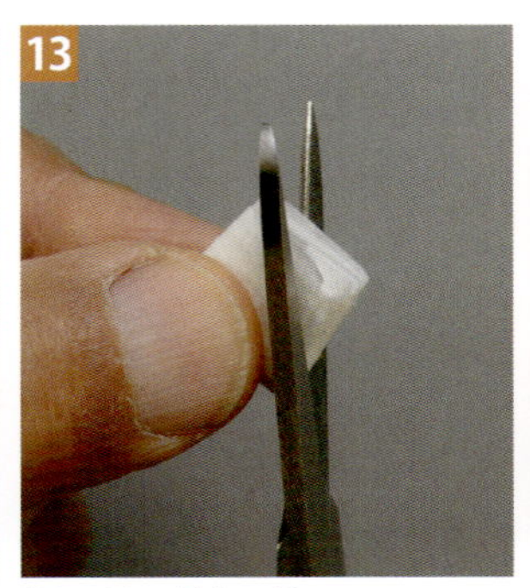

切っているところ。

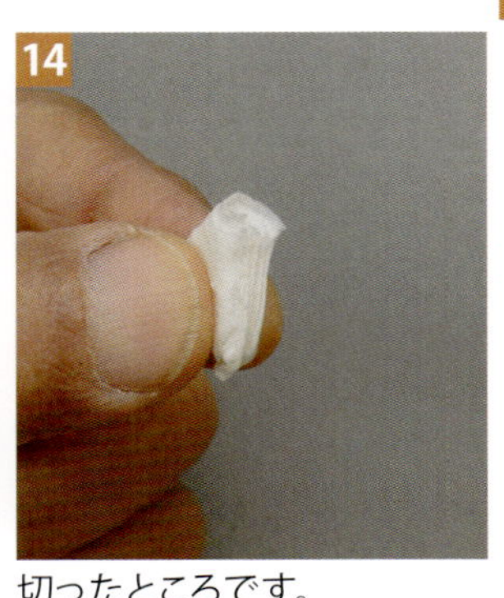

切ったところです。

ボンドをつける

ボンドをつまようじの先につけます。

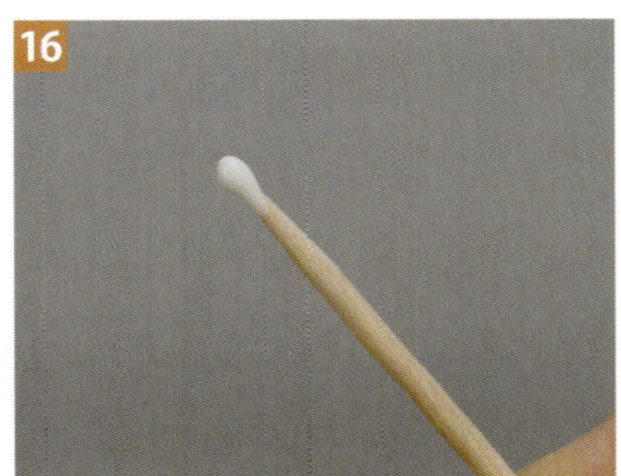

ボンドはこのくらい少量をつけます。

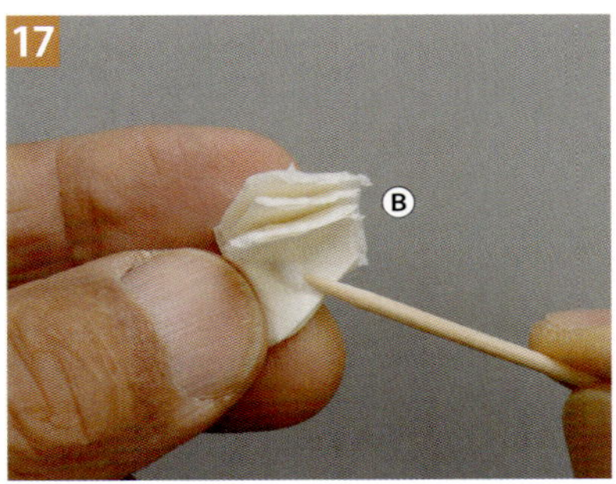

Ⓑを広げて、間にボンドをつけます。

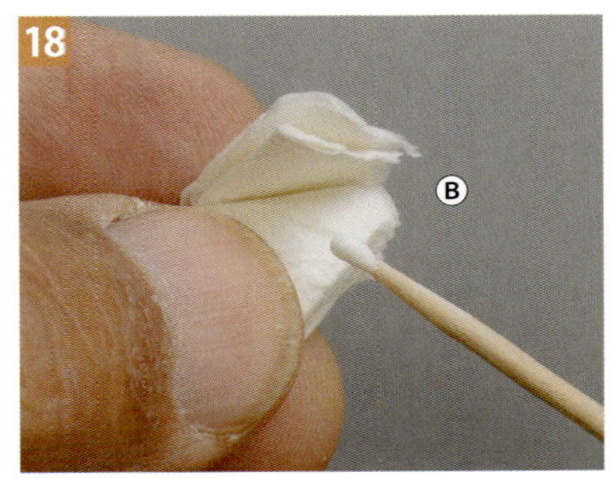

1枚ずつ広げて、つけましょう。

ボンドをつけ終わったところ。

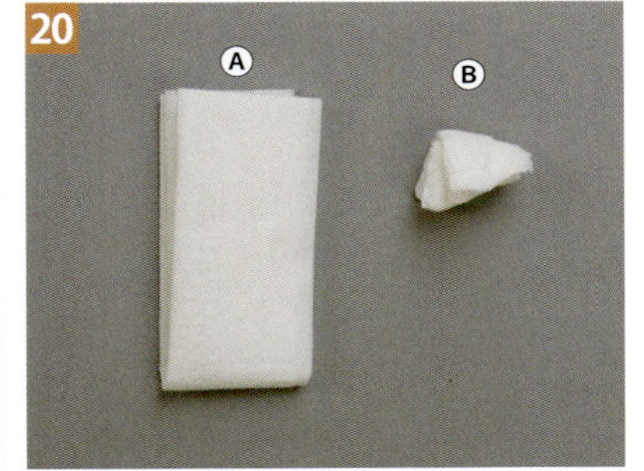

ⒶとⒷが準備できました。

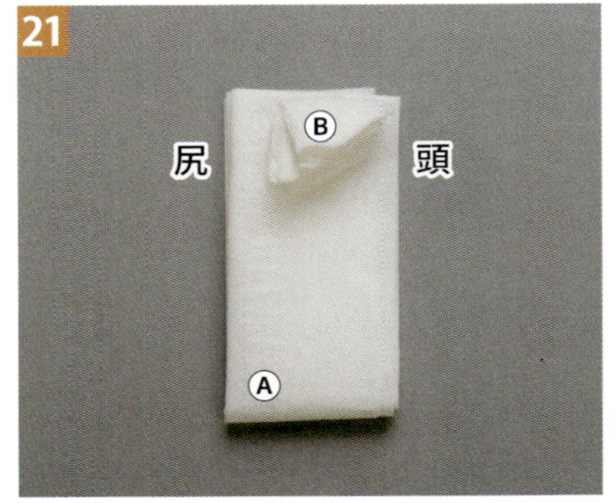

Ⓐの上にⒷを乗せます。左が尻側になります。Ⓑをのせる向きに注意。

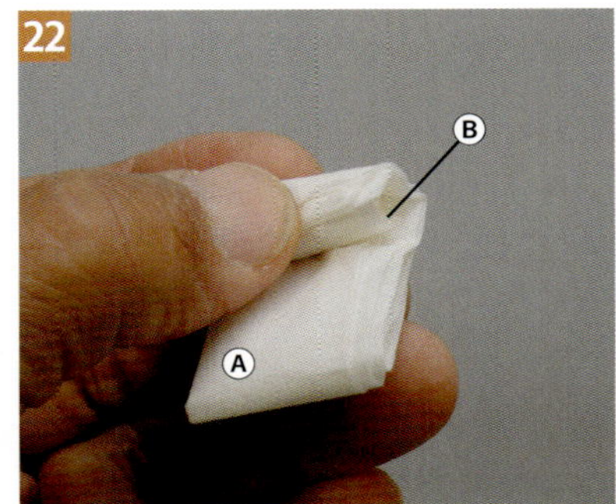

ⒷをⒶで巻きます。

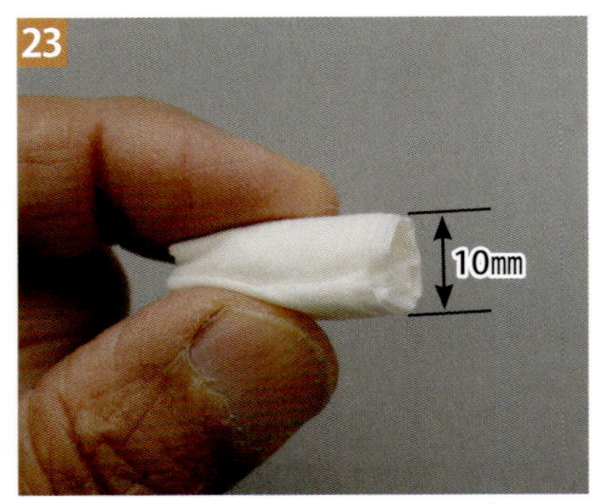

直径が10㎜ほどになるように巻きます。

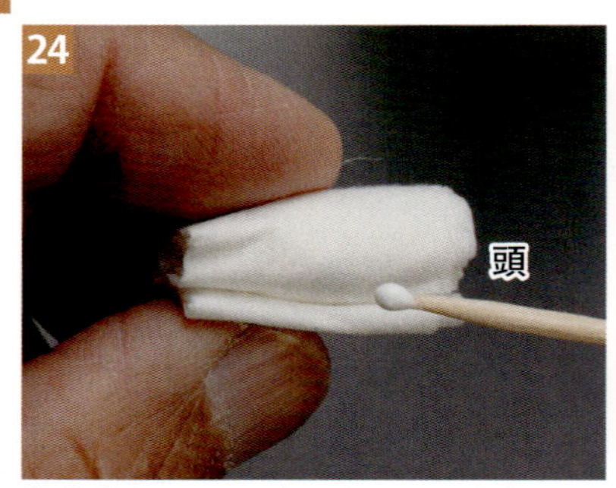

巻き終わりに、ボンドをつけます。

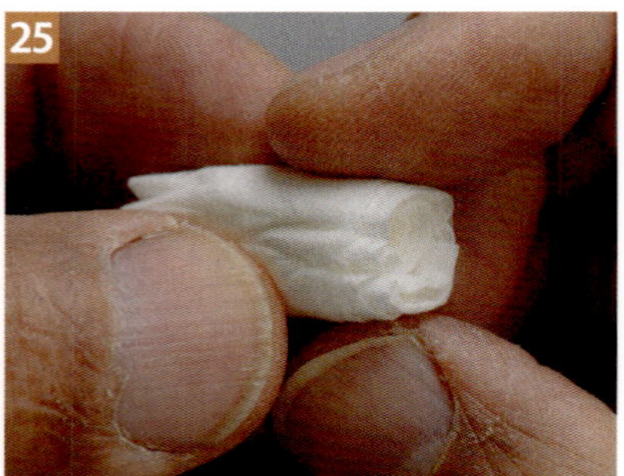

指で押さえて、接着します。

接着したところ。

形を整える①

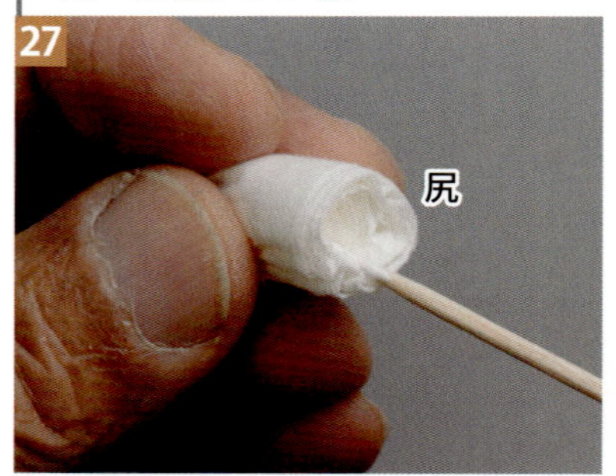

26の尻側の中にボンドをつけます。

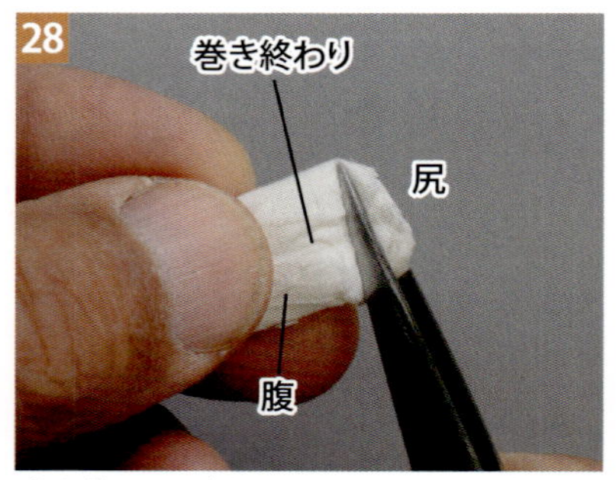

巻き終わりが腹側になるようにピンセットで押さえて接着します。

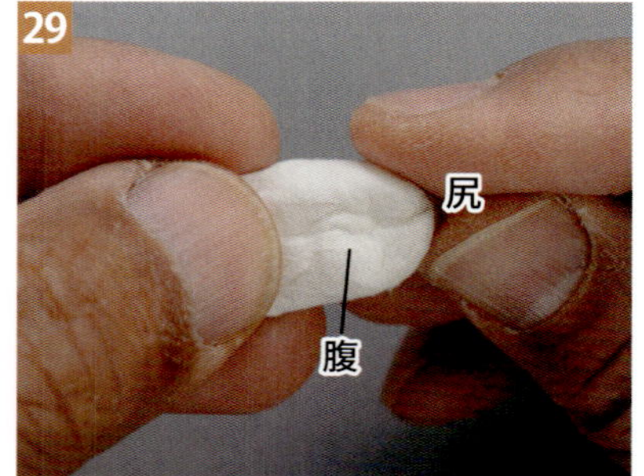

指で尻の形を丸く整えます。ボンドが乾かないうちに整えましょう。

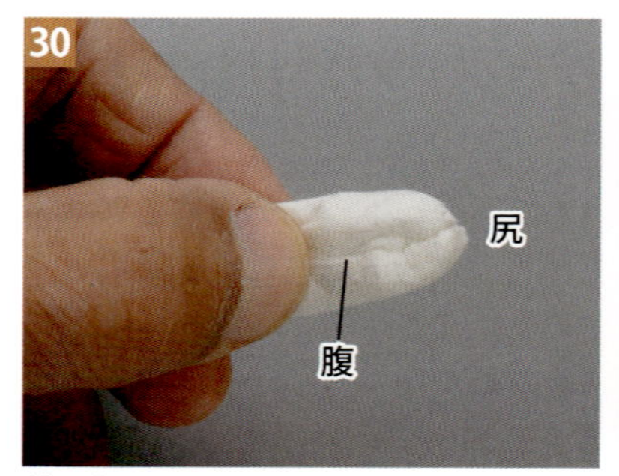

整えたところ。

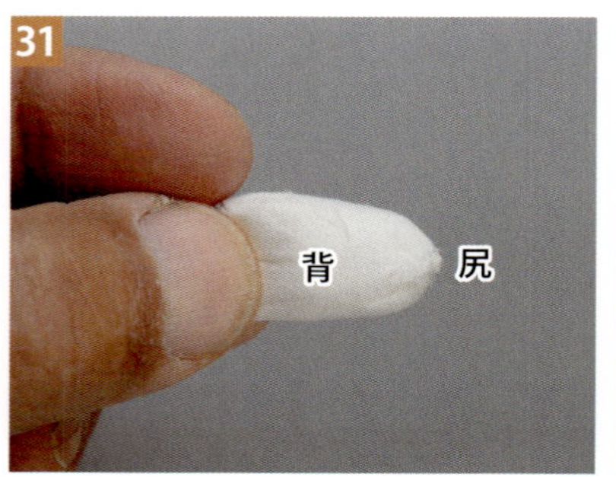

背中側から見たところ。

真横から見たところ。

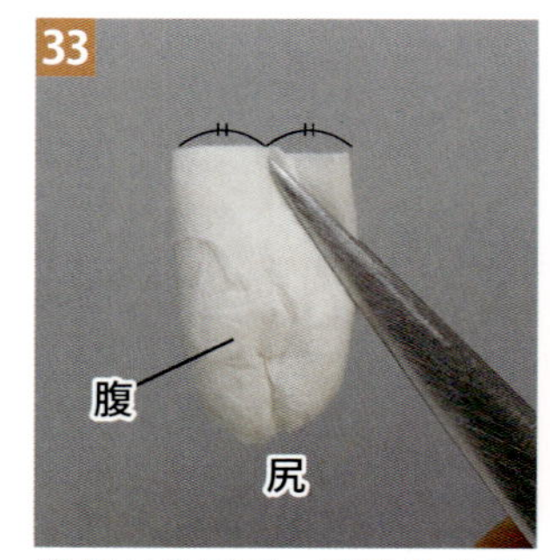

腹側から見て、写真の位置（中心）を、ピンセットでつまみます。

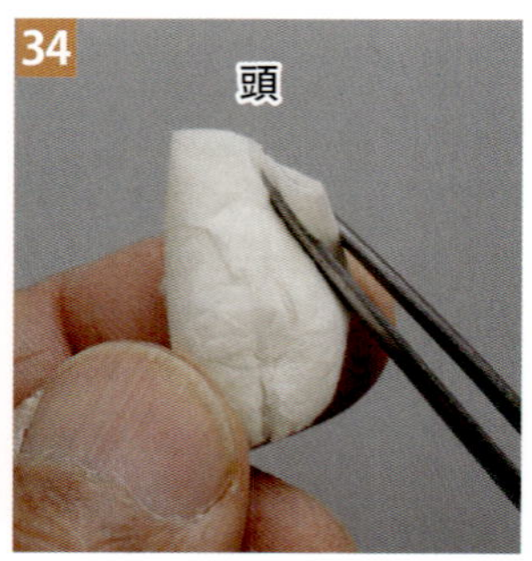

ピンセットで折り、頭の形を作っていきます。

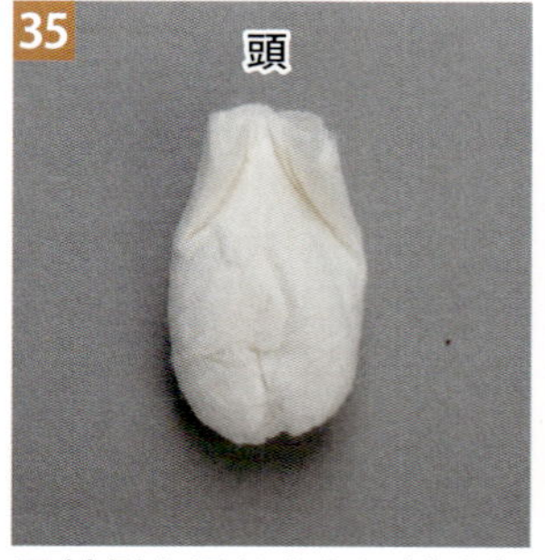

反対側も同じように折ります。

折り目にボンドをつけます。

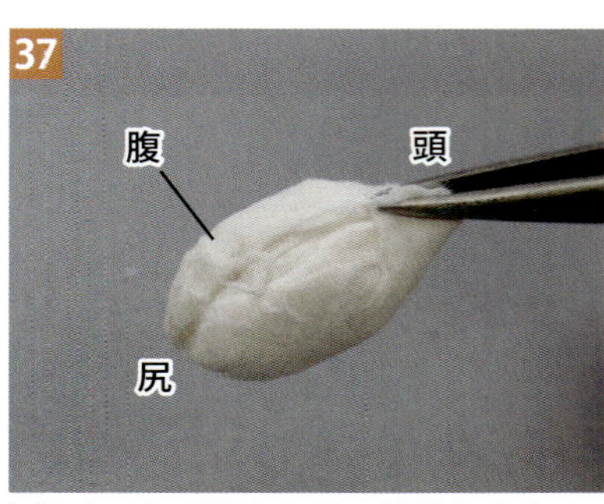

ピンセットではさんで、接着します。

接着したところ。

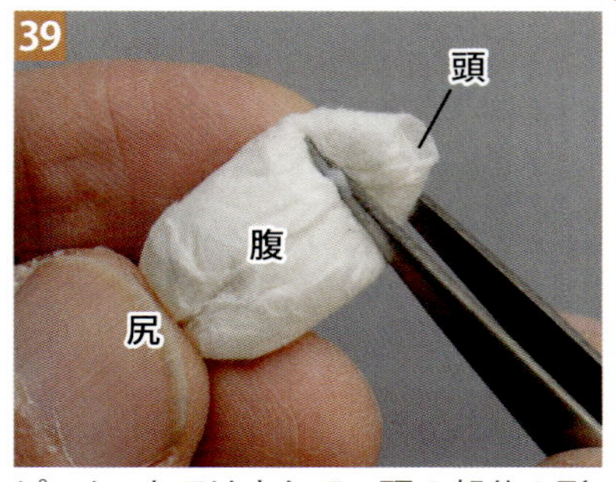

ピンセットではさんで、頭の部分の形を整えます。

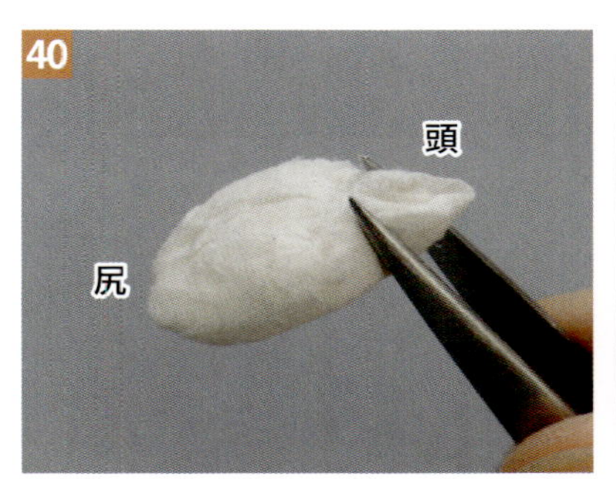

横からもはさんで、さらに頭の形を整えます。

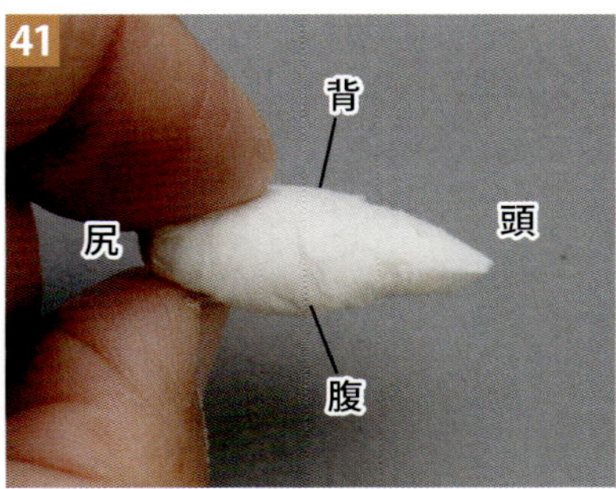

整えたところ。横から見ています。

背側から見たところ。だんだんカナブンの体らしくなってきました。

形を整える②

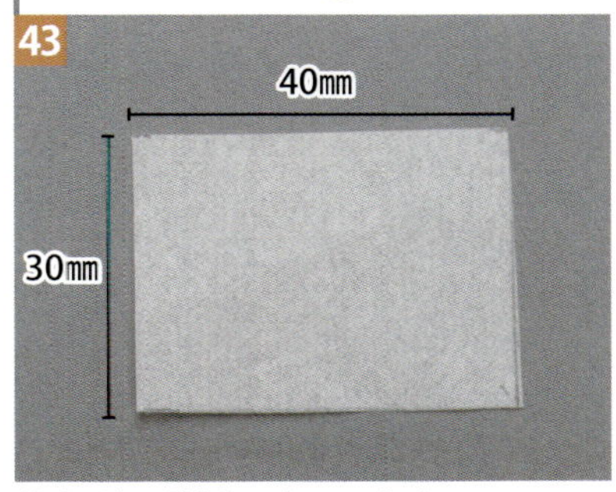

体をボンド紙でくるみます。30×40㎜のボンド紙（2枚組）を用意します。

ボンドを全面に塗ります。

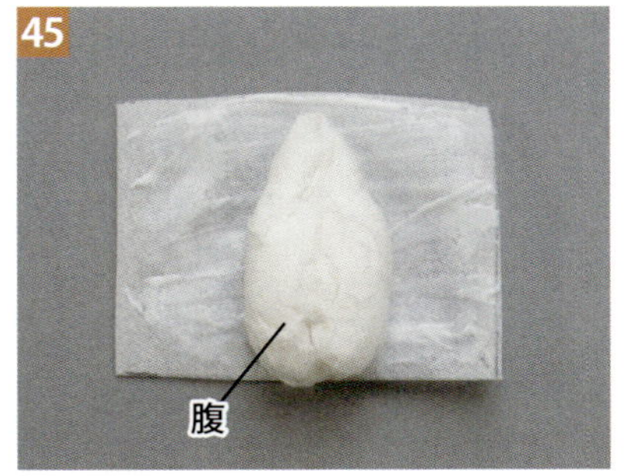

44に42を腹を上にして置きます。

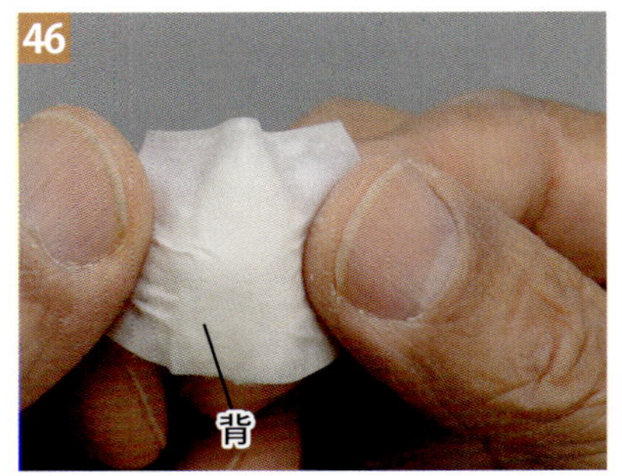

軽くシワを伸ばしながら、ゆっくりとくるみます。

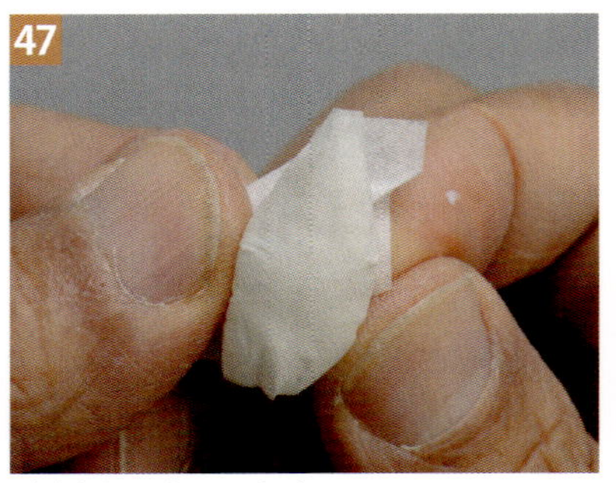

裏側までくるみます。

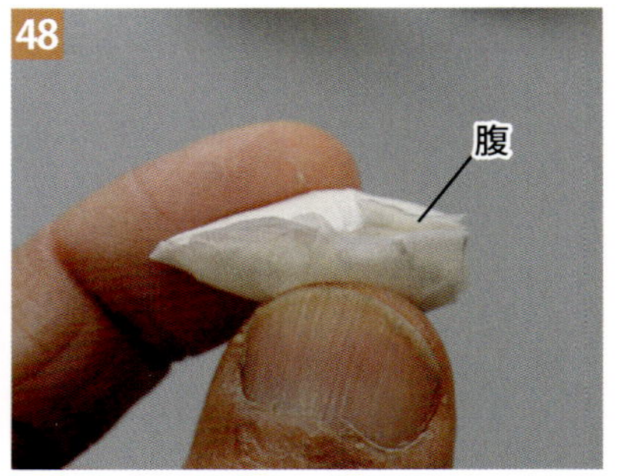

腹側で合わせます。腹側から見たところ。

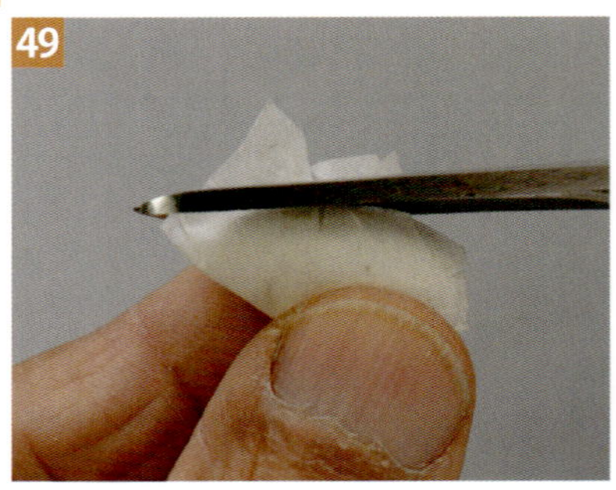

合わせ目の余分な紙をハサミで切り除きます。

切り除いたところ。

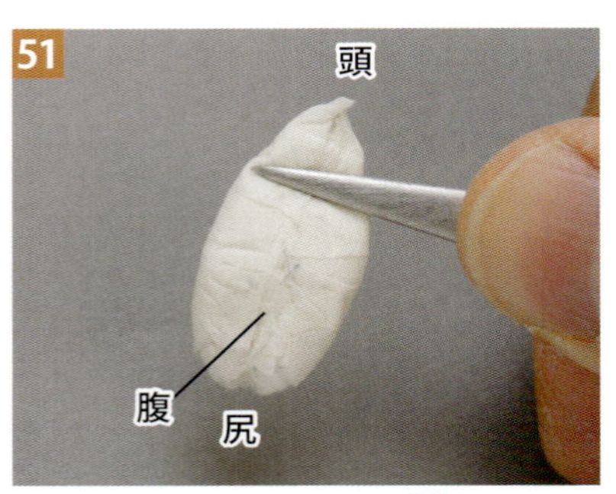

ピンセットで形を整えて、42の形に戻します。

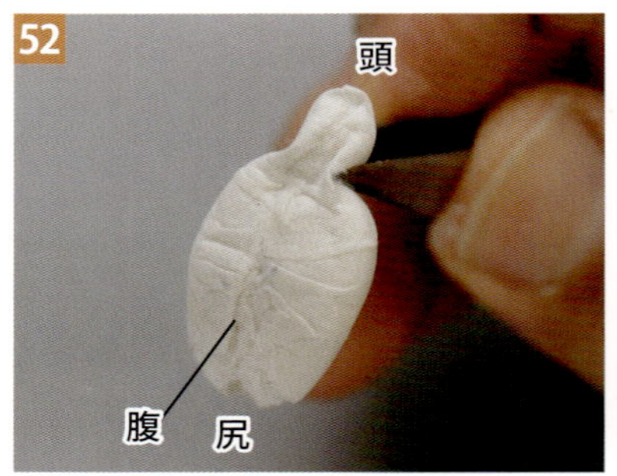

ピンセットでもう一度頭の形を整えます。

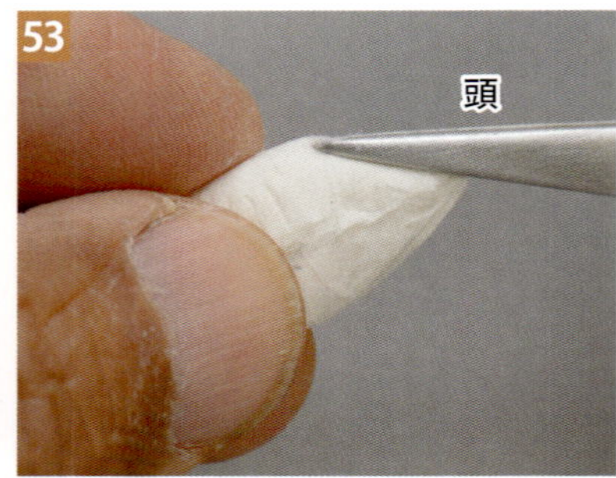

頭の先をピンセットでつまんで、段差をつけます。

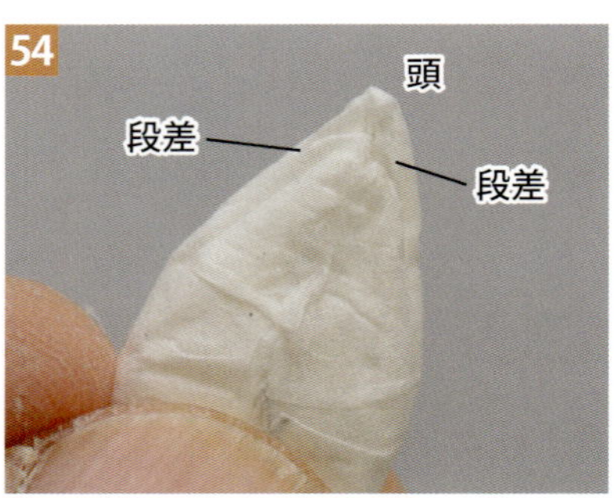

反対側にも同じように段差をつけます。

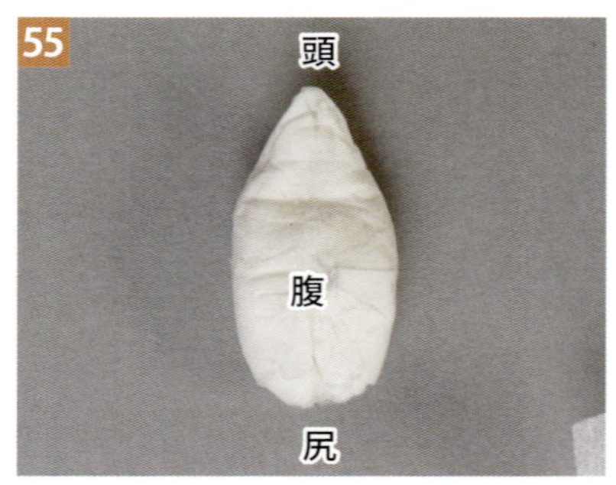

段差をつけたところ。

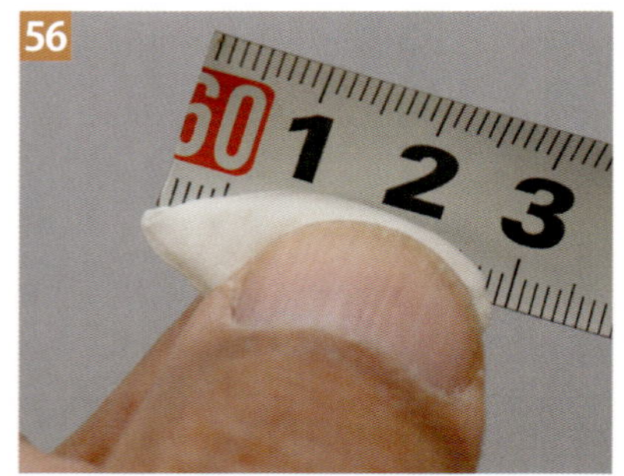

図面通りか、測って確認しましょう。

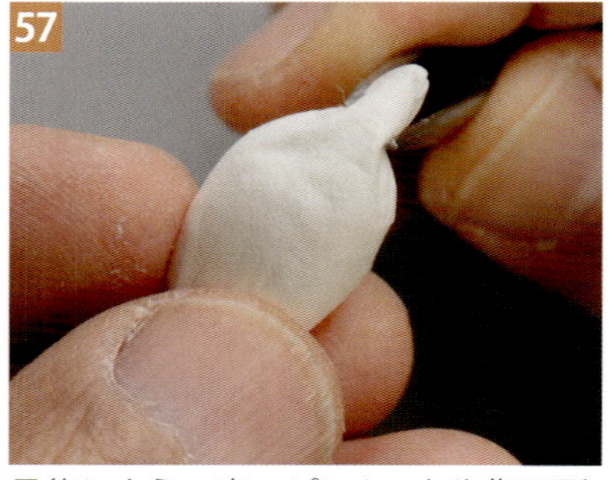

最後にもう一度、ピンセットや指で形を整えます。

背側から見たところ。

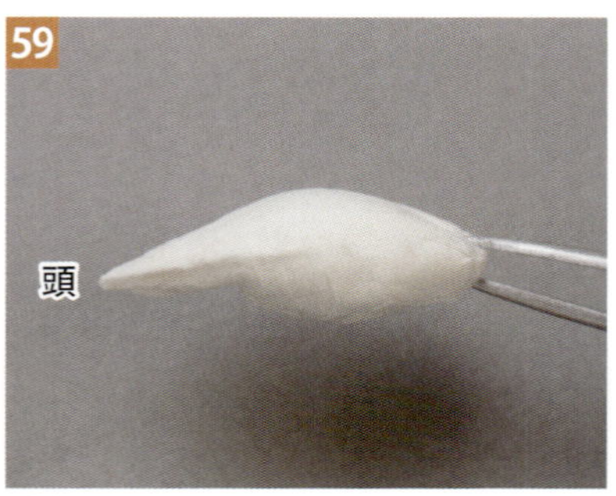

真横から見たところ。

体の土台のできあがり。

Step 02 腹と背中の節を作る

体の土台ができたら、腹と背中の節のディテールを作っていきます。節はスプーン（アイスクリームを食べる用の大きさのものがちょうど良い）の裏に、サインペンなどで中心線を入れておくと楽です。図面を写すときは、鉛筆の先はなるべく細く削って書き写しましょう。ボンドをつける前に、必ずパーツ同士を合わせて確認してください。

腹と背の節を準備する

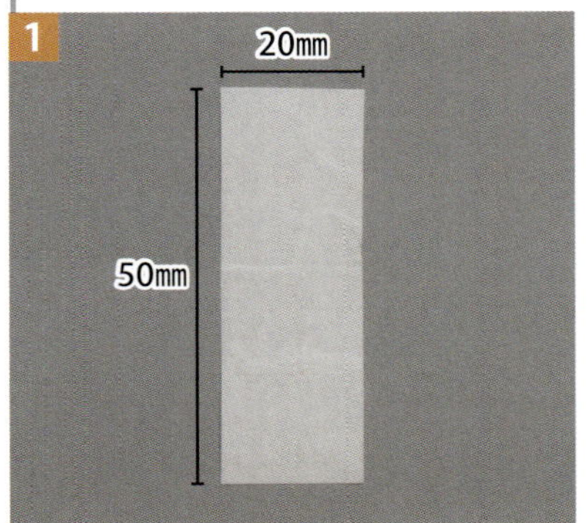

腹と背の節を作ります。50 × 20㎜のボンド紙（4枚組）を用意します。

真ん中に鉛筆で線を引きます。

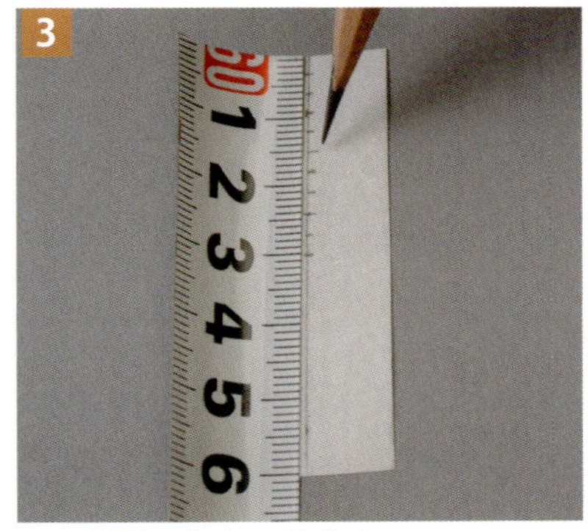

3㎜間隔で印をつけます。

印は10個以上つけます。

アイスクリーム用として市販されているスプーンを用意します。

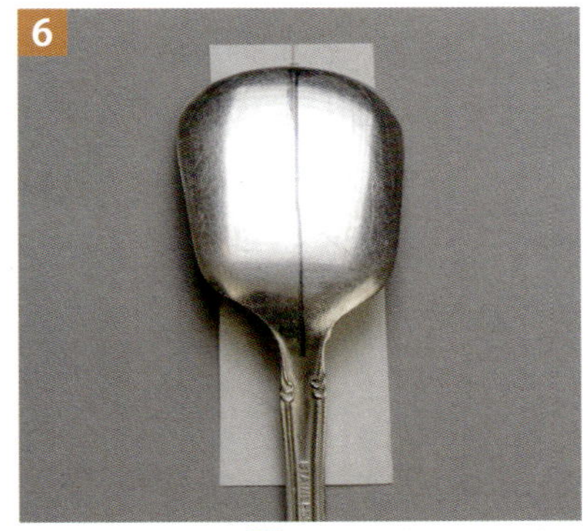

スプーンの縁を4の印に合わせます。

スプーンのカーブに沿って、線を引いていきます（スプーンがない場合はフリーハンドで）。

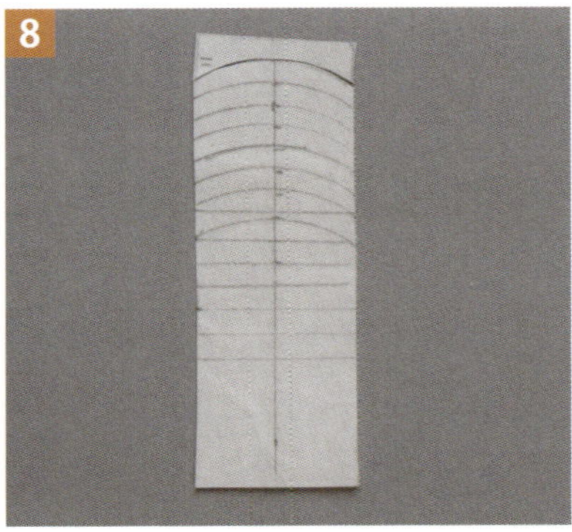

カーブは7本、直線は4本以上、写真のように引きます。

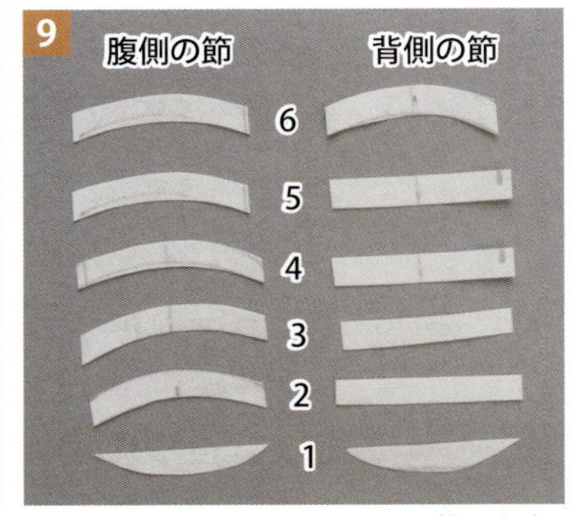

鉛筆の線で、写真のように切り離します。腹側と背側の節ができました。腹側と背側では、2～5枚めの形が違うので注意。

節を腹と背中に貼る

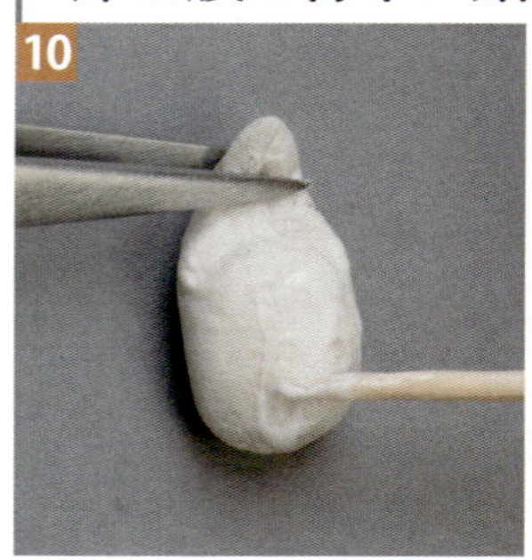

体の土台の腹側に、節を貼っていきます。ボンドをつけます。

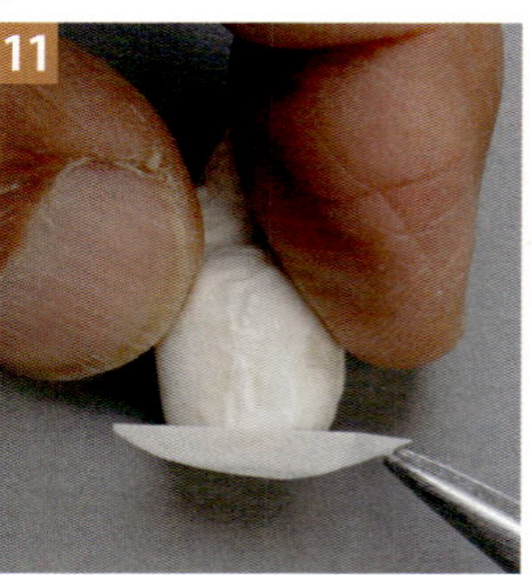

1枚めを貼ります。

体のカーブに合わせて、ハサミで少し形を整えます。

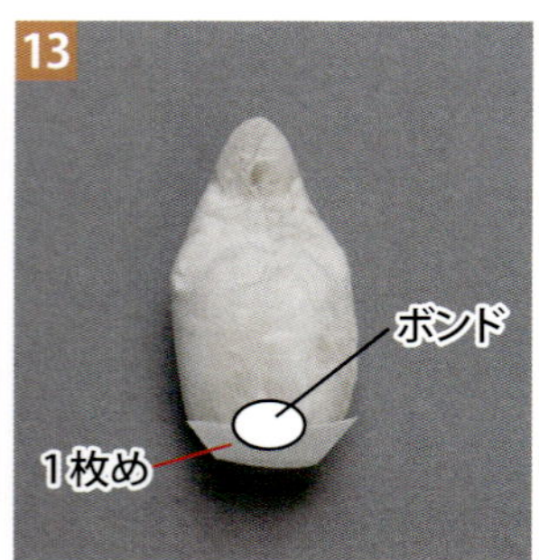

整えたところ。中心にボンドを少しつけます。

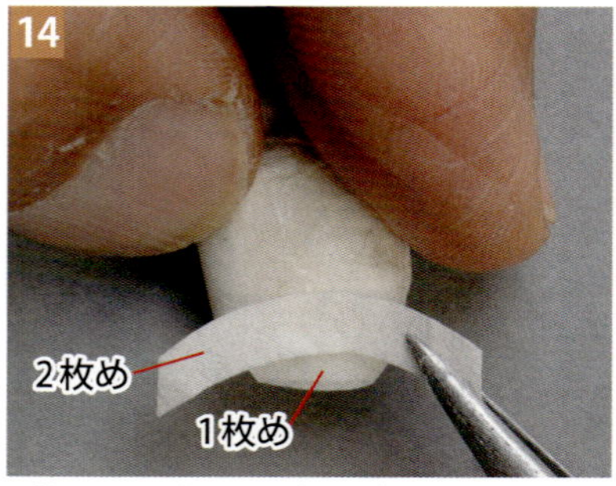

2枚めを1枚めに少しだけ重なるように貼ります。

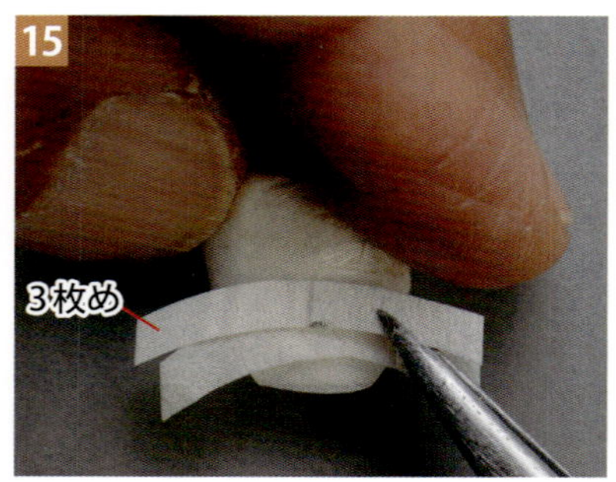

3枚めも同じように貼ります。

6枚全て貼ったところ。

サイドにはみ出ている部分にボンドをつけます。

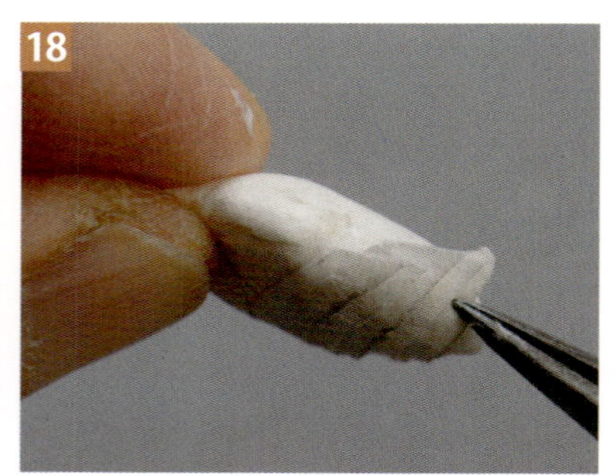

体のカーブに合わせて貼ります。

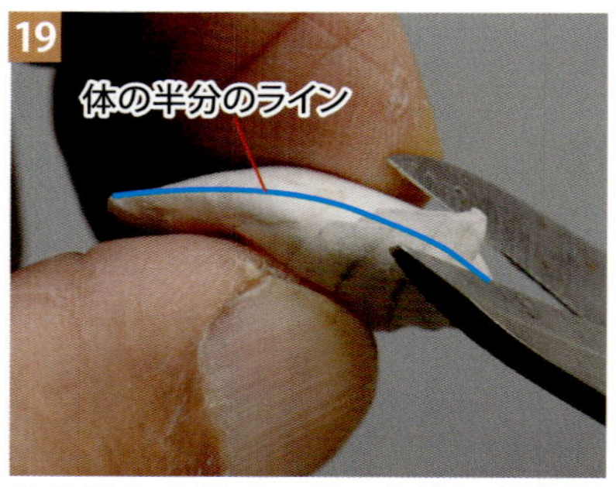

体の半分のラインで、余分な部分をハサミでカットして、形を整えます。

形を整えたところ。

体に密着するように、さらにボンドでしっかり貼りつけましょう。

背中側も、腹側の11～21と同じように6枚貼ります。腹側と背中側の節が合うように貼りましょう。

腹板を作り、体に貼る

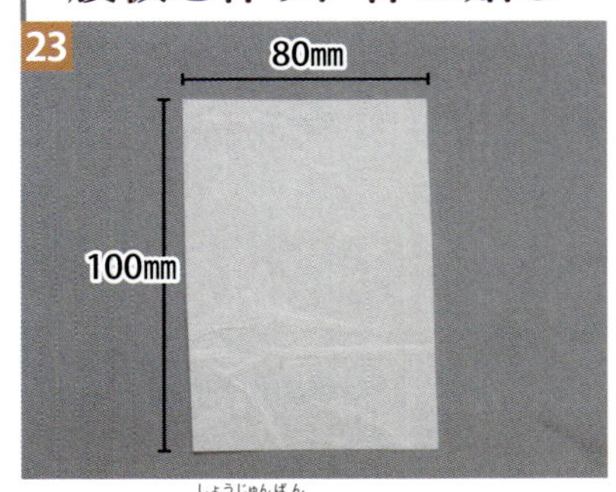

腹板、頭、小楯板（しょうじゅんばん）、上翅を作ります。100×80㎜のボンド厚紙（4枚組）を用意します。

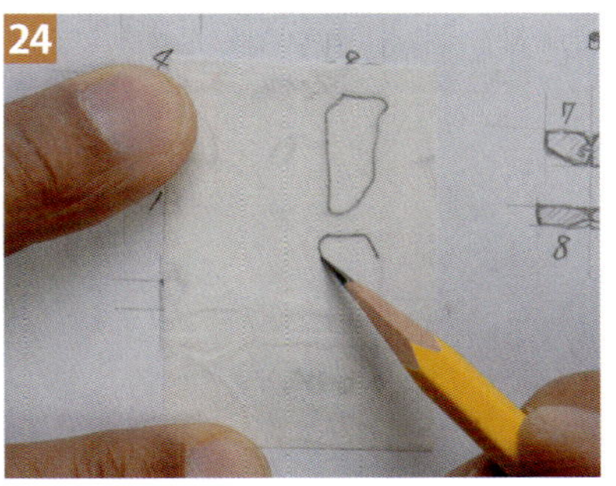

図面（p.33）に当てて、腹板、頭、小楯板（しょうじゅんばん）、上翅を鉛筆で描き写します。

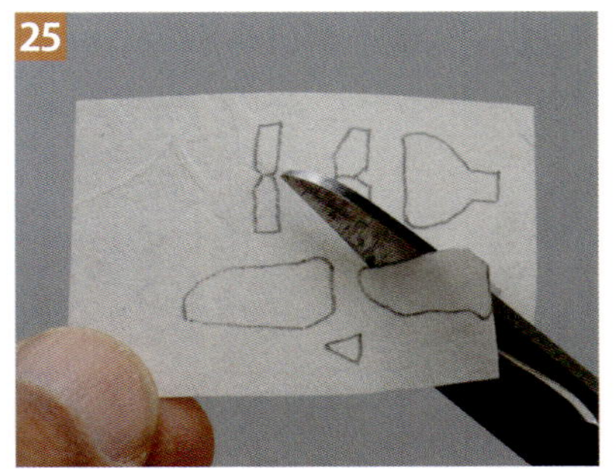

描き写したら、ハサミでカットします。

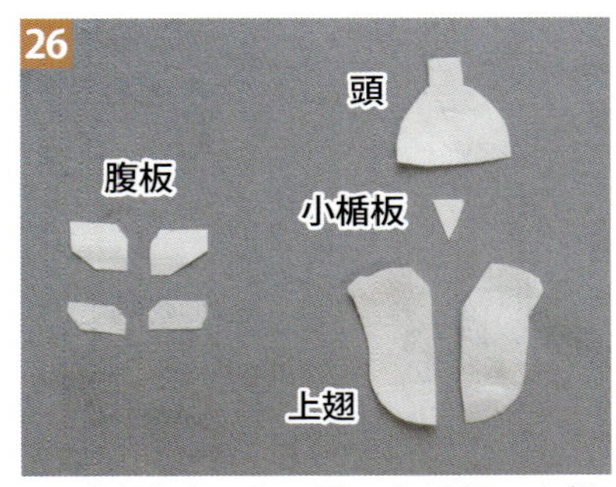

カットしたところ。頭、小楯板、上翅は後で使います。

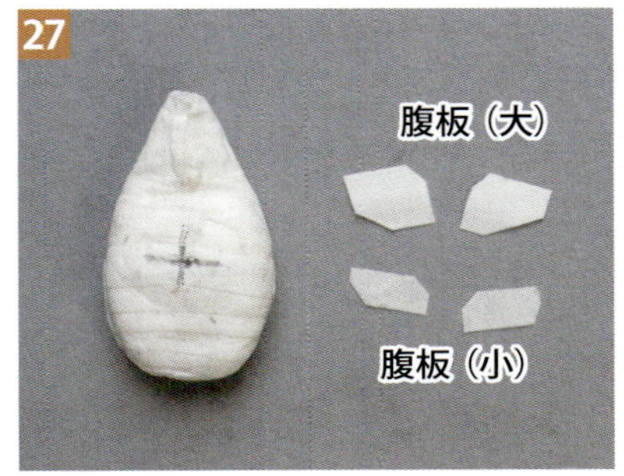

21の腹に鉛筆で印（＋）をつけます。

印のまわりにボンドをつけます。

腹板のうち、小さめの2枚を先に貼ります。

29に少し重なるように、大きめの2枚を貼ります。

ボンドをつけます。

体のカーブに合わせて貼りつけます。

突起を腹の中央に貼る

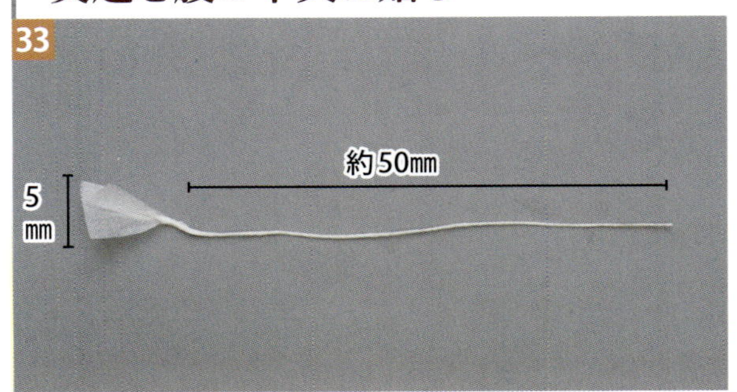

5㎜幅の1枚紙でコヨリを作ります（長さは自由＝目安として50㎜）。

先端をピンセットでつぶします。

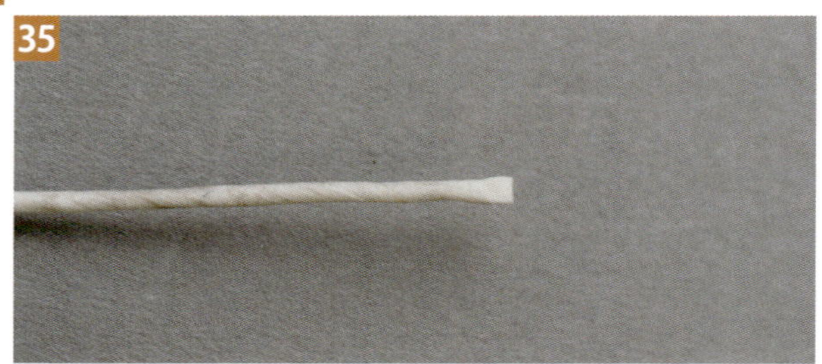

つぶしたところ。

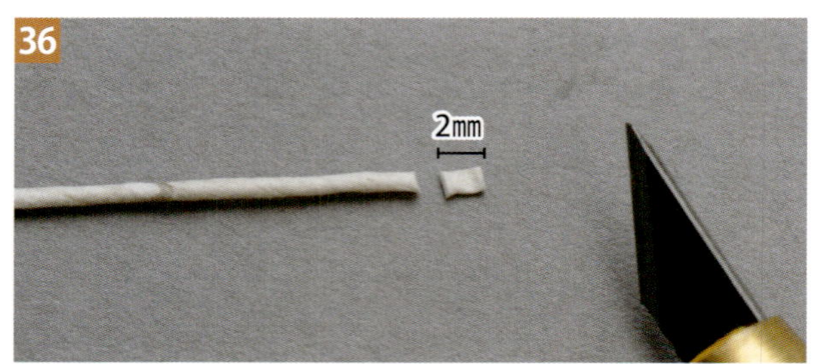

2㎜ほどカッターで切り取ります。これが胸の中央から出る突起になります。

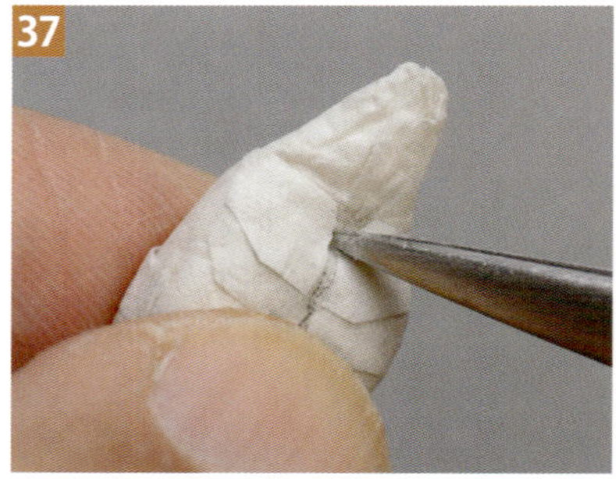

ピンセットの先端を写真の位置に挿して、くぼみを作ります。

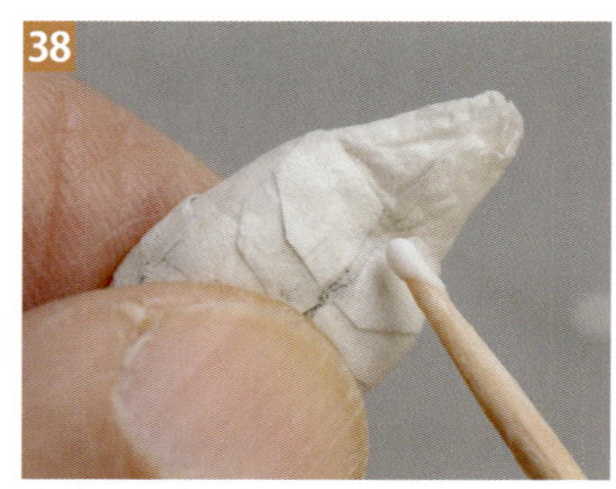

くぼみにボンドをつけます。

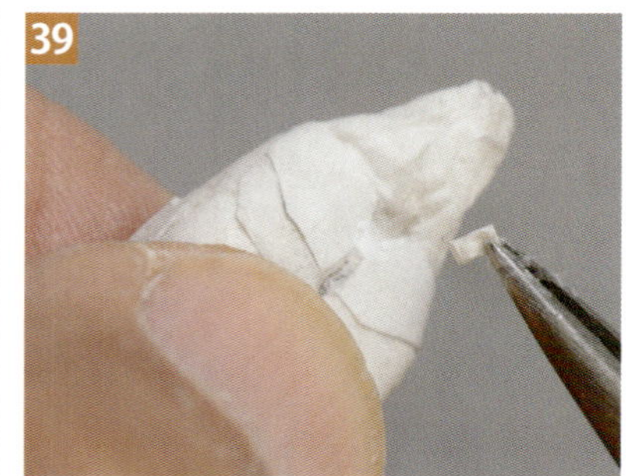

36の突起を貼ります。

突起を横から見たところ。

台座に挿す

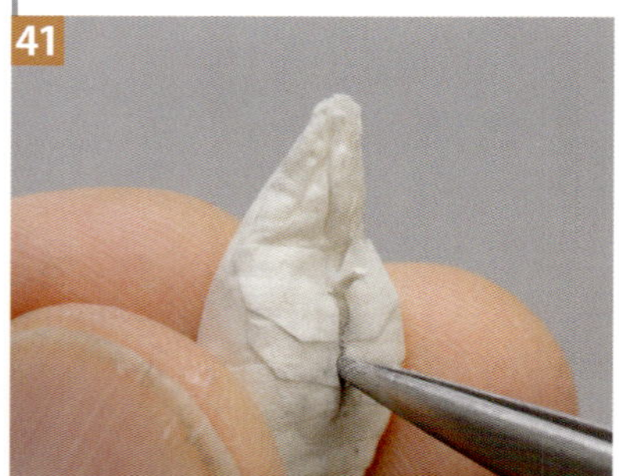

ピンセットの先端を写真の位置に挿して、くぼみを作ります。

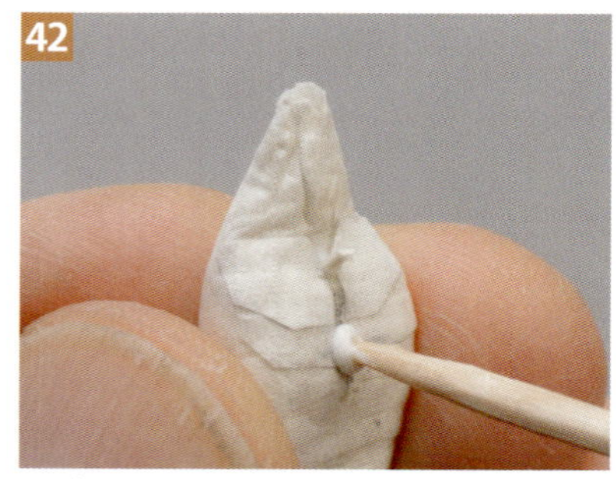

くぼみにボンドをつけてから、つまようじを挿します。

発泡スチロールの台座に挿します。こうしておくと、後の作業がしやすくなります。腹と背中の節、胸の突起ができました。

Step 03 顔を作る

カナブンの目は直径 1㎜程の小ささです。ボンドを少量つけた 4㎜四方のティッシュを指でくるくる丸めて作りましょう。頭の微妙な丸みは、パーツを指の上でゆっくりと丸箸で押しながら形を作っていきます。頭は一度体に合わせて様子を見てから、ボンドを少なくつけて貼ります。

目を準備する

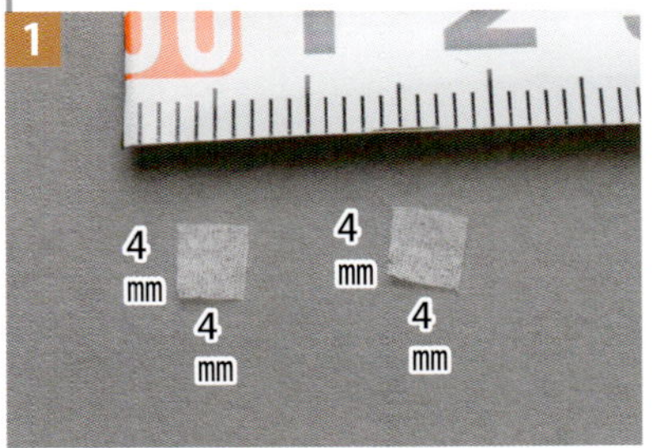

1 4×4㎜のティッシュ（1枚紙）を2枚用意します。

2 中心にボンドを少量つけます。

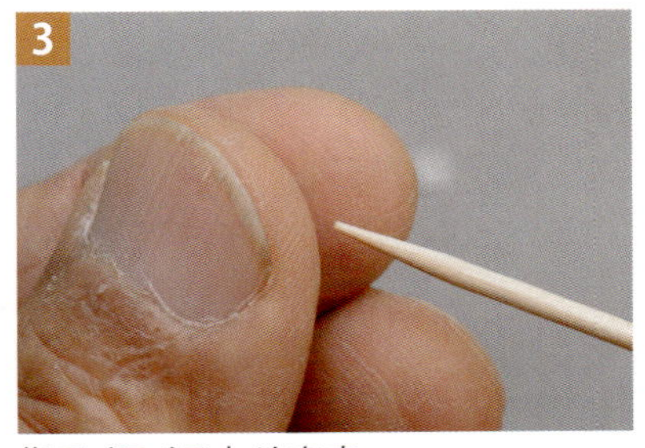
3 指でくるくる丸めます。

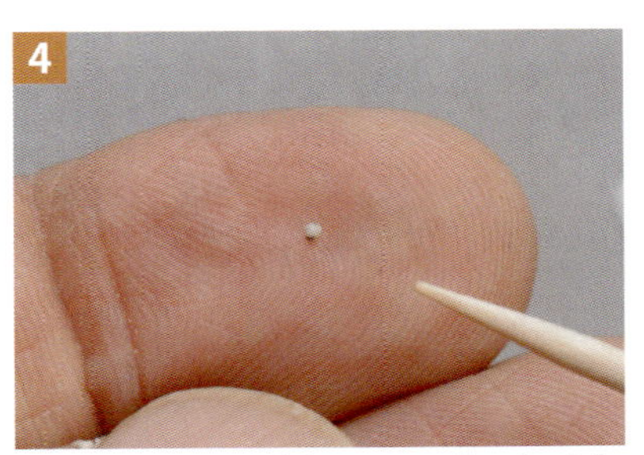
4 丸めたところ。直径1㎜ほどになります。

5 2個作ります。目のできあがり。

触角を準備する

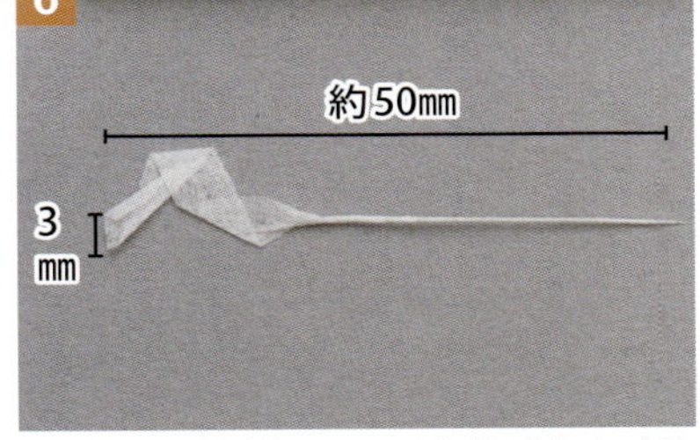

6 3㎜幅の1枚紙でコヨリを作ります（長さは自由＝目安として50㎜）。

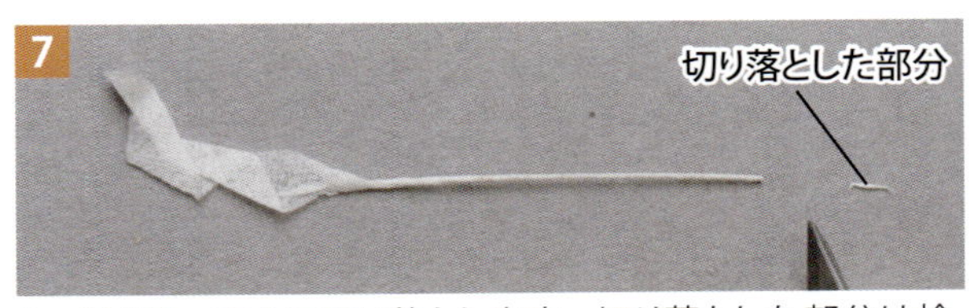

7 1㎜ほどまっすぐに切り落とします。切り落とした部分は捨てます。

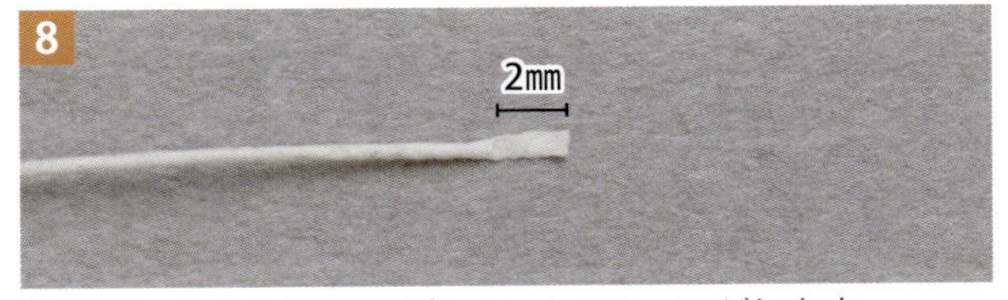

8 7で残った方の先端をピンセットで2㎜つぶします。

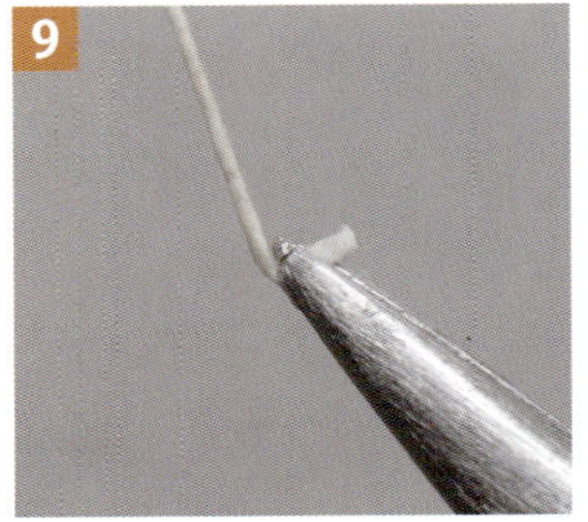
9 つぶしたところを直角に曲げます。

10 曲げたところ。

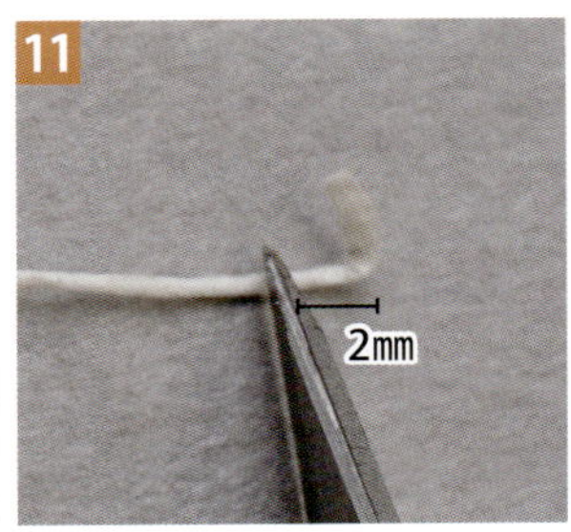

11 曲げたところから2㎜のところでカットします。

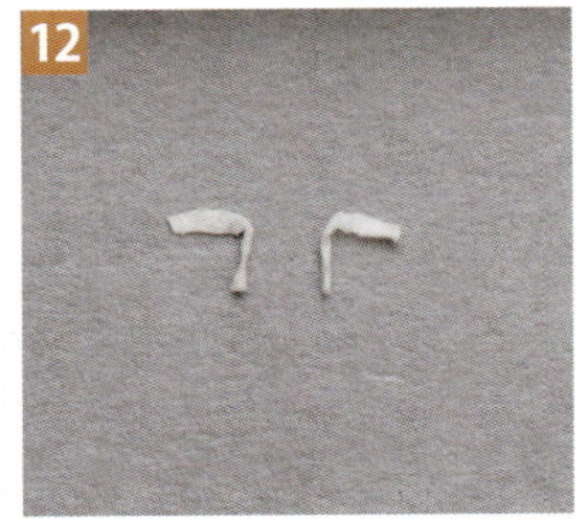
12 2個作ります。触角のできあがり。

頭を貼る

13 p.41の26でカットした頭です。

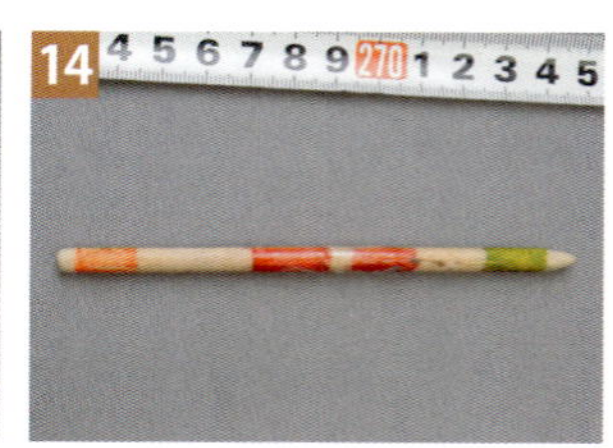

14 丸箸（両端を削ったもの＝下図）を用意します。

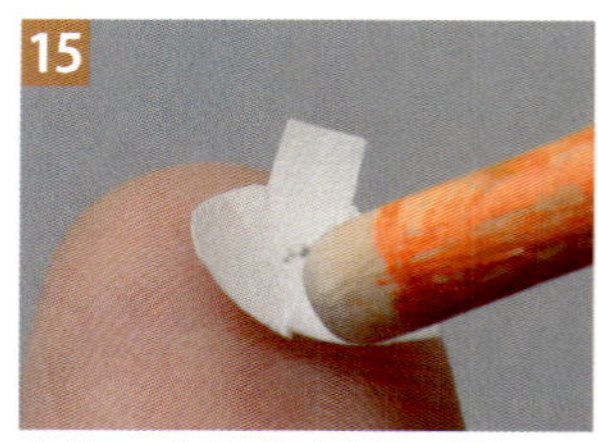

15 丸箸の先端Ⓐを13に押しつけて、丸みをつけます。

16 丸みをつけたところ。

丸箸

17 p.42の43の頭の部分にボンドをつけます。

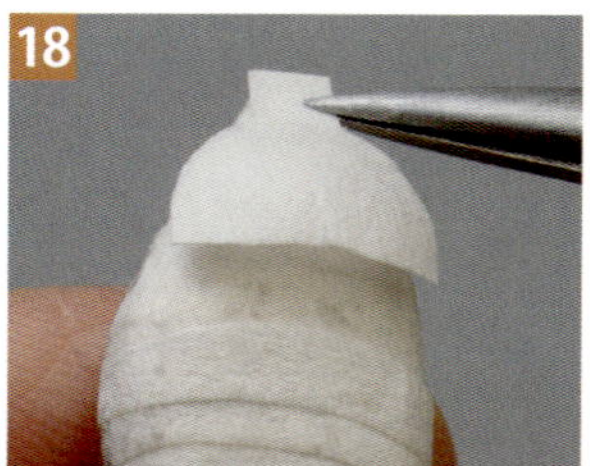

18 16を貼ります。

19 端をピンセットでつまんで、少しつぶします。

20 つぶしたところ。反対側も同じようにつぶします。

目を顔に貼る

21 位置をよく確認しながら、目の部分にボンドをつけます。

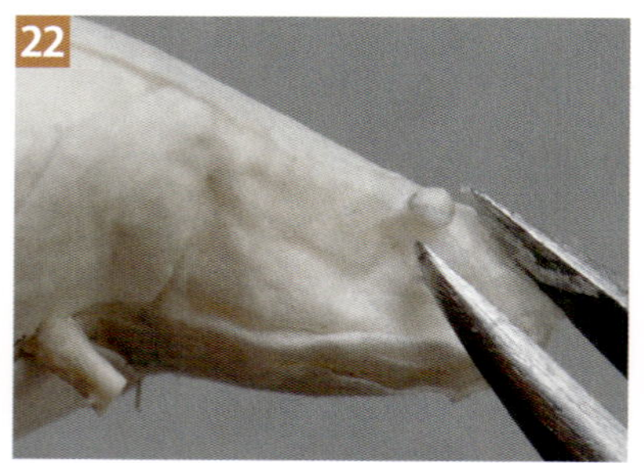

22 5で作った目を貼ります。上から見たり下から見たりして、位置をよく点検してください。

23 両目を貼ったところ。

触角を顔に貼る

24 触角の部分（目の下の部分）にボンドをつけます。

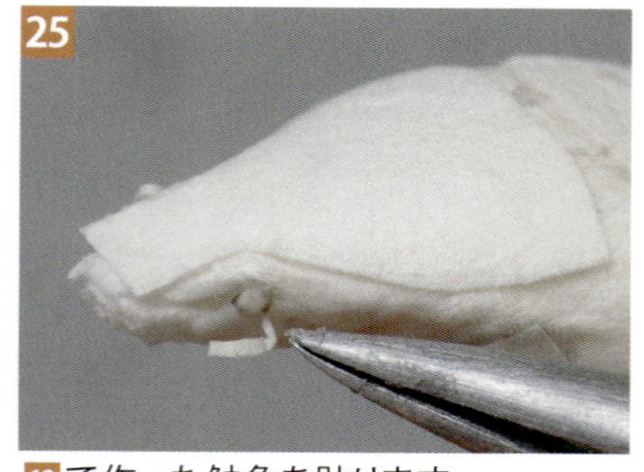

25 12で作った触角を貼ります。

26 2つの触角を貼ったところ。

Step 04 上翅を作る

上翅の微妙な丸みを作るときは、丸箸の先端を外から内に、少しずつゆっくりと押しながら丸くします。ほんの少しカドっぽく出っ張っている箇所は、丸箸の尖り気味の先端で少し押します。上肢の形を作ったら、ボンドでつけてしまう前に、必ず一度胴体に合わせて形と位置を確認してください。

上翅を体に貼る

1
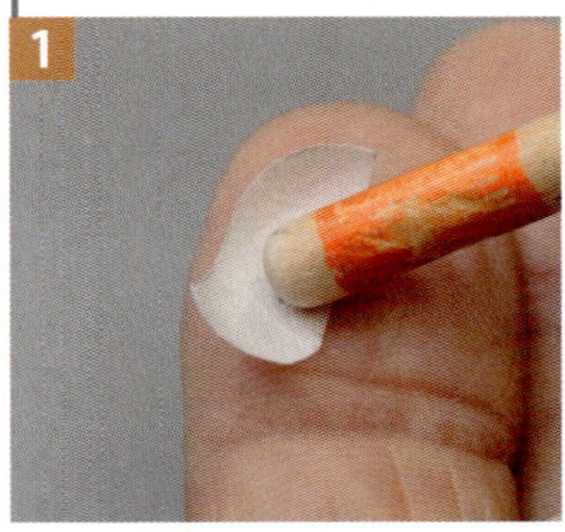

p.41の26でカットした上翅に、丸箸（p.44）の先端Ⓐを押しつけ、丸みをつけます。

2
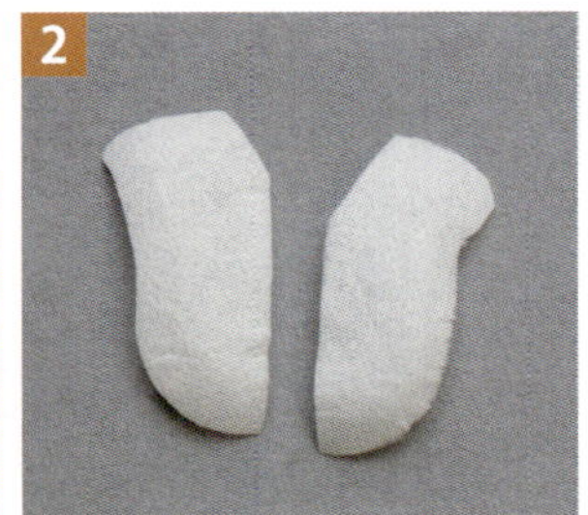

丸みをつけたところ。

3
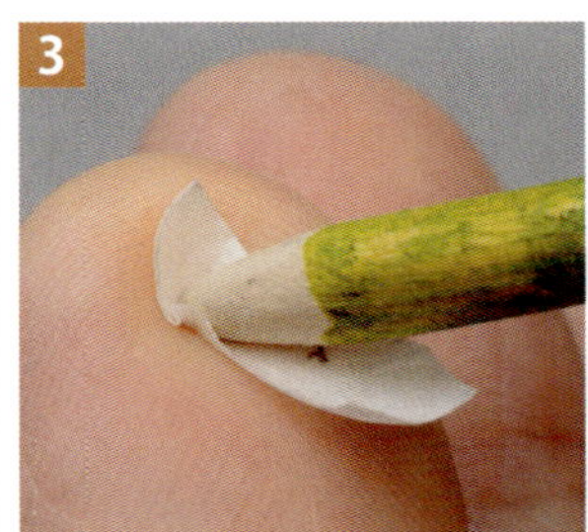

丸箸の先端Ⓑを、上翅の裏から押しつけて、カドっぽい出っ張りを作ります。

4
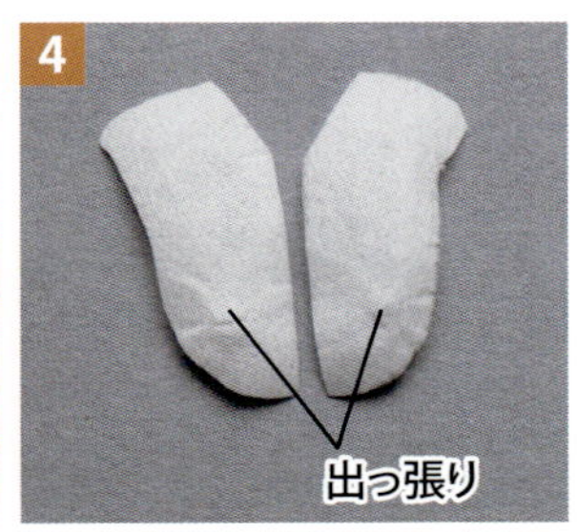

出っ張りをつけたところ。

5

出っ張りをつけた上翅をp.44の26の頭の中に差し込み、胴体に合わせてみて、位置を決めます。

6
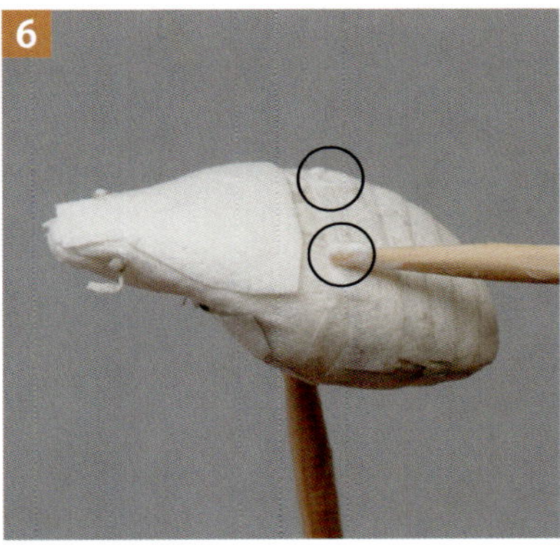

上翅を一度外して、○印のあたりにボンドをつけます。

7

あらためて上翅を貼ります。

8

貼ったところ。

9
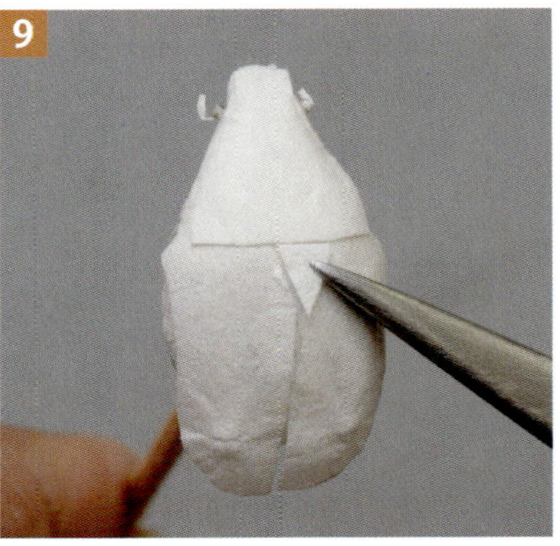

p.41の26でカットした小楯板を、写真の位置にボンドで貼ります。

10

貼ったところ。

Step
05 脚を作る

脚をうまく作るには、脚の基礎のコヨリをしっかり固く作ることが大切です。カナブンだけでなく、すべての昆虫の脚を作るときのポイントです。

脚の基礎を作る

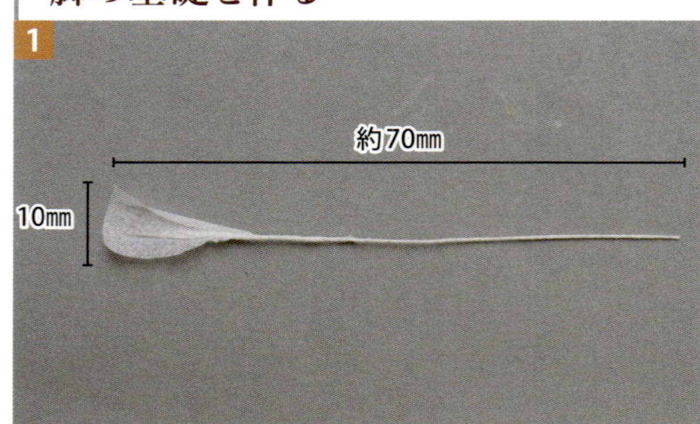

10mm幅の１枚紙でコヨリを作ります（長さは自由＝目安として70mm）。

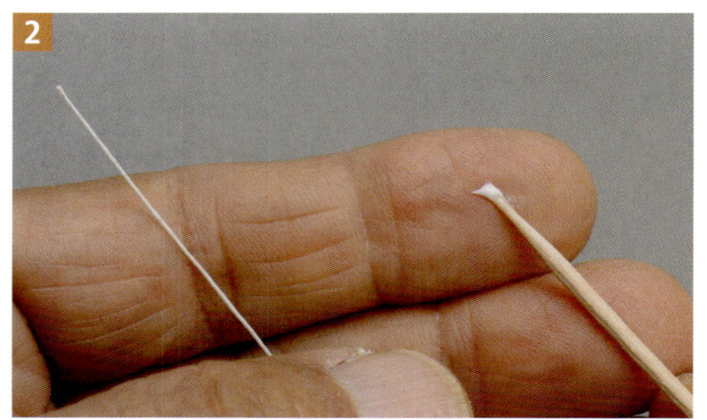

ボンドをつまようじの先に少量つけてから、人差し指の指先に取ります。

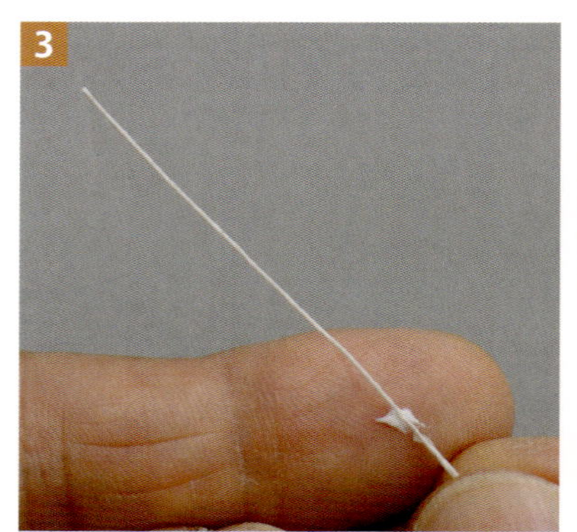

人差し指の指先のボンドにコヨリを乗せます。

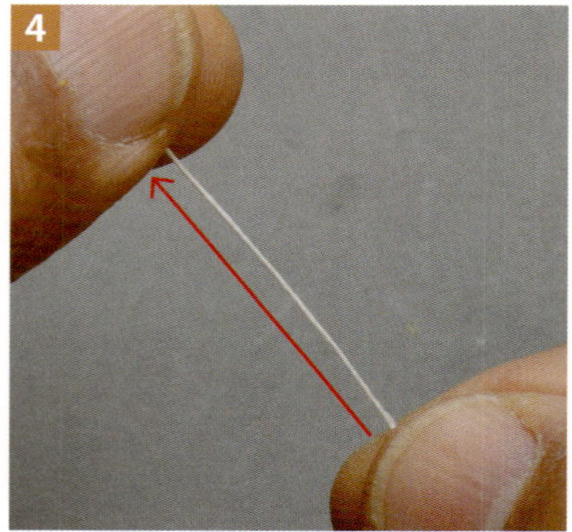

親指で挟んで矢印方向に引っ張り、ボンドをコヨリ全体にすり込みます。

さらにもう一度軽くねじって、コヨリを固くします。

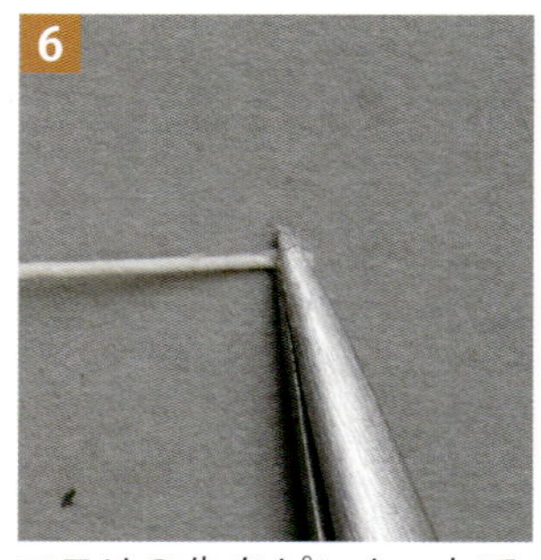

コヨリの先をピンセットでつぶします。

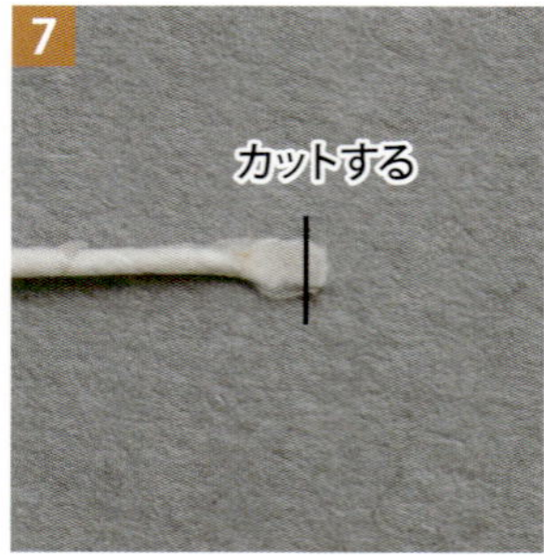

つぶしたら、先端を1mmほどカットしてきれいにします。

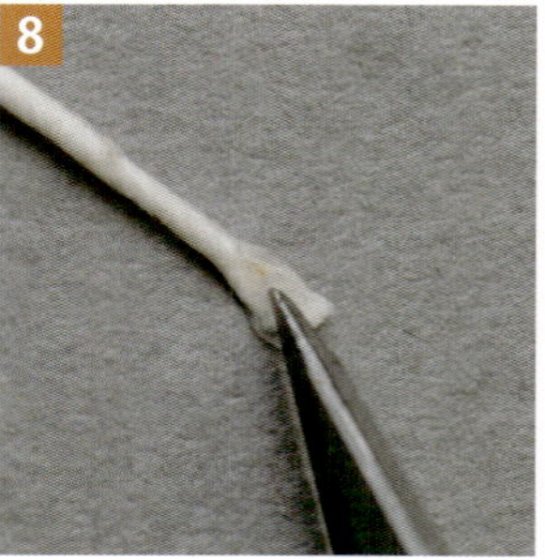

先端をカッターでV字に切り込みを入れ、ピンセットで広げます。

このような形にします。昆虫の爪先になります。

ピンセットで4箇所つぶして、凹凸を作ります。

6mmのところで曲げます。

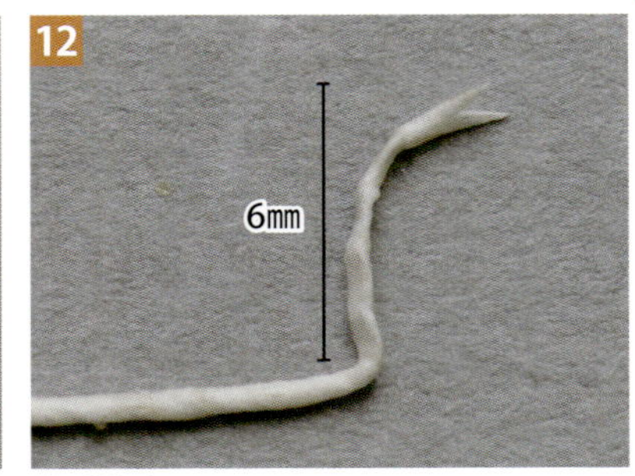

曲げたところ。

脚を太くする

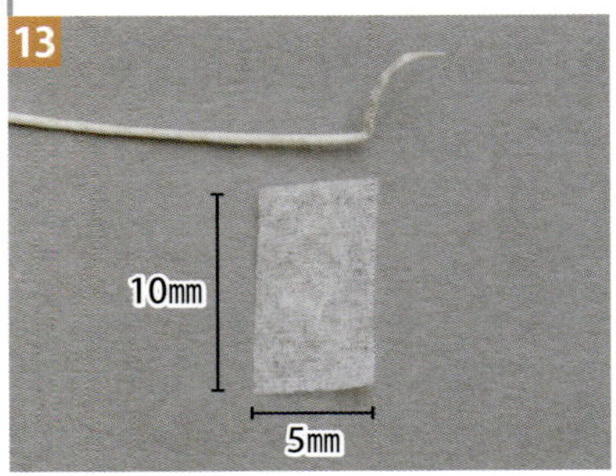

10 × 5mmの1枚紙を用意します。

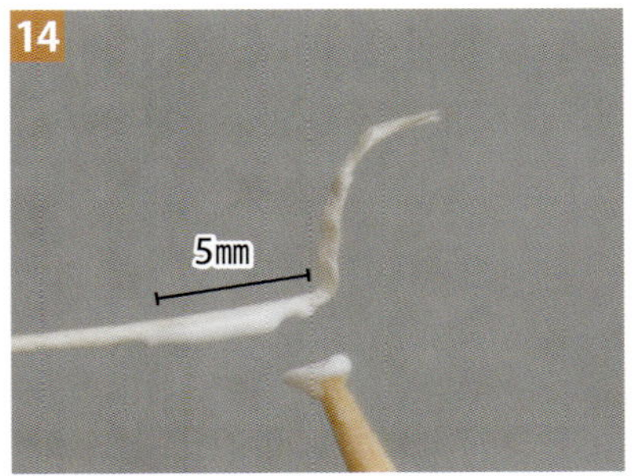

ボンドをつけます。

脚に巻いていきます。

巻き終わりをボンドでとめてから、ピンセットでつぶして形を整えます。

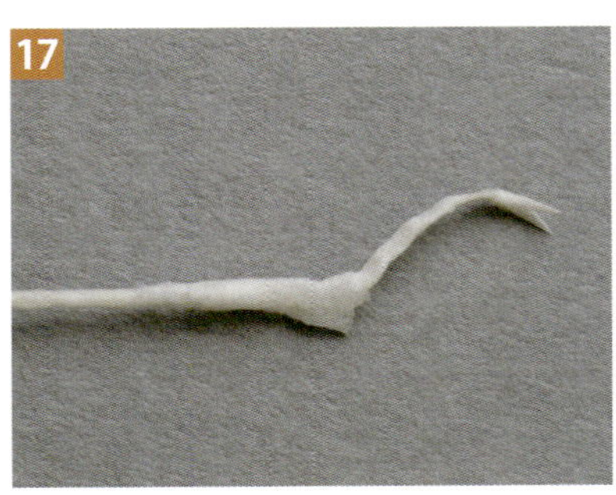

形を整えたところ。

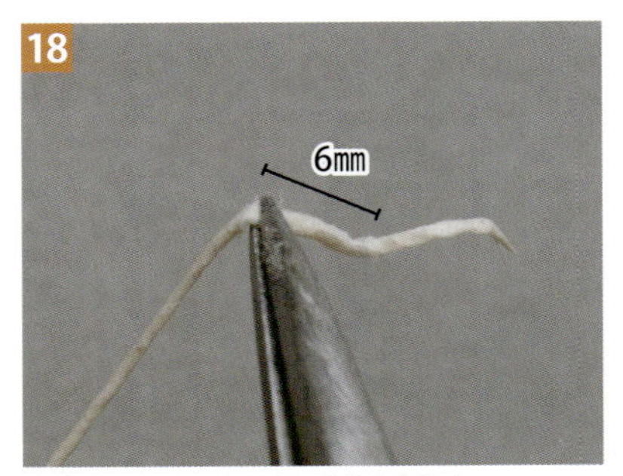

さらに6mmのところで曲げます。

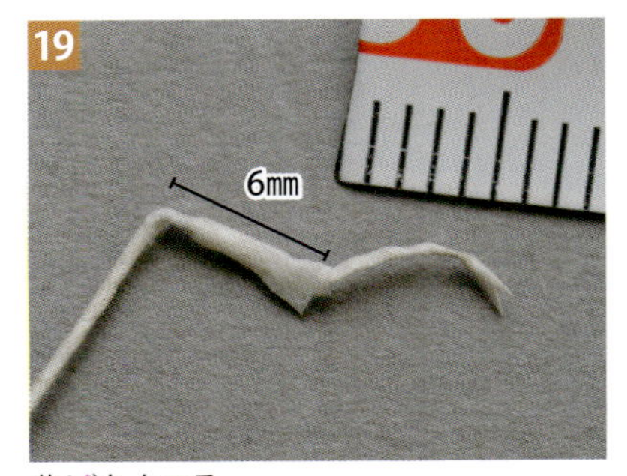

曲げたところ。

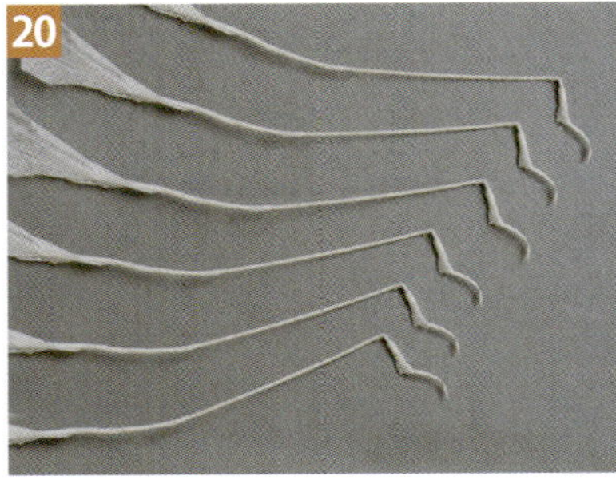

19を合計6本作ります。

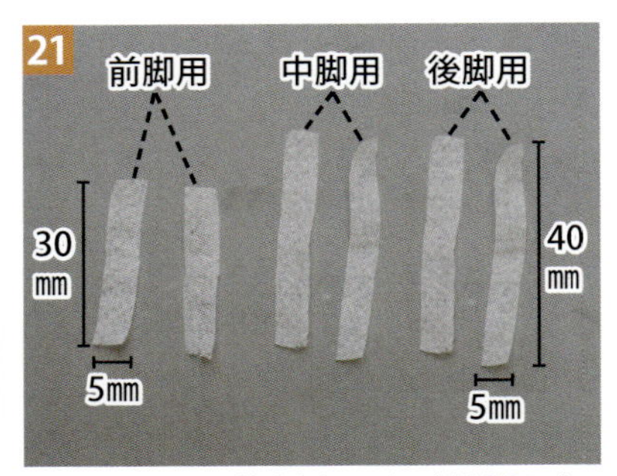

30 × 5mmの1枚紙を2本（前脚用）、40 × 5mmを4本（中脚用・後脚用）用意します。

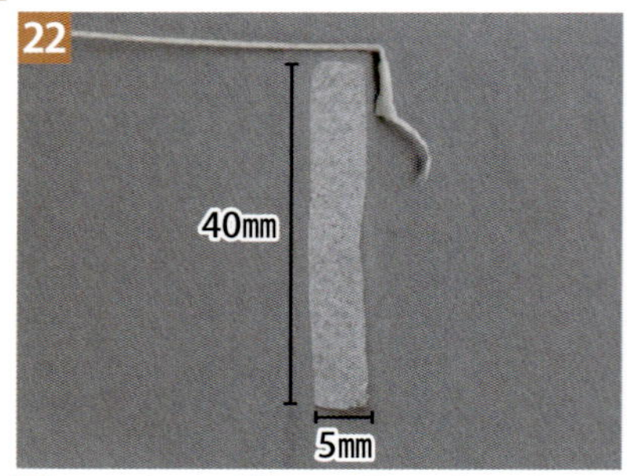

20の1本に、21の1枚を巻きます。写真は後脚用。

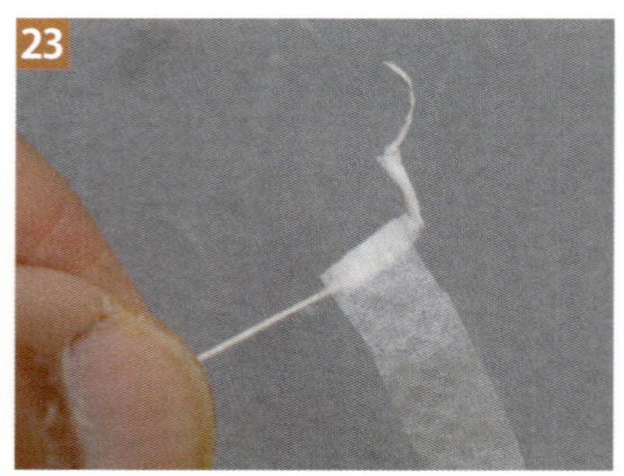

14〜15と同様に、ボンドをつけて巻いていきます。

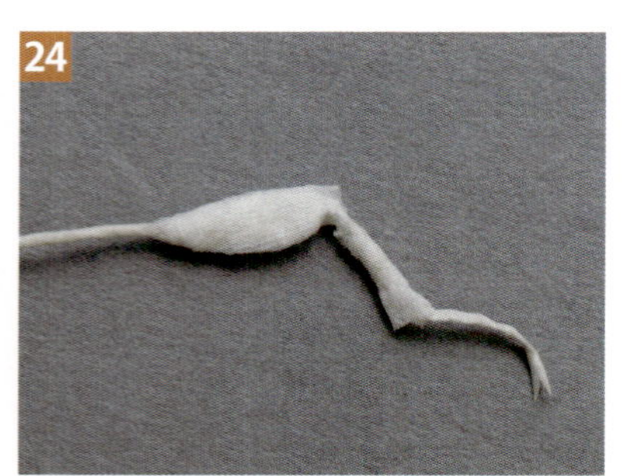

16〜17と同様に、ピンセットでつぶして、形を整えます。

爪をつける

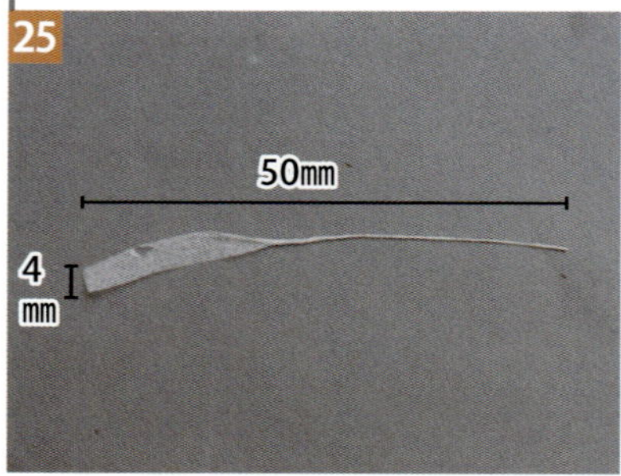

4㎜幅の1枚組でコヨリを作ります（長さは自由＝目安は50㎜）。

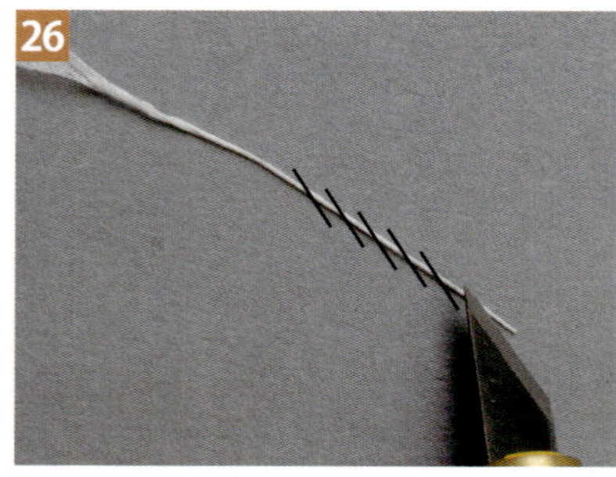

長さ約1㎜ほどに、斜めにカットします。

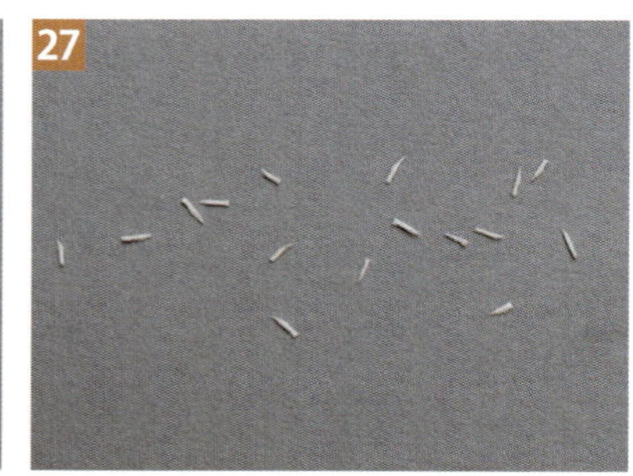

最低12個、カットします。

爪の根元にボンドをつけます。

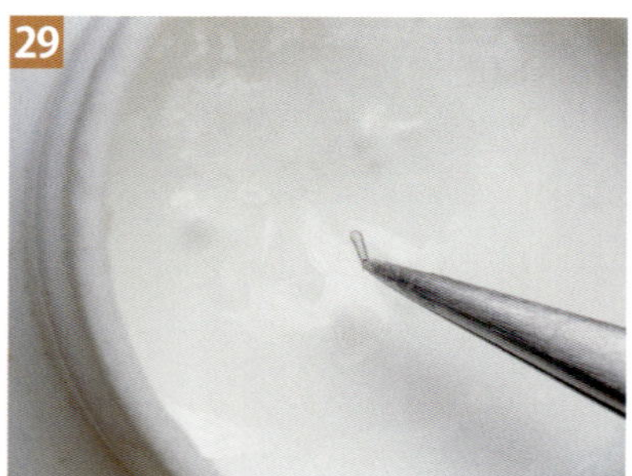

27の先端にボンドをつけます。

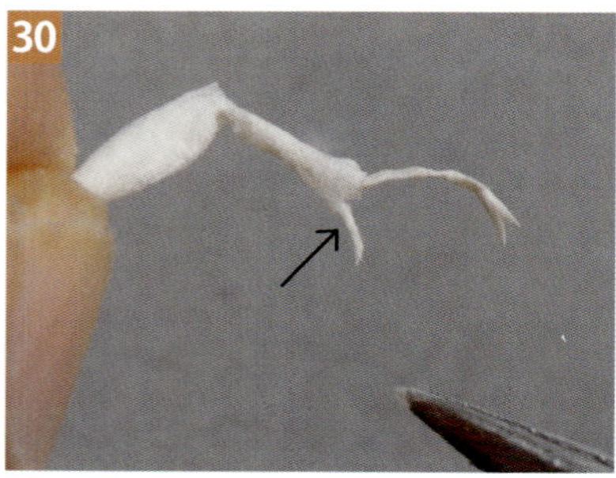

29を28につけます。

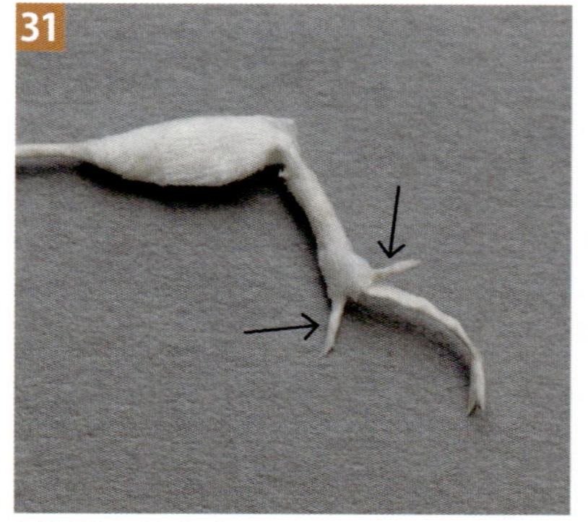

2箇所つけます。

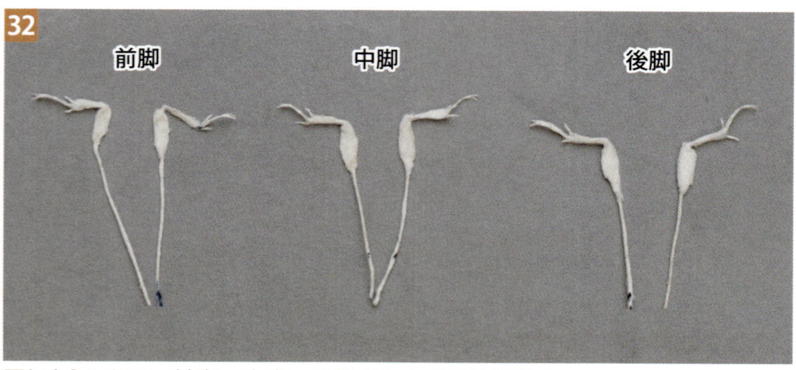

同じようにして、前脚、中脚、後脚を2本ずつ作ります。

33
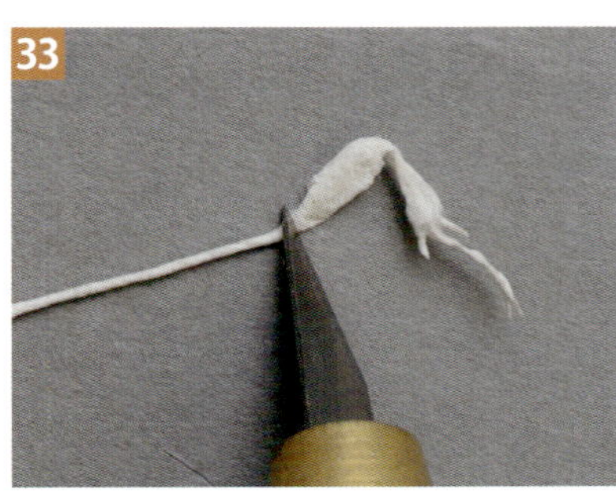
写真の位置でカットします。

34
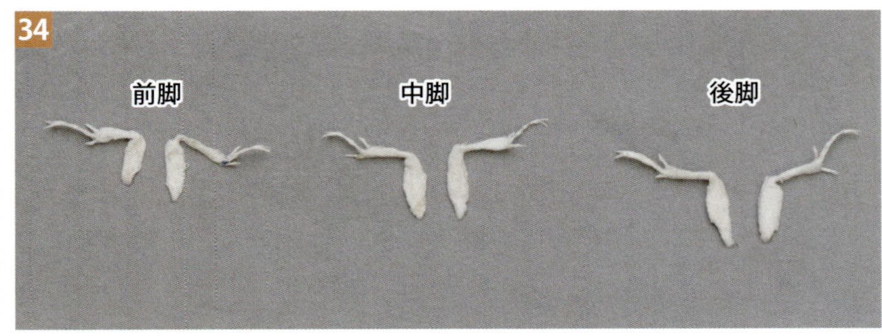

脚のできあがり。

脚を体につける

35
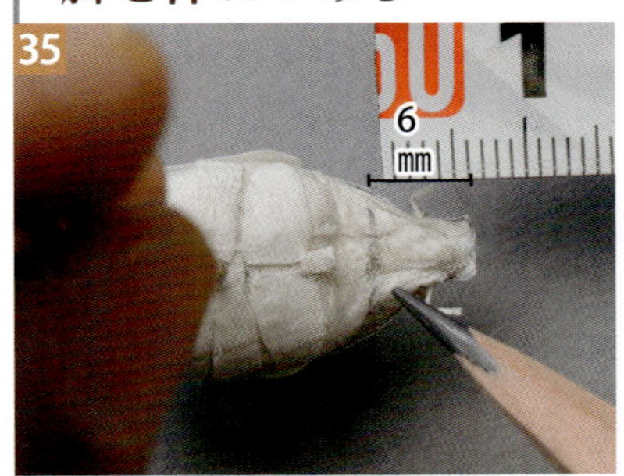

6㎜の位置に鉛筆で印をつけます。

36
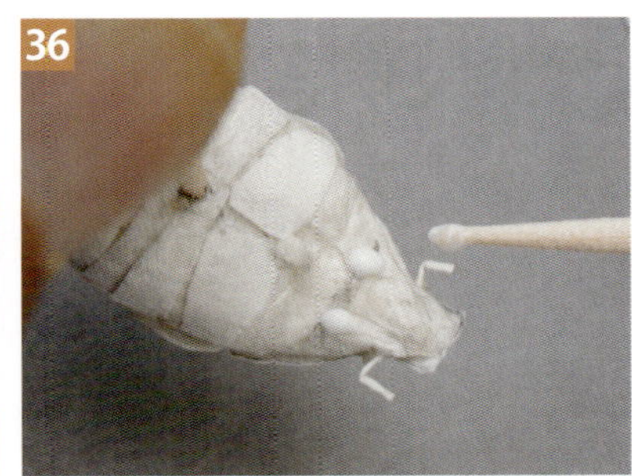
脚をつける位置にボンドをつけます。

37

脚を貼りつけていきます。

38

バランスを見ながら、6本全部つけます。

39

つきました。

40

上から見たところ。

41

着色前の完成です。

Step 06 着色する▸ニスを塗る▸完成

黒、茶、橙、黄色、黄緑などの水彩絵具を少しずつ絵皿に出して、順に混ぜます。水をほんの少し入れ色味を調整してから、全体に薄く色づけします。一通り塗ったら1日乾かして、さらに重ね塗りをして、色に深みを出してきます。完全に乾いたら、ニスを軽く塗って仕上げます。

必要な道具の準備

必要な道具を準備します。
①着色前のカナブン、
②試し紙（ティッシュペーパー）、
③水彩絵具、
④⑤筆、
⑥絵皿、
⑦つまようじ。

色を作る

つまようじを使って、絵具をチューブから絵皿に取ります。

絵具を混ぜます。

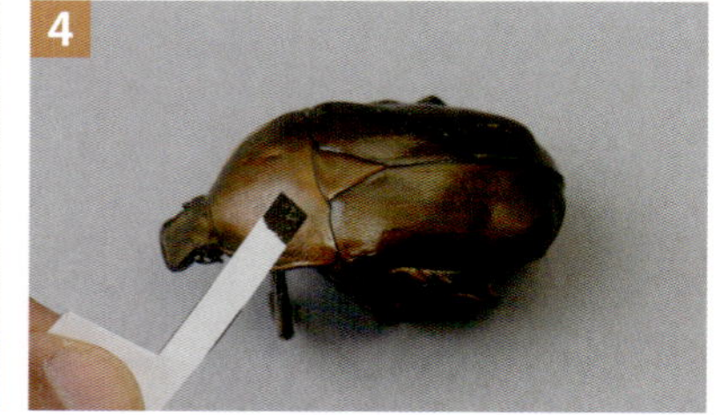

試し紙に色をつけ、色味を確認します。写真は、本物のカナブンの標本にかざして、色味が合っているか見ているところ。

色を塗る

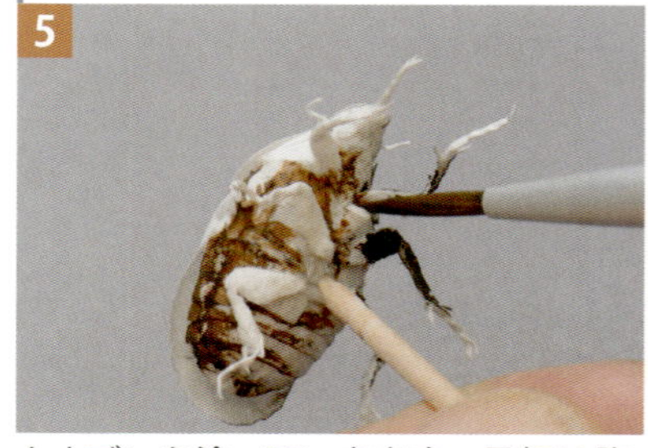

カナブンを塗っていきます。最初は腹側から。

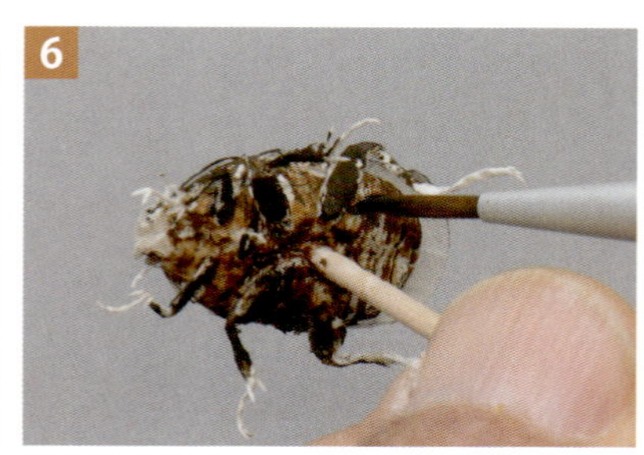

脚も塗ります。

目、触角などの細かい部分は、特に慎重に塗りましょう。

頭から背中にかけて塗っていきます。一気に塗るのではなく、少しずつ慎重に色を入れていきます。

脚先もていねいに塗ります。

羽をピンセットで広げて、お尻から背中も塗ります。

何度か重ね塗りを繰り返しながら、少しずつ色を濃くしていきます。

1日乾かして、またさらに塗り重ねます。何日かかけて繰り返し、目当ての色味になるまで塗ります。

ニスを塗る

完全に乾いたら、全体にニスを塗ります。

つまようじをカットする

台座に挿すためのつまようじはもう必要ないので、ニッパーで根元からカットします。

カットしたところ。

つまようじの切り口を、色を塗って隠します。

裏から見たところ。

完成

カナブンの完成です。

✓いろいろなアングルから見てみよう（着色前）

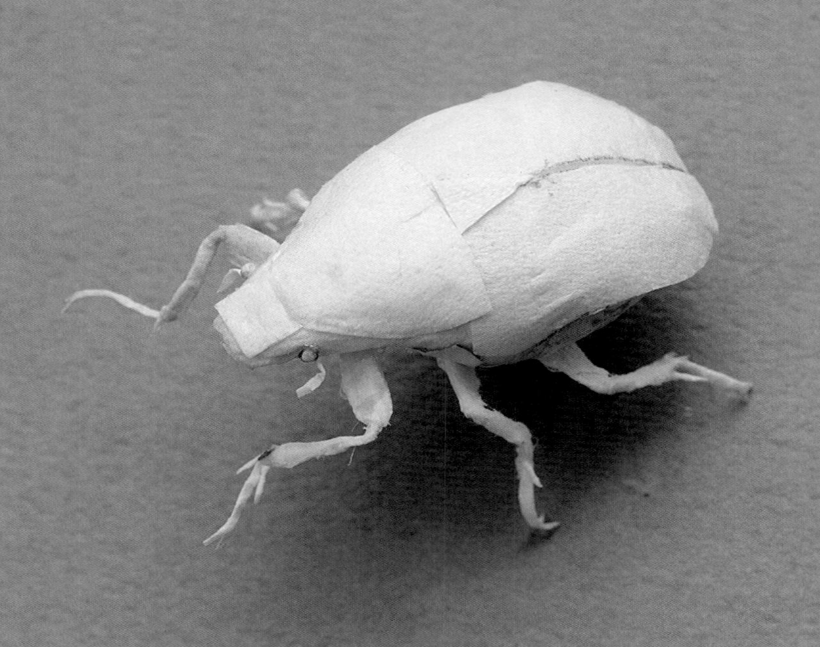

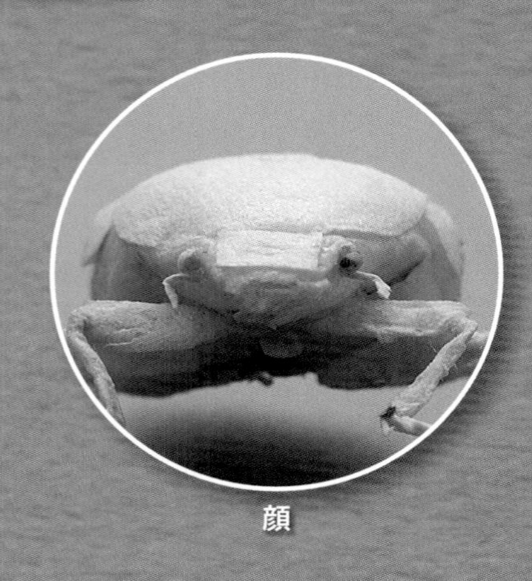

顔

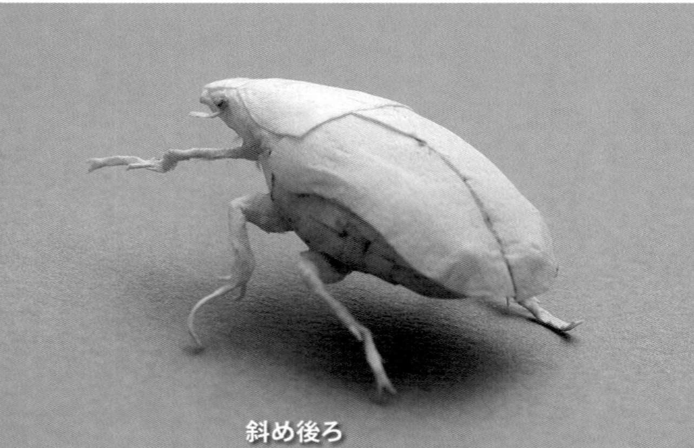

斜め後ろ

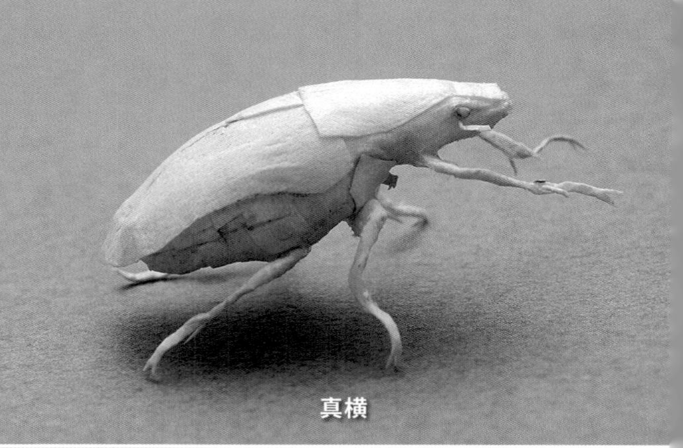

真横

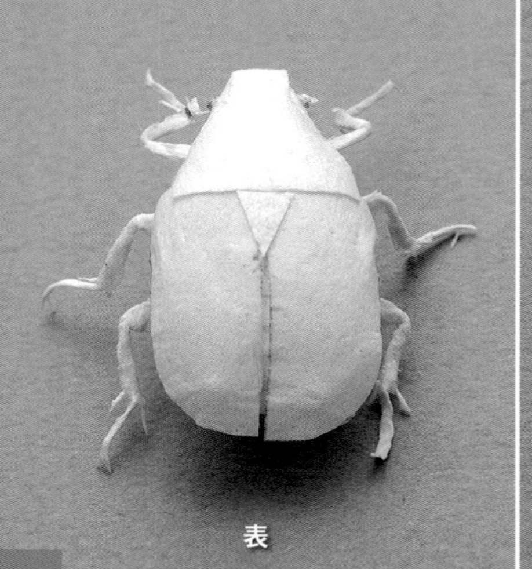

表

裏

斜め前

✓いろいろなアングルから見てみよう（完成版）

顔

斜め後ろ

真横

表

裏

斜め前

アゲハ ▶ボンド紙を使って、美しい羽を作ろう

Step
00 アゲハの図面と解説

アゲハは、羽が一番大切です。ボンド紙（4 枚組）に、図面から形と模様をていねいに描き写しましょう。羽の黄色は、慎重に薄い色を何度も重ねて仕上げます。胴体は大きくなりすぎないように注意。

Step
01 体、顔、羽を作る

体は、寸法をよく確認しながら作ることがポイント。腹の節は１枚ずつていねいに、上下を合わせながら貼ること。口は、固くねじったコヨリで細く仕上げます。脚も細く長いので、コヨリをしっかり作ることが大切です。

体の土台を作る

1

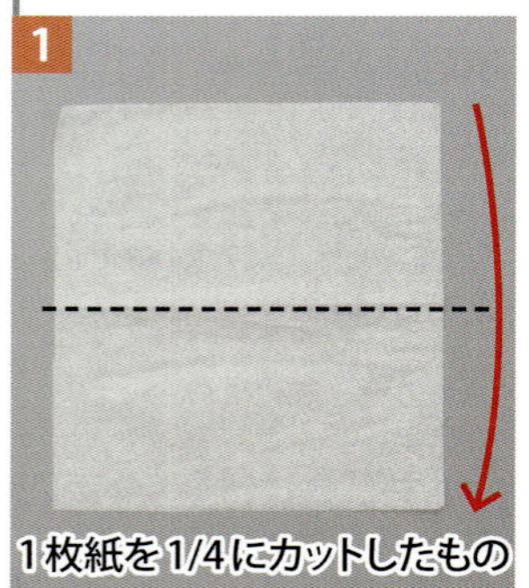

１枚紙を1/4にカットし、点線で半分に折ります。

2

さらに半分に折ります。

3

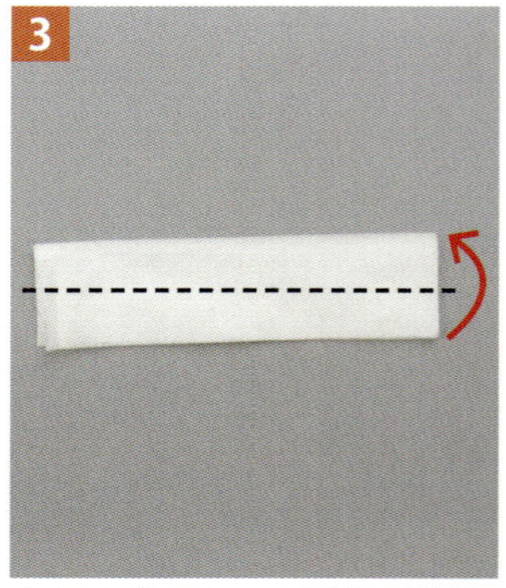

上の１枚のみ、点線で半分に折ります。

4

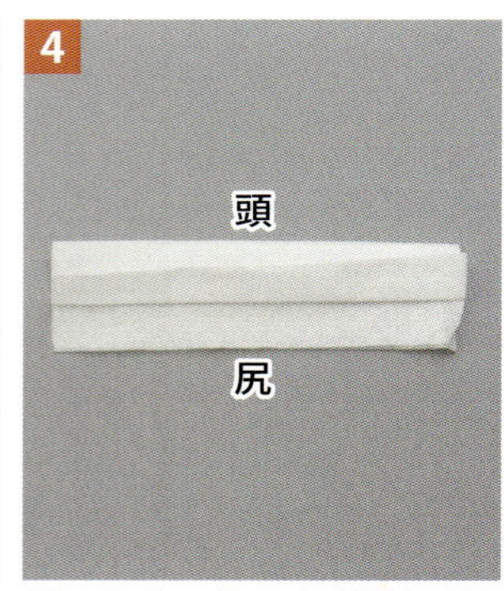

折ったところ。上が頭、下が尻になります。

5

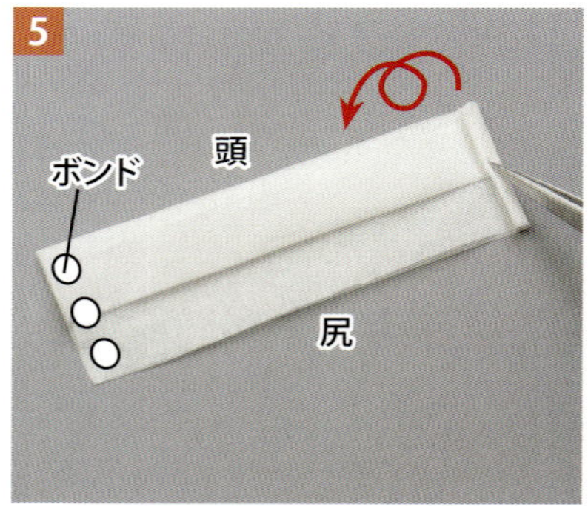

ピンセットを使って端から巻いていきます。巻き終わりにボンドを３箇所ほどつけます。

6

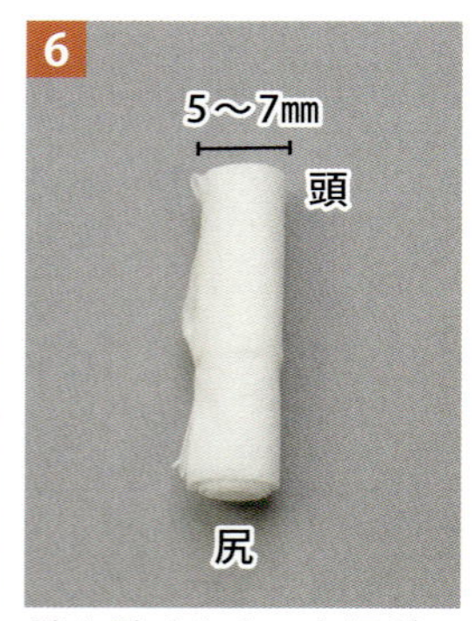

端を貼ります。直径が５〜7㎜になるように調整して巻きます。

7

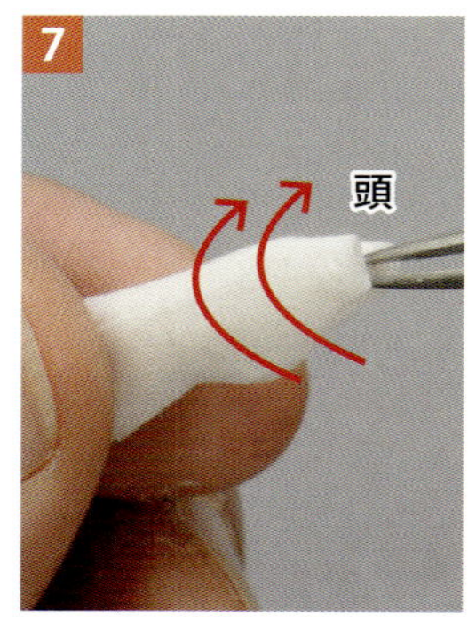

頭側の中心をピンセットでつまみ、胴体を矢印方向に回して、尖らせます。

8

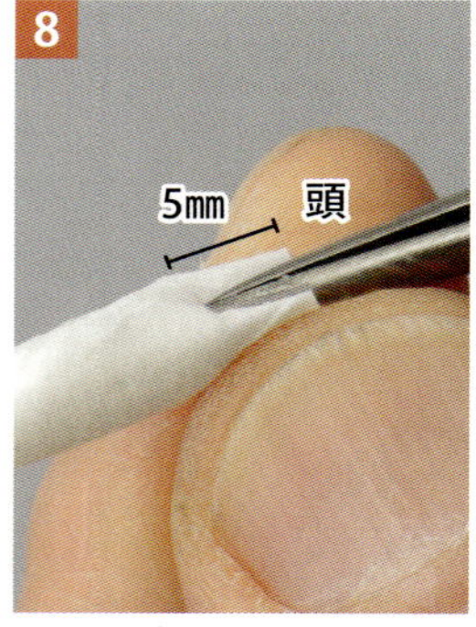

頭側の先端をピンセットで5㎜つぶし、つぶしたところにボンドをつけます。

9

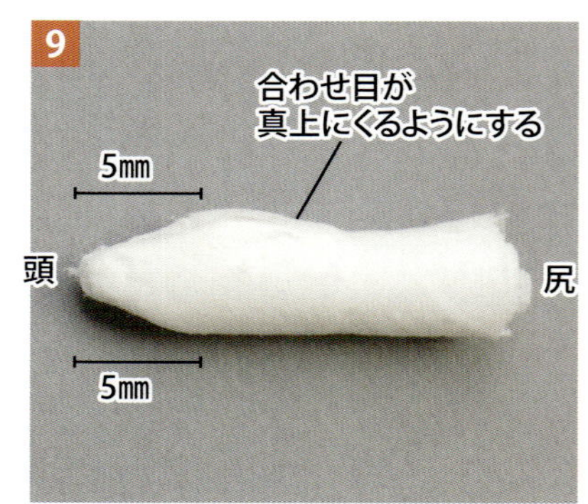

反対側も5㎜つぶしてボンドをつけ、V字の形にします。

10

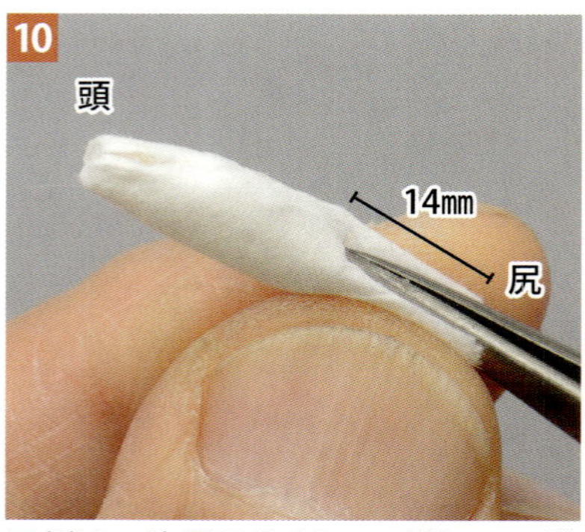

尻側は、片側のみ14㎜つぶし、つぶしたところにボンドをつけます。

11

写真のような形に整えます。

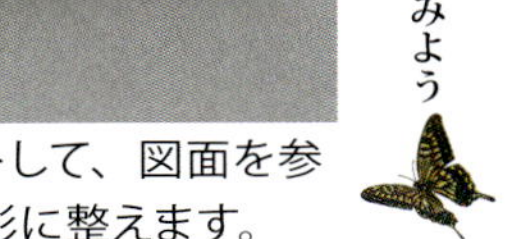

12

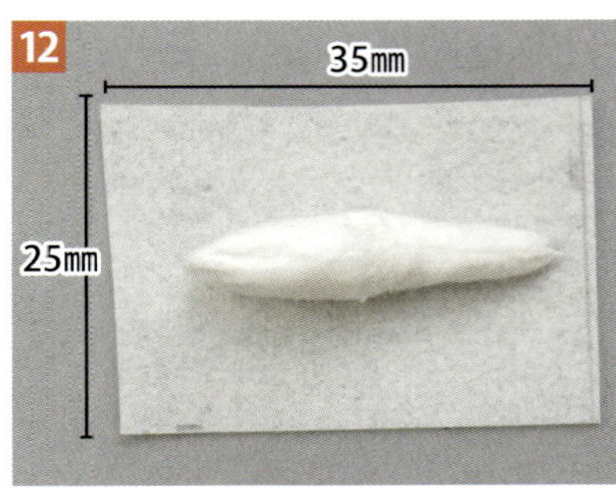

25×35mmのボンド紙（2枚組）の上にボンドを少量つけ、11を腹側を下にして乗せます。

13

12を少量のボンドをつけて、写真のようにくるみます。

14

余分をハサミでカットして、図面を参考に、写真のような形に整えます。

15

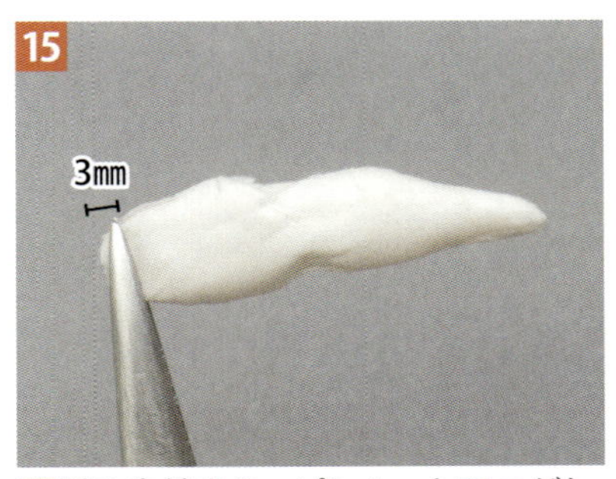

頭側の先端を3mmピンセットでつぶします。

16

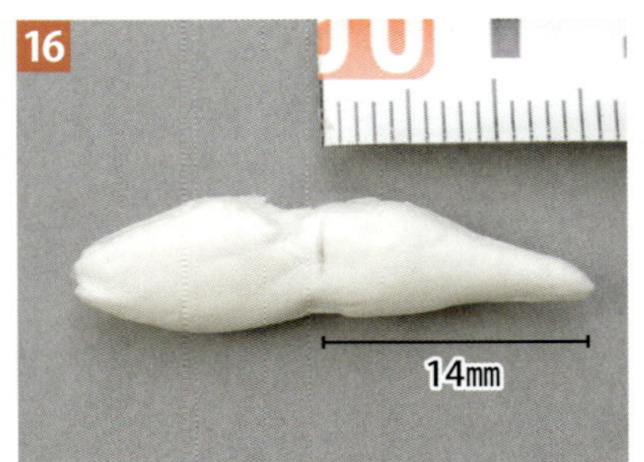

尻の端から14mmのところに、鉛筆でしるしをつけます。

腹の節を貼る

17

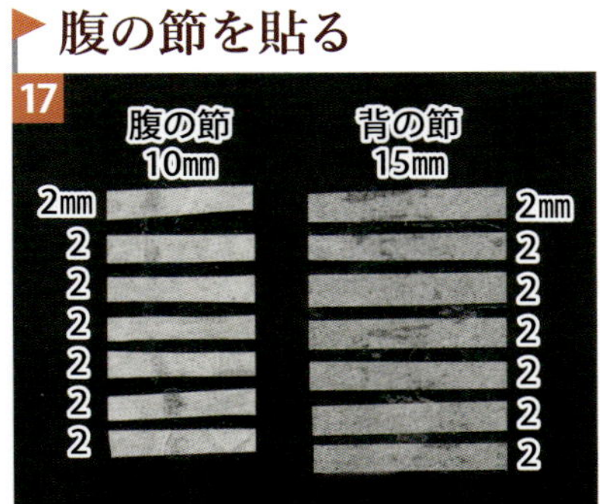

2×10mm（腹の節）と2×15mm（背の節）のボンド紙（2枚組）を、各7枚用意します。

18

作業をしやすくするために、発泡スチロールの台座を、胴体の形に切り抜きます。

19

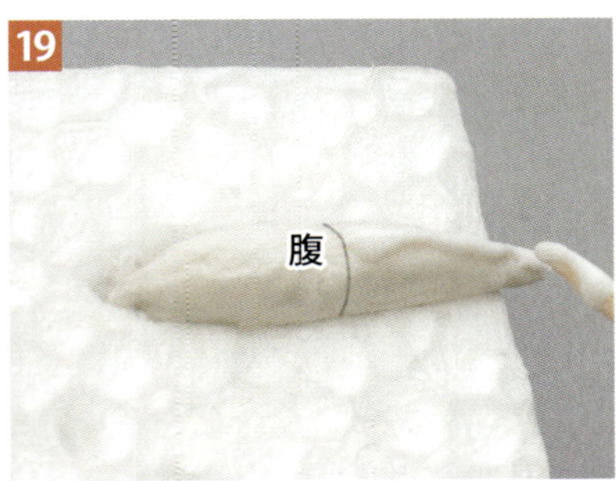

18に16を腹を上にして乗せ、16でつけた14mmのしるしまでボンドをつけます。

20

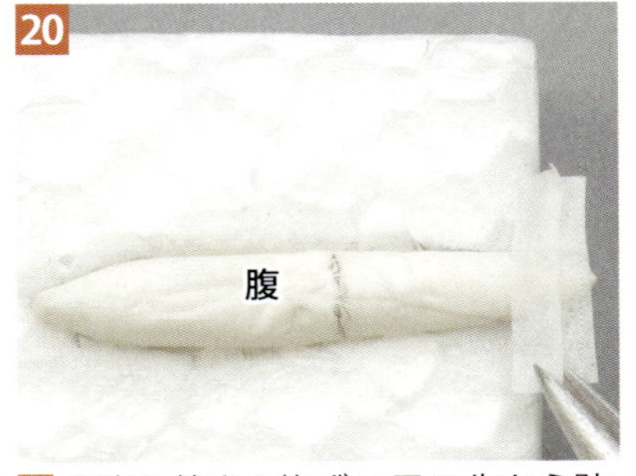

17の腹の節を1枚ずつ尻の先から貼っていきます。2枚め以降は、少し重なるように貼ります。

21

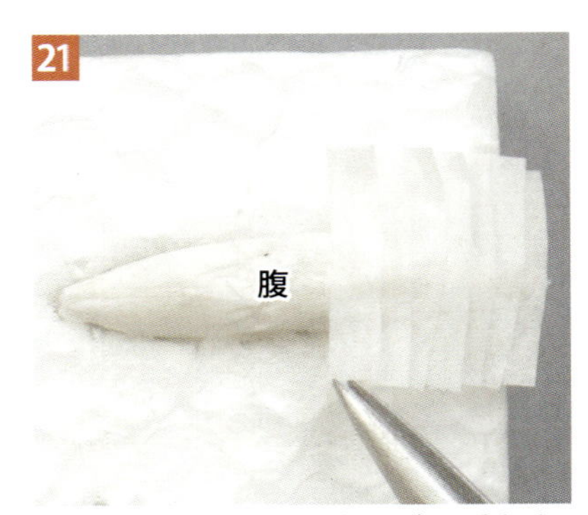

14mmのしるしまで、少しずつ重ねながら7枚貼ります。

22

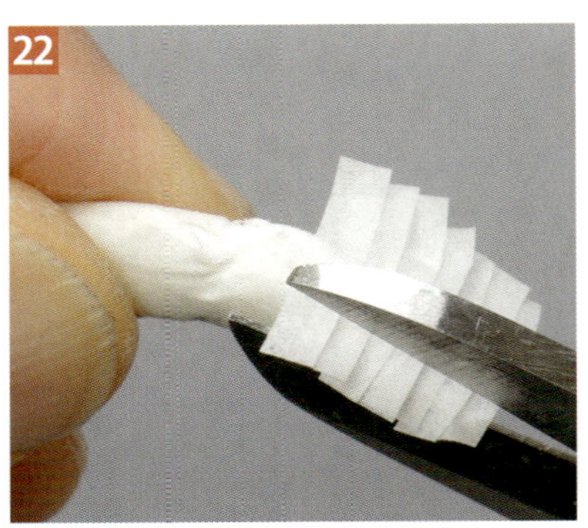

余分をハサミでカットします。

23

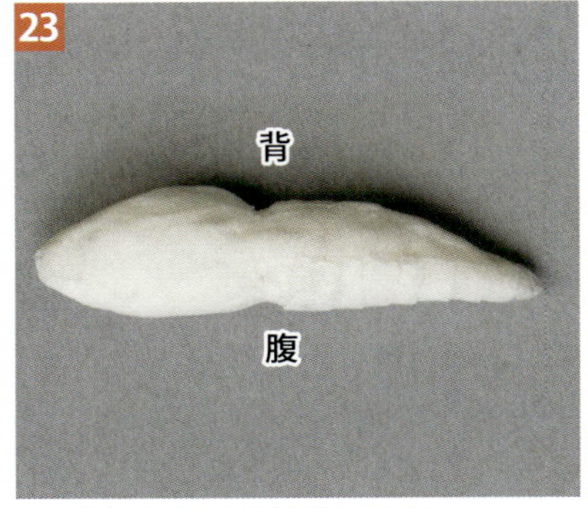

カットしたら、形を整えます。

背の節を貼る

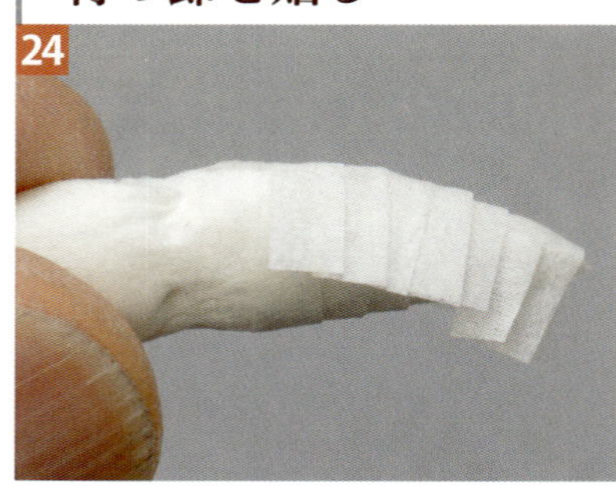
24 背の節も貼ります。19～21と同様に、14㎜のしるしまで少しずつ重ねながら7枚貼ります。

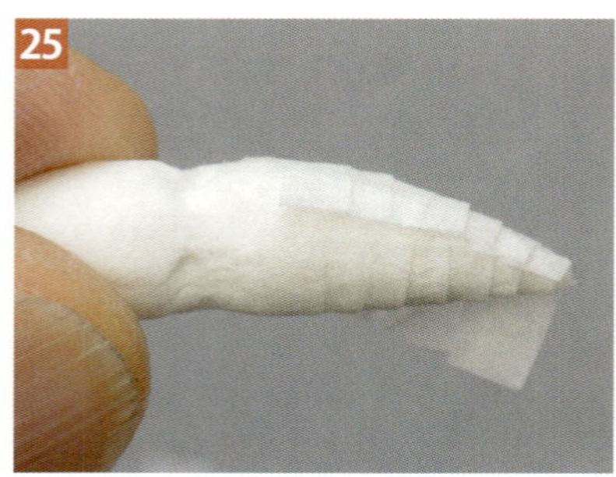
25 余分をハサミでカットします。

26 腹の節と合わせ目が合うように、1枚ずつ整えましょう。

目を貼る

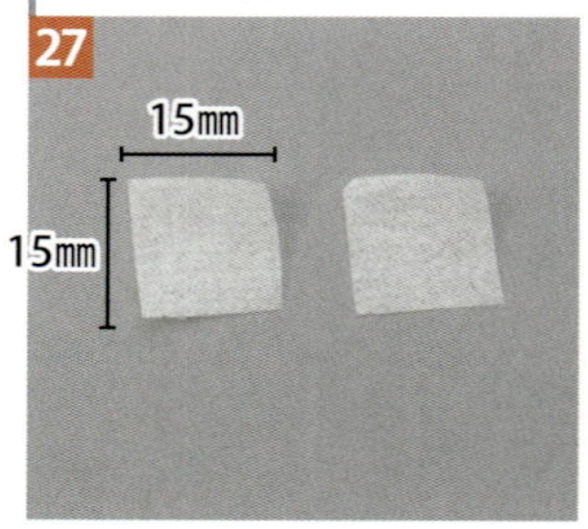

27 15×15㎜の1枚紙を、2枚用意します。

28 ボンドを少量つけながら丸くして、2×2.5㎜くらいの丸を2個作ります。

29 26の腹にピンセットの先で穴を空け、ボンドをつけてつまようじを挿します。

30 図面を参考に、写真のように28を貼ります。

口を貼る

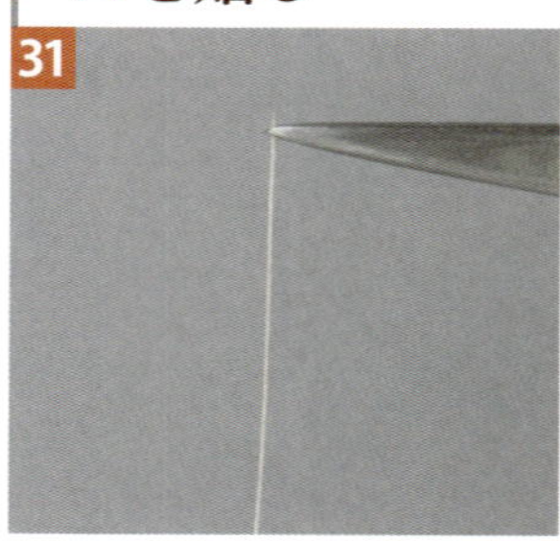
31 5㎜幅の1枚紙でコヨリを作り（長さは自由＝目安として60㎜）、ピンセットで先端をつまみます。

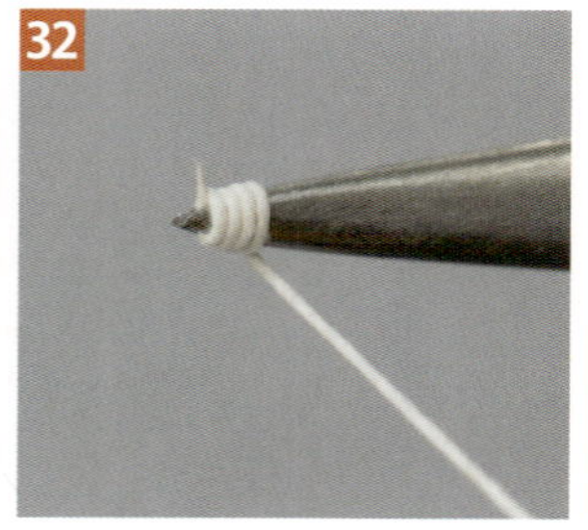
32 ピンセットに、写真のようにコヨリを巻いていきます。

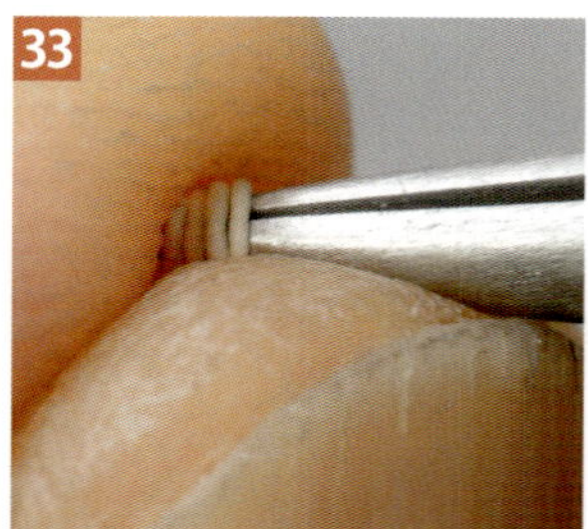
33 4周ほど巻きます。

34 ピンセットからはずします。

35 写真のようにカットします。

36 写真の位置にボンドをつけます。

37 35を写真のように貼ります。

触角を貼る

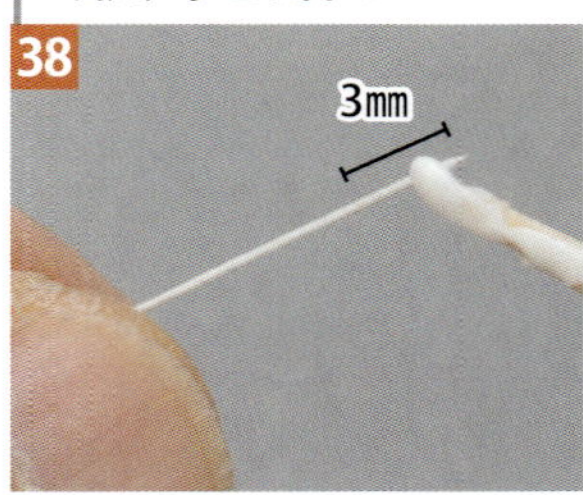

5mm幅でコヨリを作り（目安として60mm）、端から3mmにボンドをつけます。

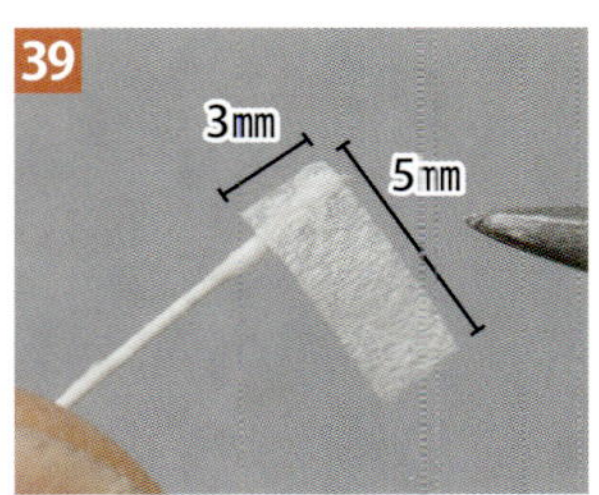

3×5mmの1枚紙を、ボンドをつけた位置に巻きます。

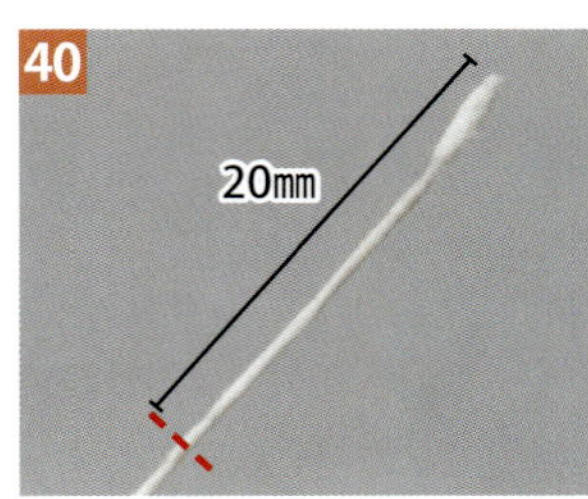

巻いたところ。20mmでカットします。

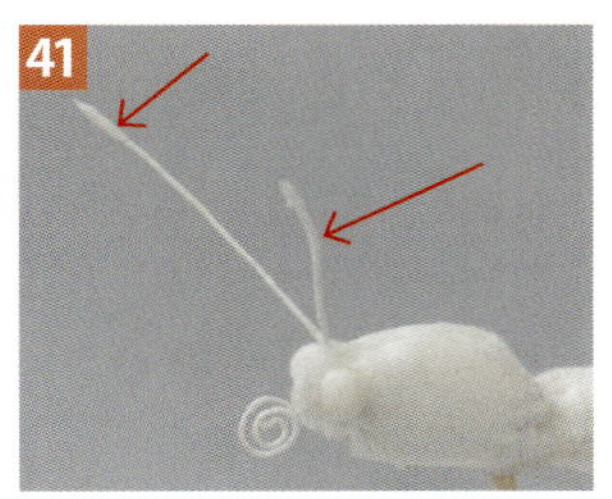

40を2本作り、写真のように貼ります。

脚を作る

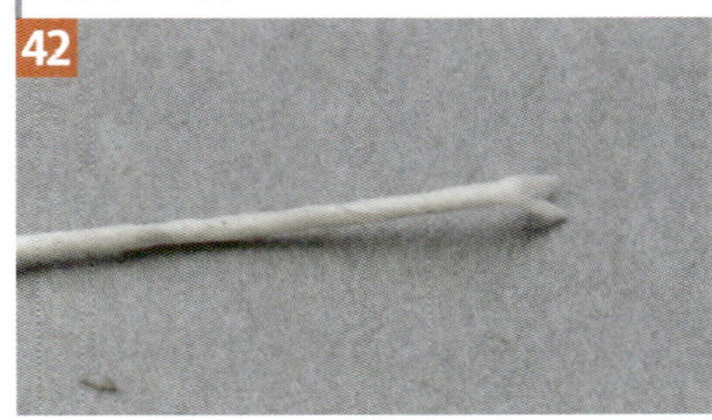

7mm幅の1枚紙でコヨリを作り（長さは自由＝目安として60mm）、p.46の6～9と同様にします。

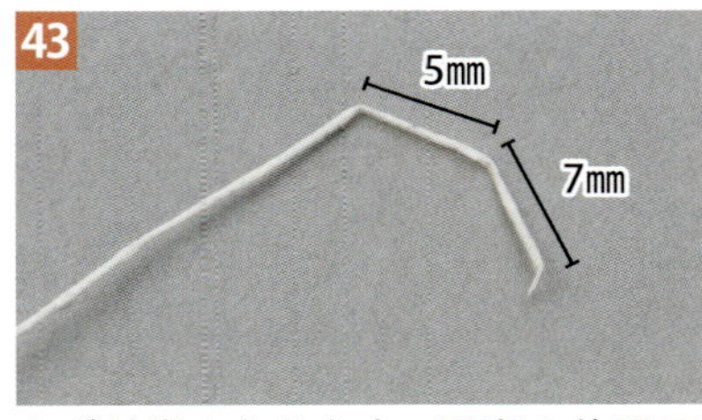

まず前脚を作ります。写真の位置で折り曲げます。

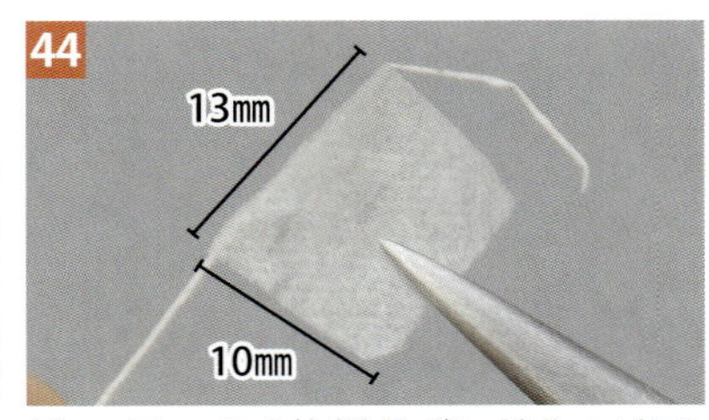

13×10mmの1枚紙をボンドをつけて巻きます。

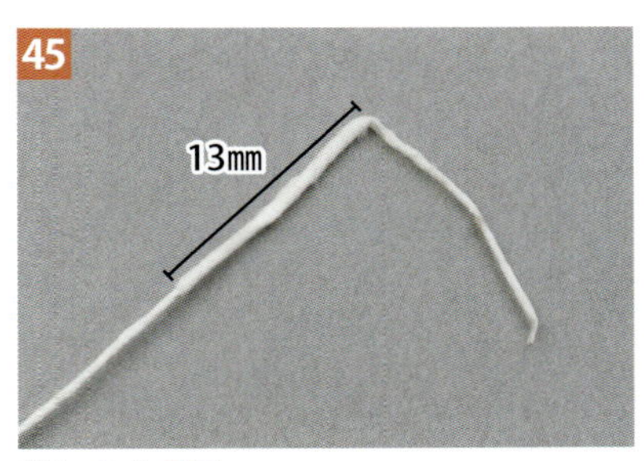

巻いたところ。

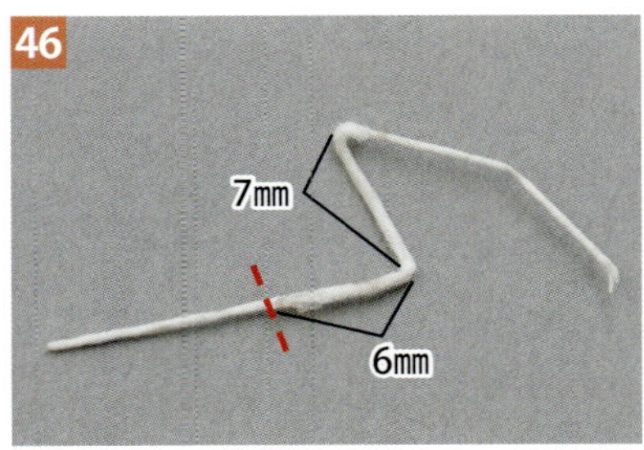

13mmの部分を、写真のように7mmと6mmで曲げ、点線でカットします。前脚のできあがり。

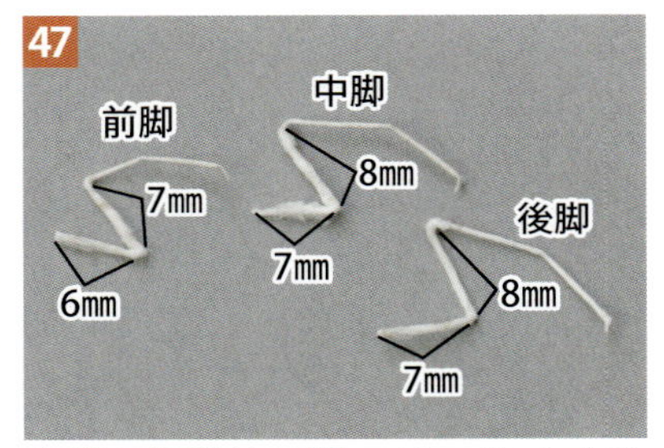

中脚と後脚は、44の紙のサイズが15×10mm、46の曲げる位置が8mmと7mmになります。

羽を作る

ボンド紙（4枚組）に図面から羽を写し、ハサミでカットします。

図面を見ながら、鉛筆で模様を下描きします。

下描きを元にサインペンで模様を描きます。

模様が描けました。これは羽の裏面。表面も49～50と同様に模様を描きます。

Step
02 着色する▶組み立てる▶ニスを塗る▶完成

羽は、薄い黄色を何度も重ねて、少しずつ色を濃くしていきます。脚、目、触角と小さく細かいので、ていねいに塗ること。各パーツをそれぞれ塗ってから組み立てますが、パーツをつける位置に注意してください。ボンドをつける前に、位置合わせをして確認するとよいでしょう。

羽、脚、体を塗る

絵具を準備します。

羽を１枚ずつ塗ります。

4枚とも塗りました。これは羽の表面です。

羽の裏面も４枚とも塗ります。絵具が乾いたら、左右の２枚ずつを貼り合わせます。

脚を塗ります。脚はつまようじの先にボンドで仮止めしておくと塗りやすいです。６本とも塗りましょう。

体を塗り始めます。

ある程度塗ったら前脚をボンドで貼り、さらに塗り進めます。

中脚、後脚も、慎重に位置を決めて貼ります。

さらに着色を進めます。

着色が終わり、乾き始めたら、羽の位置にボンドをつけます。

羽を貼る

11 片側から貼っていきます。表裏を間違わないように。

12 両側とも貼りました。

13 位置や角度を調整しましょう。バランスを見て、一度羽を合わせてみるとよいでしょう。

背の細毛を貼る

14 背にボンドをつけます。

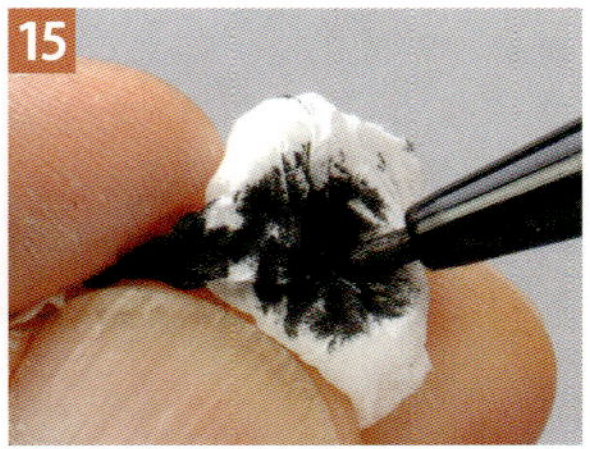

15 1枚紙を丸めて、写真のようにサインペンで塗ります。

16 ピンセットで細かくちぎります。

17 背中全体を埋めるように、16を何回かに分けて貼ります。

各部の調整

18 いろいろな角度から眺めてみて、各部の位置や角度を再度調整しましょう。

ニスを塗る

19 最後にニスを塗ります。アゲハの場合、目だけに塗りました。

完成

20 アゲハのできあがり。

✓いろいろなアングルから見てみよう（着色前）

顔

表

裏

真横

真後ろ

斜め前

✔いろいろなアングルから見てみよう（完成版）

顔

表

裏

真横

真後ろ

斜め前

トノサマバッタ ▶パーツの多い昆虫を作ってみよう

Step
00 トノサマバッタの図面と解説

難易度の高い昆虫の1つです。風格のある顔、たくましい後脚を、ていねいに再現しましょう。各パーツのティッシュは切り出すところから慎重に、ていねいに丸めて、正しい位置に貼りましょう。

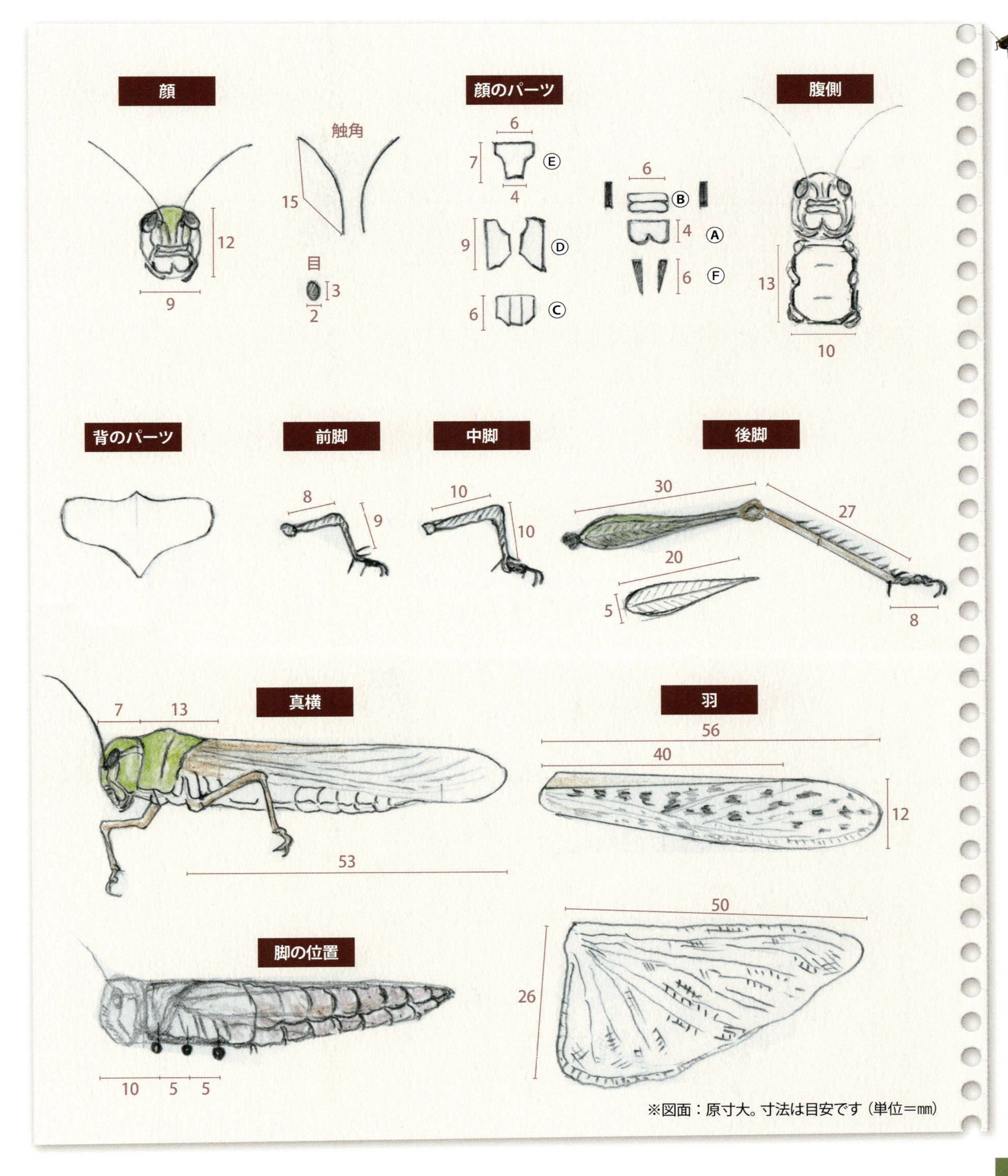

※図面：原寸大。寸法は目安です（単位＝㎜）

Step
01 頭を作る

トノサマバッタの頭を作ります。頭の形は初めからきつく丸めないで、最終的に16の形になるように、少しずつ形を整えていってください。顔のパーツはひとつひとつが小さいですが、配置のバランスを見ながら、ピンセットをうまく使っててていねいに貼りましょう。

頭の土台を作る

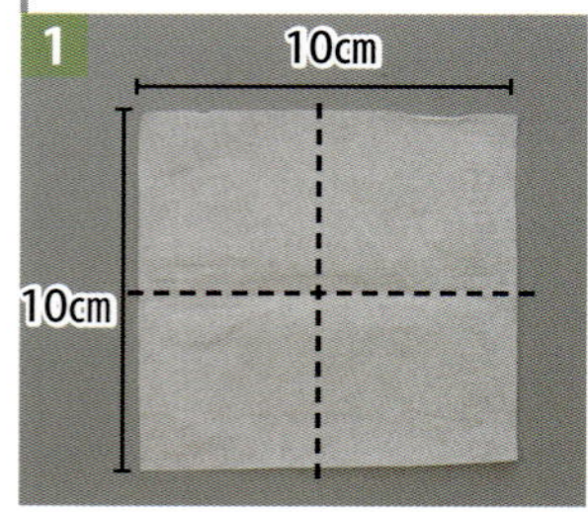

頭の土台を作ります。1枚紙を1/4にカットします。

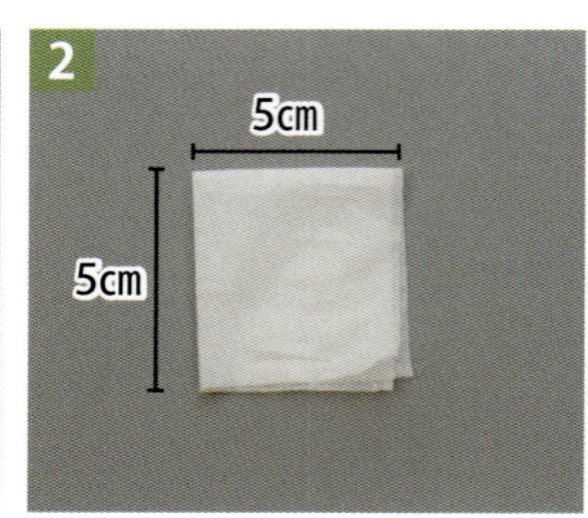

1を1/4に折りたたみます。

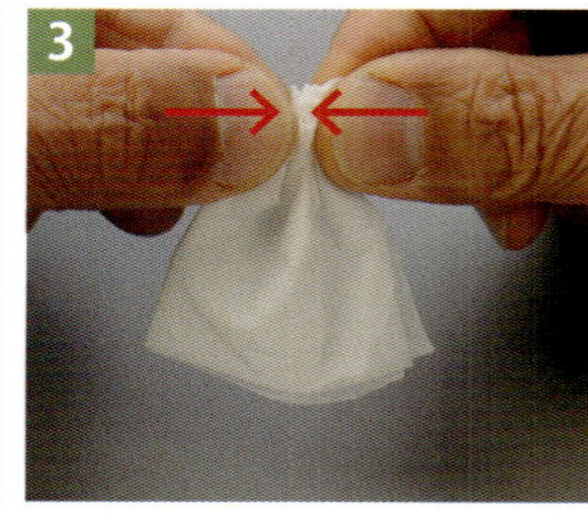

両手でつまんで、上辺を中央に寄せます。

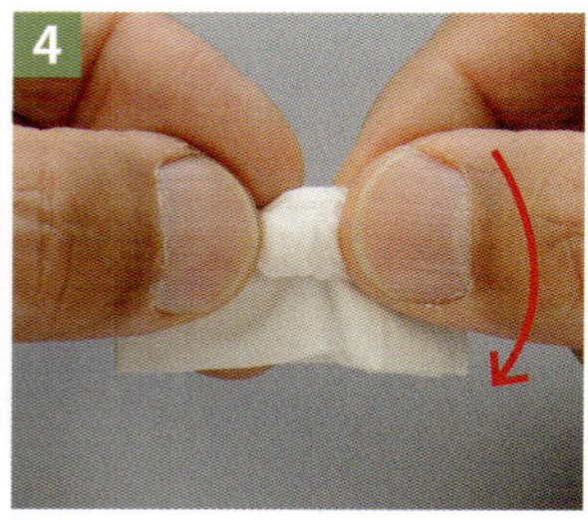

3の上を丸めます。

丸めたところ。○にボンドを少量つけます。

さらに丸めます。

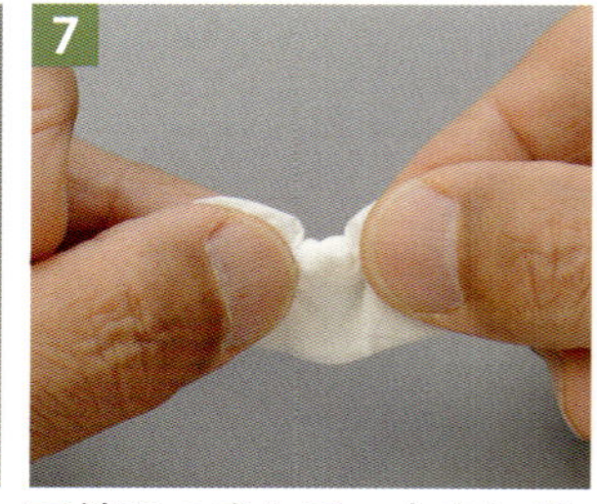

両端をつまんで、中央に寄せます。

寄せたところ。両端をたたみます。

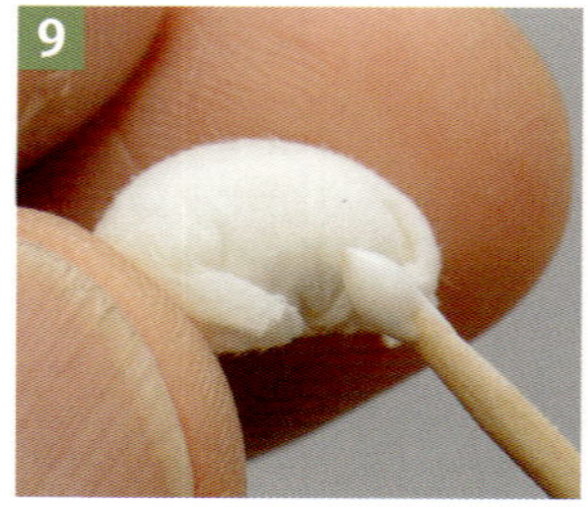

たたんだところにボンドを少量つけ、貼ります。

貼ったところ。

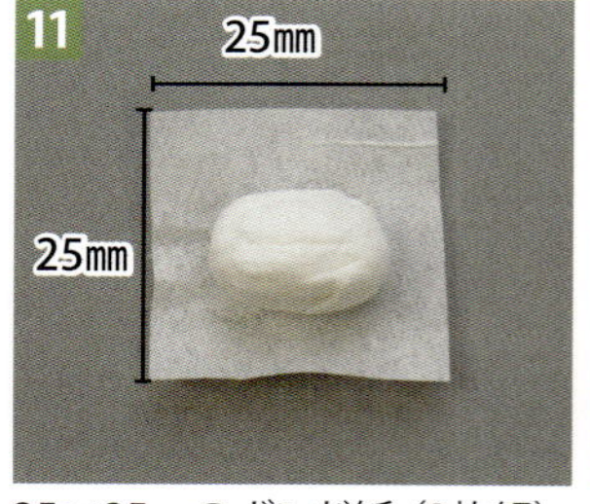

25×25mmのボンド紙（2枚組）の中心にボンドを少量つけ、その上に10を乗せます。

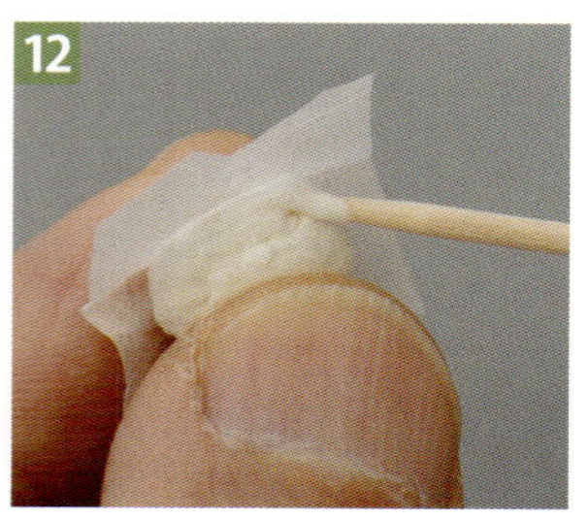

ボンドを少量つけます。

写真のようにくるみます。

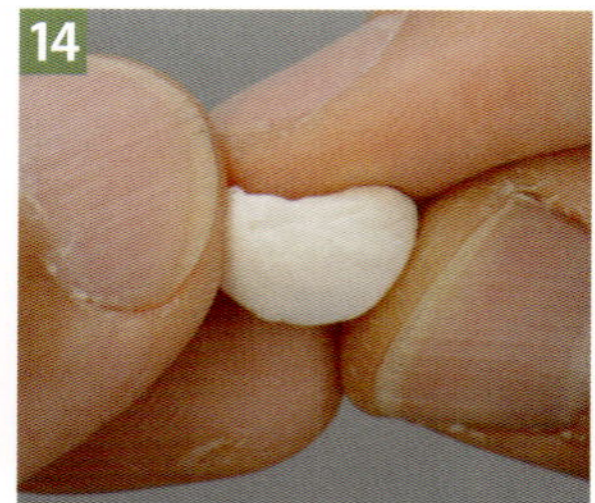

ボンドを少量ずつつけながらくるみ、形を整えていきます。

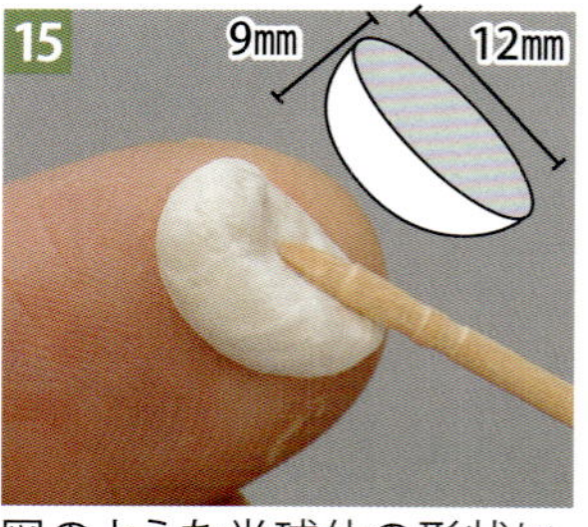

図のような半球体の形状に整えていきます。

頭の土台のできあがり。つまようじの先にボンドをつけて、固定しておきます。

目を作る

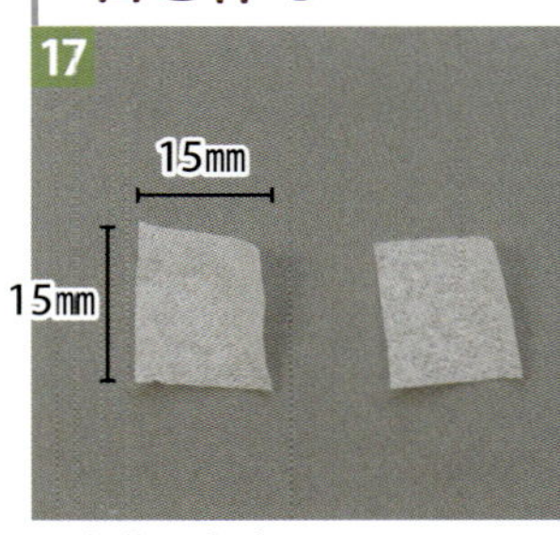

17 目を作ります。15×15㎜の1枚紙を2枚用意します。

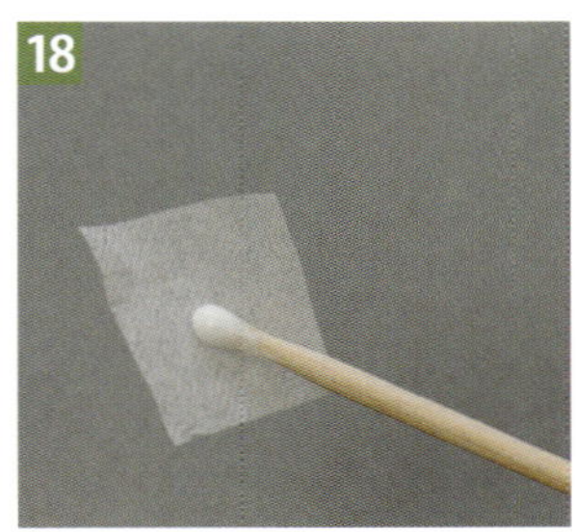
18 ボンドを少量つけます。

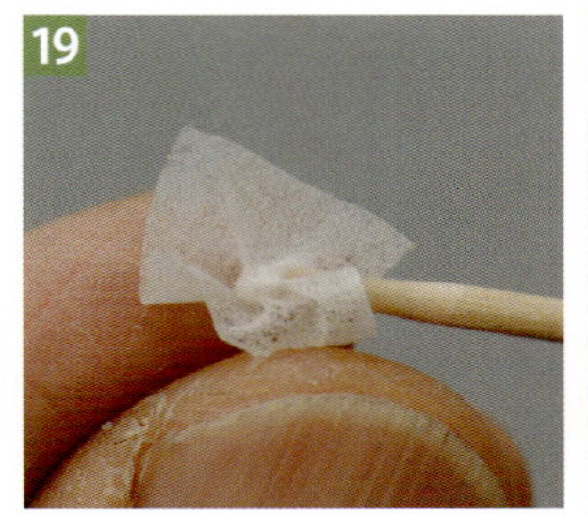
19 つまようじを包み込むように、丸めます。

20 つまようじでつつきながら、少しずつ丸くしていきます。

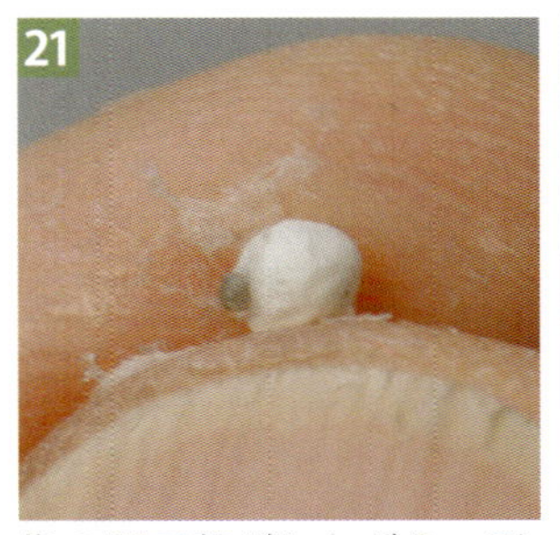
21 指の間で転がしながら、形を整えます。

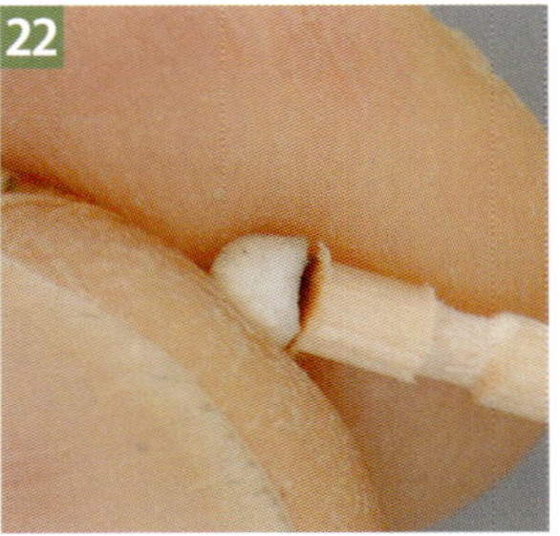
22 つまようじの尻で1箇所をつぶします。

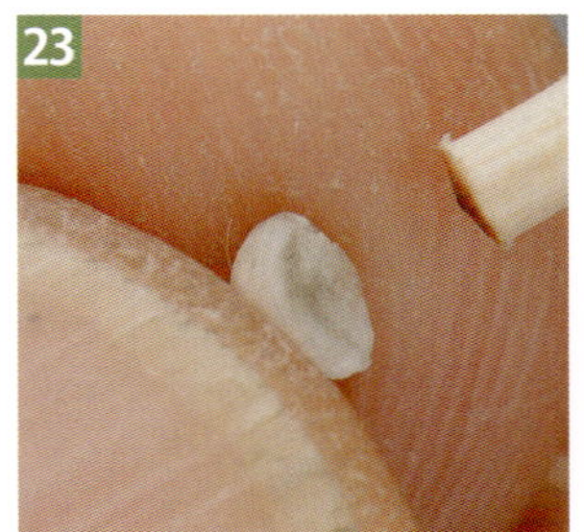
23 つぶしたところ。

24 同じように、2個作ります。目のできあがり。

顔のパーツを作り、顔に貼る

25 顔のパーツを作ります。ボンド紙（4枚組＝サイズは自由）を用意します。

26 図面（p.65）に当てて、顔のパーツを鉛筆で描き写し、ハサミでカットします。

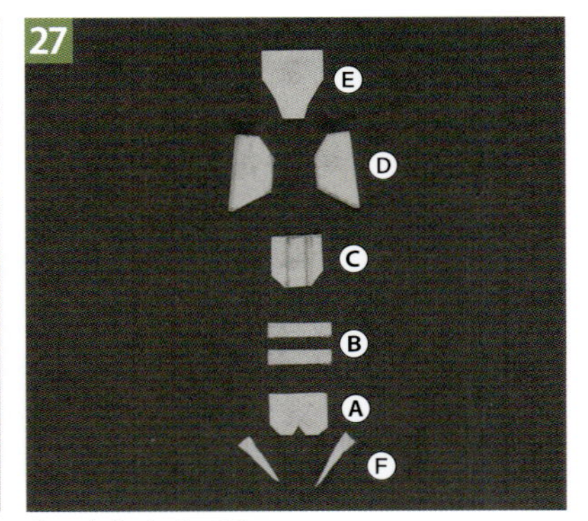

27 カットしたところ。

28 パーツⒶを写真の位置に貼ります。

29 パーツⒷ（2枚）を写真の位置に貼ります。

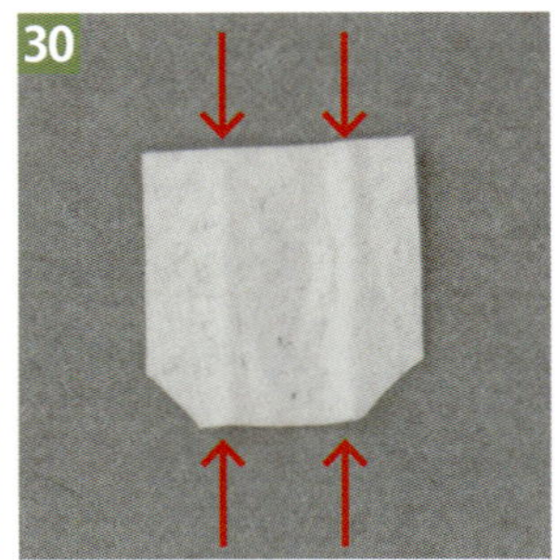
30 パーツⒸの2箇所に、ピンセットで挟んで、1㎜ずつの折り目をつけます。

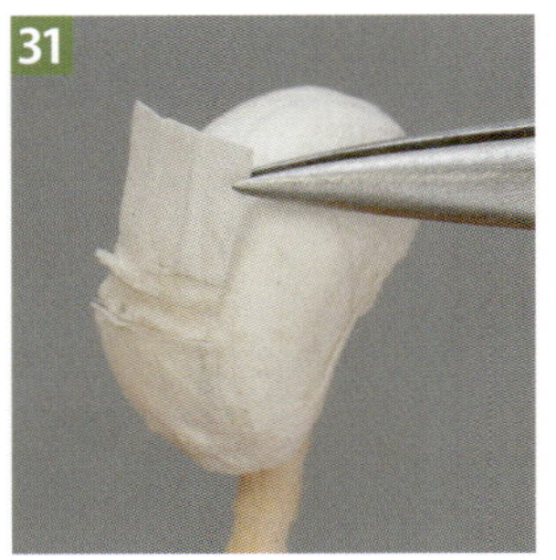
31 30を写真の位置に貼ります。

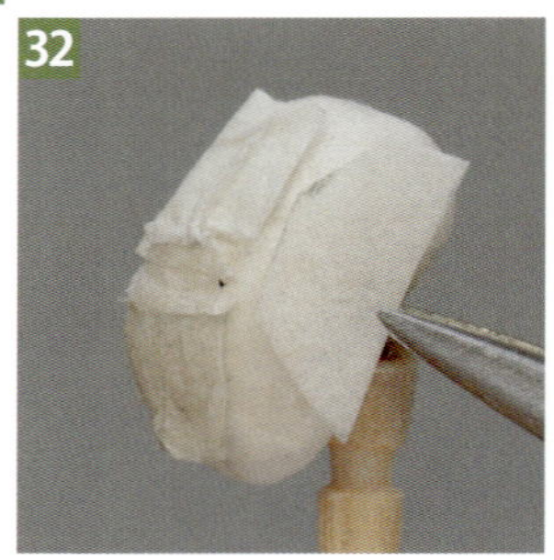

パーツⒹ（2枚）を写真の位置に貼ります。

24で作った目（2個）を写真の位置に貼ります。

貼ったところ。

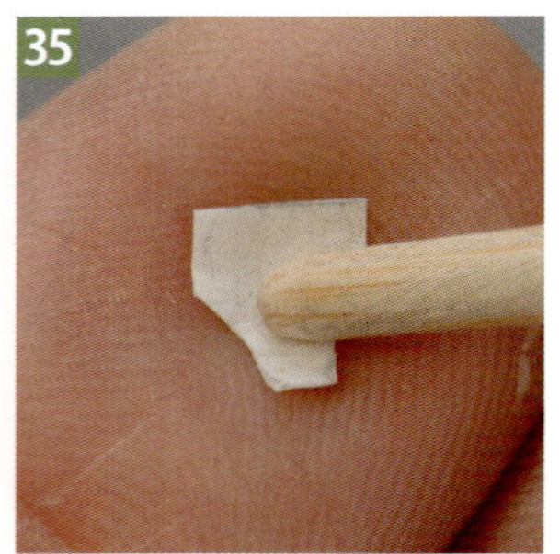

パーツⒺに丸箸の先を押し当てて、カーブさせます。

35を写真の位置に貼ります。

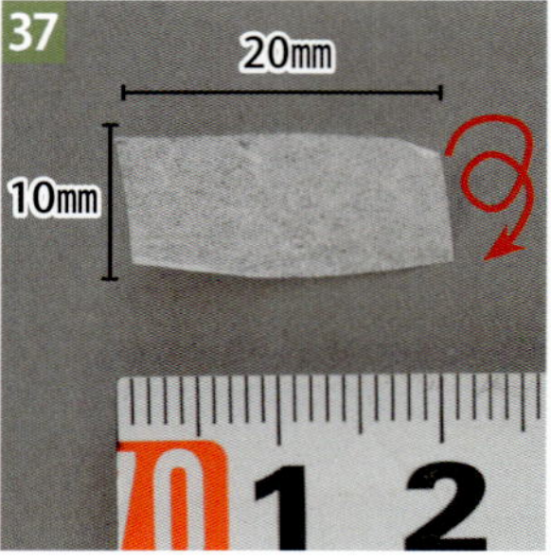

10×20mmの1枚紙を用意します。内側に少しボンドをつけて、くるくる細く巻きます。

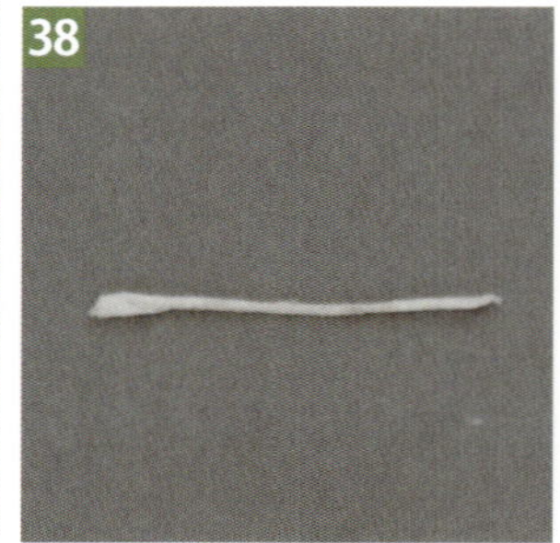

巻いたところ。

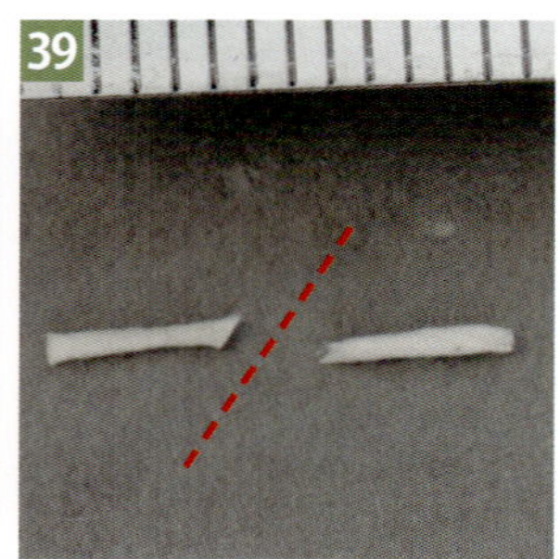

真ん中で、斜めにカットします。

39の1枚を写真の位置に貼ります。

もう1枚を写真の位置に貼ります。

パーツⒻ（2枚）を写真の位置に貼ります。

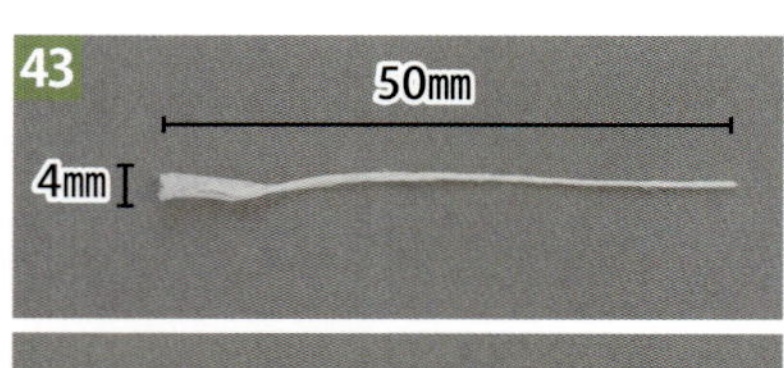

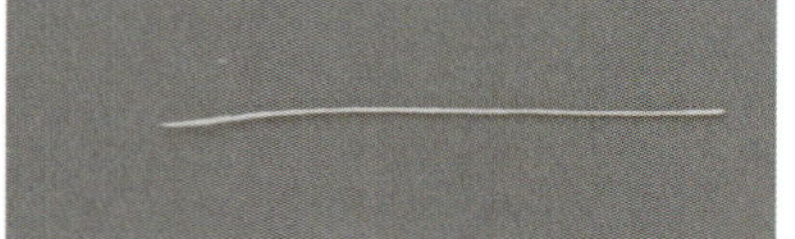
4mm幅でコヨリを作り（長さは自由＝目安として50mm）、ボンドで固くします。

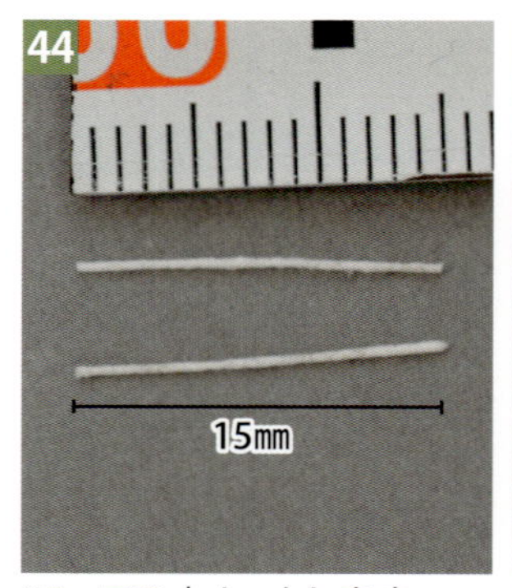

15mmで2本カットします。

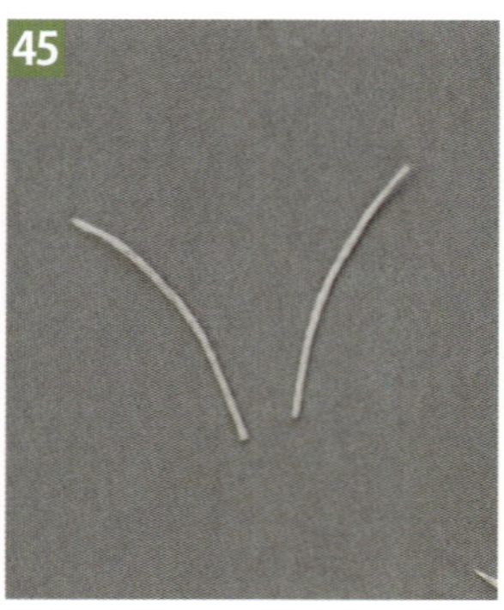

触角の形に、指でカーブをつけます。

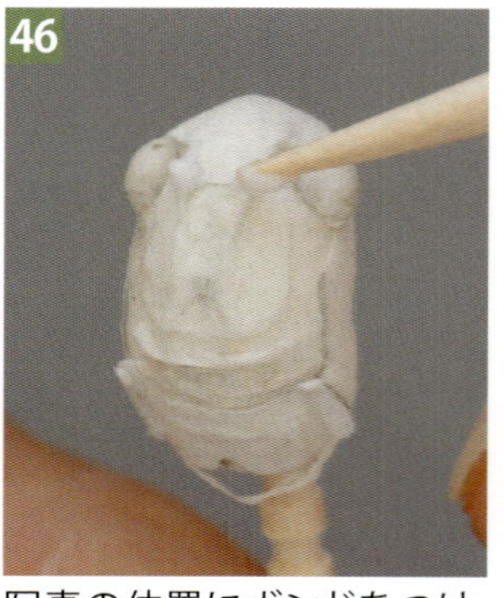

写真の位置にボンドをつけます。

45を貼ったら、頭のできあがり。

Step
02 胴体を作る

胴体を作るとき、頭とのバランスを見ながら、少しずつ形を決めていくことがポイント。尻がだんだん細くなっていくラインを、ていねいに表現しましょう。12の段階でサイズが合っているか確認してください。腹と背の節はしっかり合うように貼り、ピンセットで細かく節らしい段を作ります。

胴体の土台を作る①

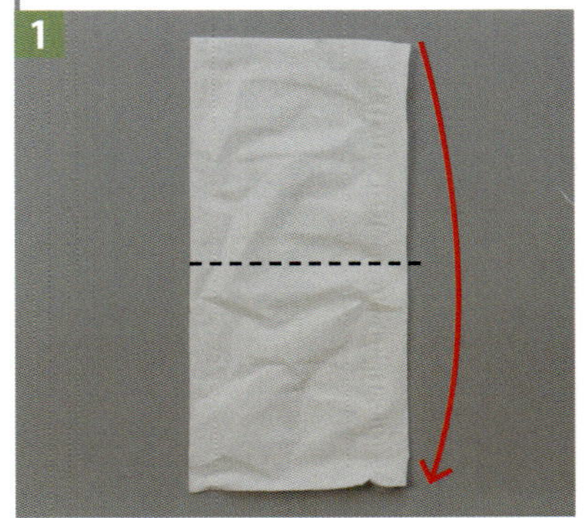
1
2枚紙を縦半分に切ったものを用意します。点線で半分に折ります。

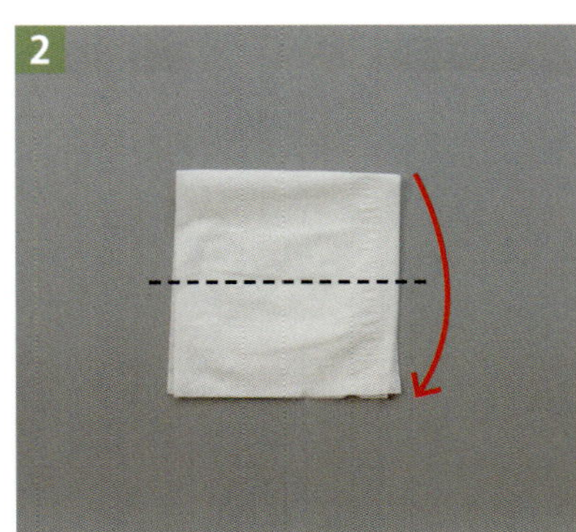
2
さらに点線で半分に折ります。

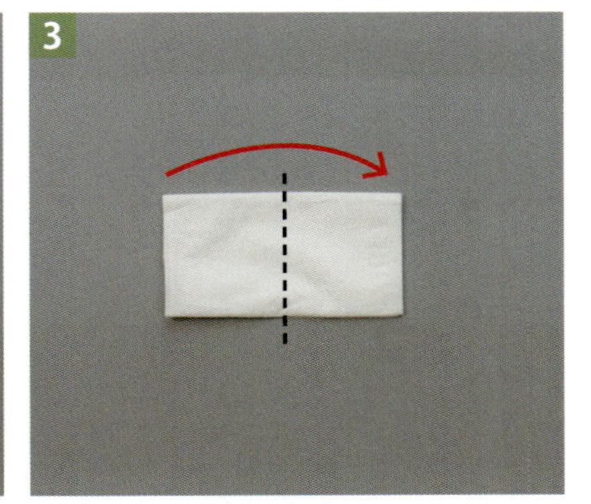
3
点線で半分に折ります。

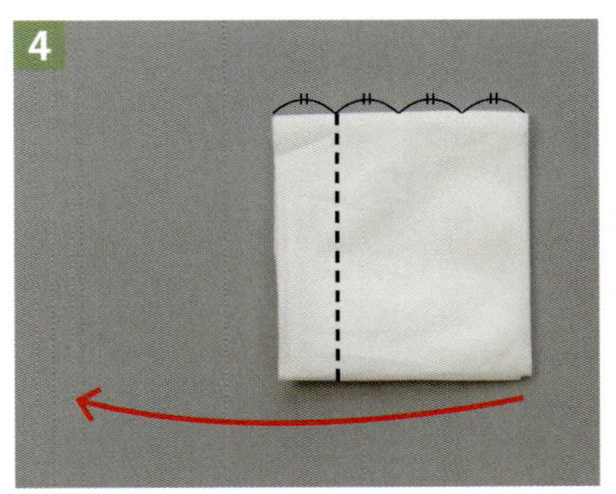
4
1/4のところの点線で、上の1組だけを折ります。

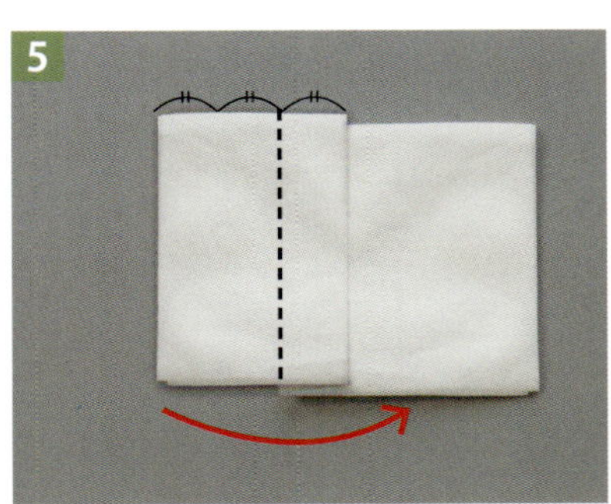
5
1/3のところの点線で折ります。

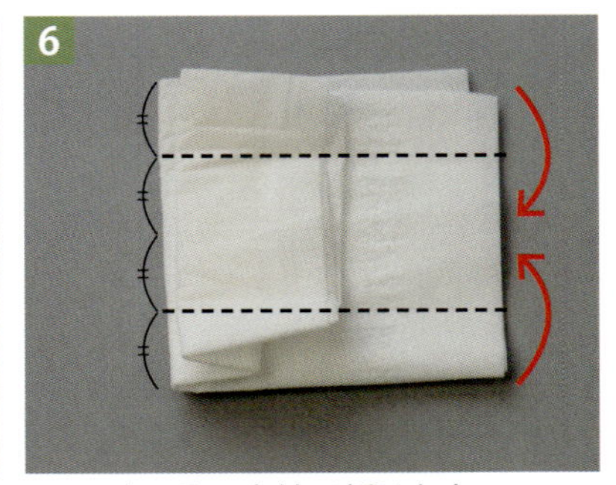
6
1/4のところの点線で折ります。

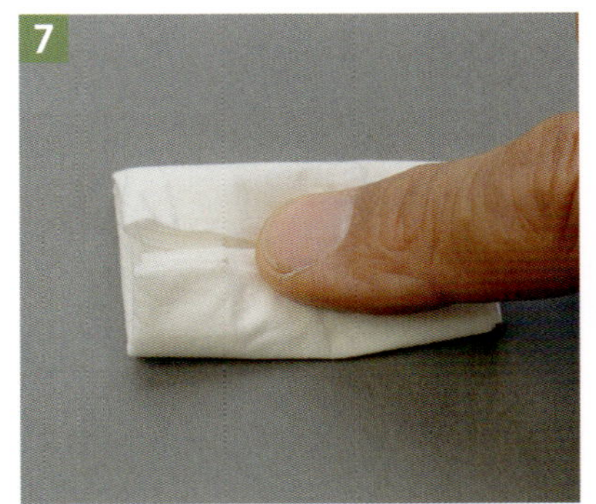
7
折ったところ。開かないように指で押さえています。

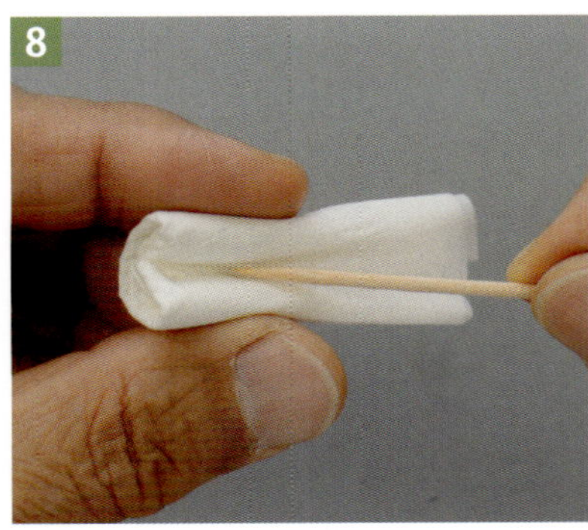
8
間にボンドをつけます。

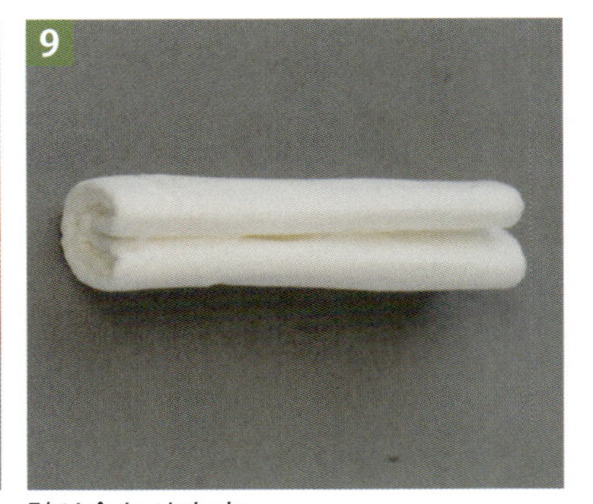
9
貼り合わせます。

胴体の土台を作る②

10

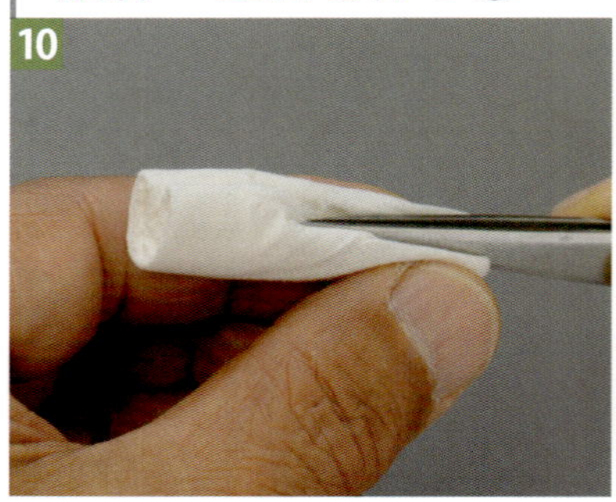

ピンセットで写真のように押さえて、先を細くします。

11

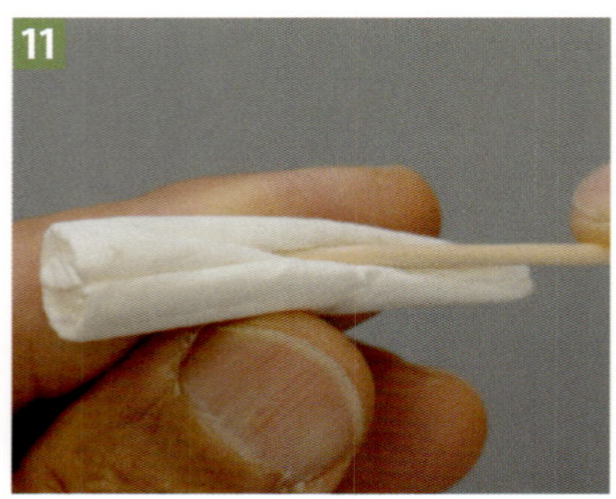

つまようじでボンドをつけます。

12

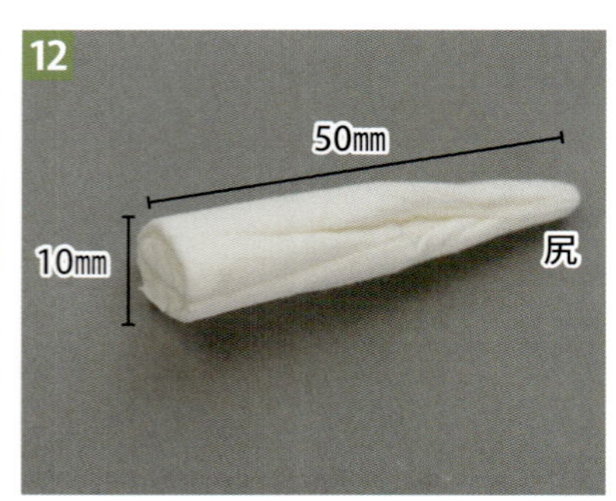

写真のように形を整えます。細い方が尻になります。

13

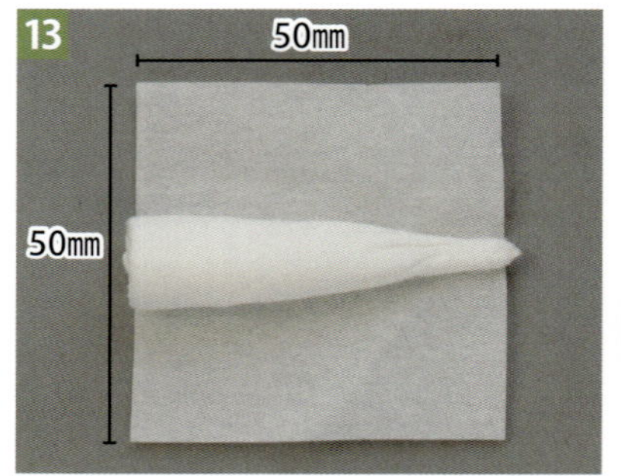

50×50mmのボンド紙（2枚組）に、ボンドをつけて12を乗せます。

14

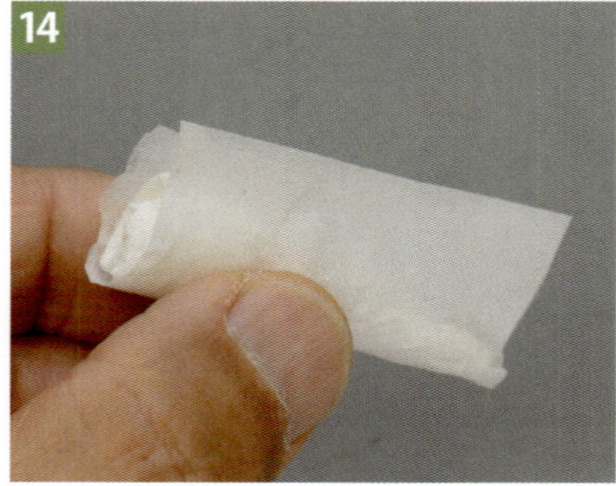

ボンドをつけてくるみます。

15

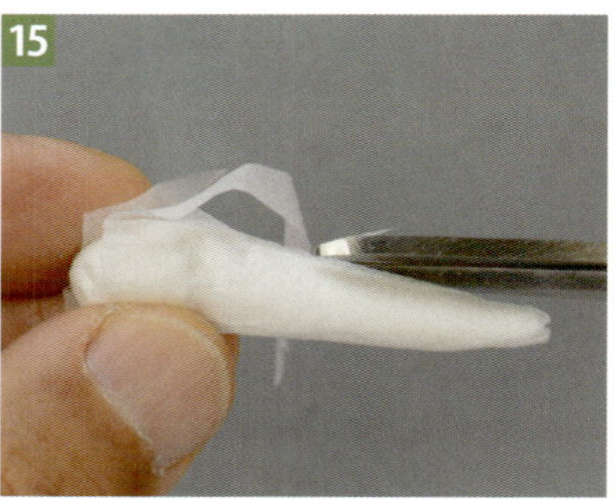

くるんだら、余分な部分をハサミでカットします。

16

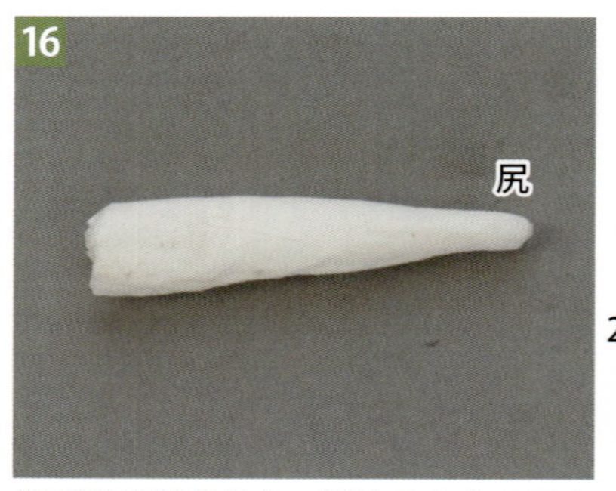

指で形を整えます。胴体の土台のできあがり。

腹の節を貼る

17

20×7mmのボンド紙（2枚組）を8枚用意します。これが腹の節になります。

18

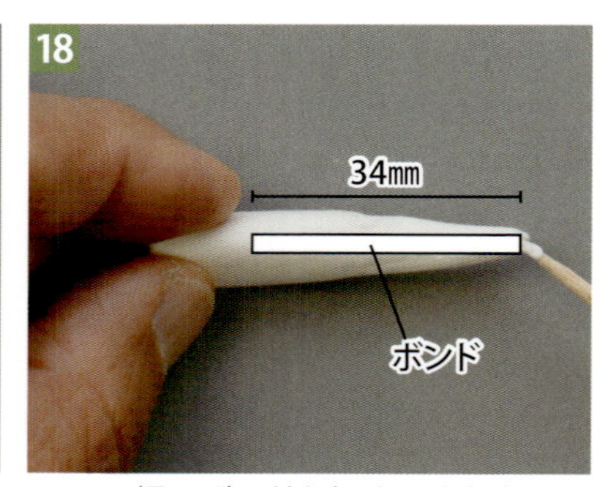

34mmの幅にボンドを細くつけます。

19

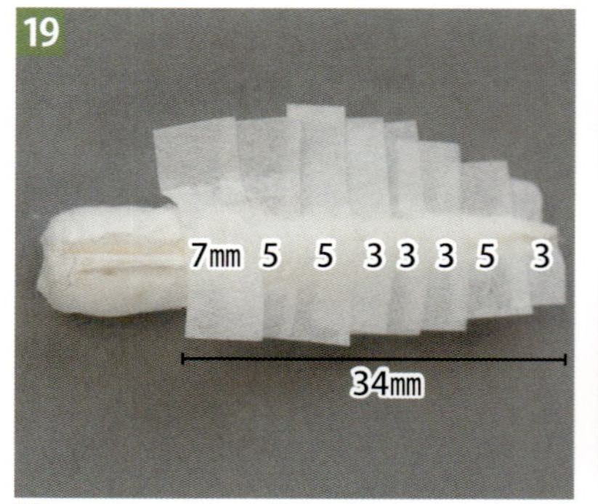

17の8枚のボンド紙を写真のような位置に貼ります。

20

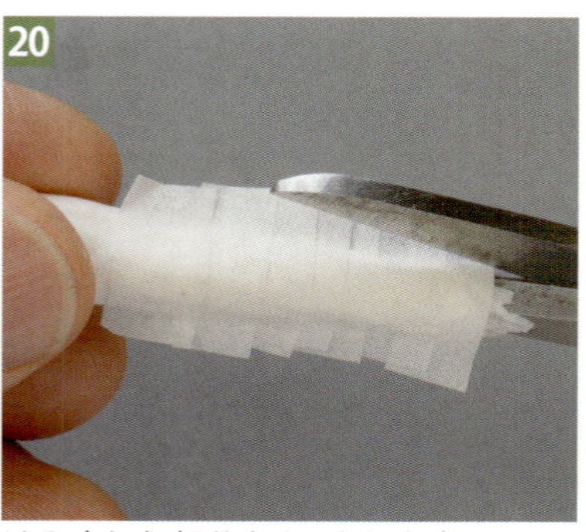

はみ出した部分をカットします。

21

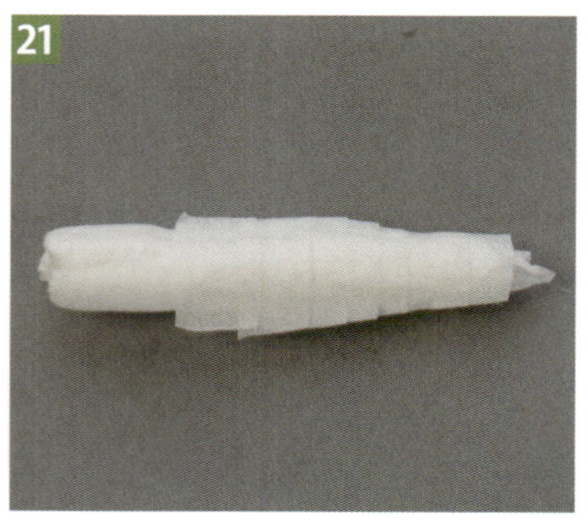

カットしたら、8枚のボンド紙の端にボンドを少量つけ、胴体に密着させます。

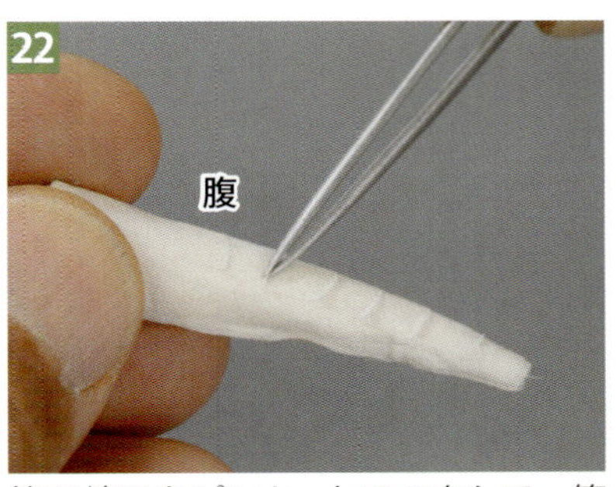

節の境目をピンセットでつまんで、節らしい段を作ります。

背の節を貼る

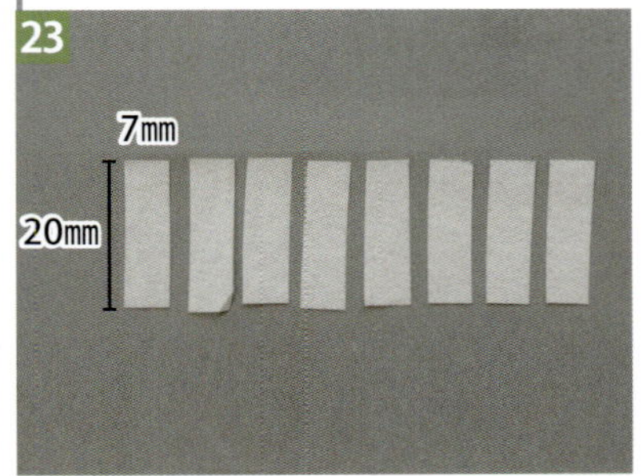

背の節用にも、20×7㎜のボンド紙（2枚組）を8枚用意します。

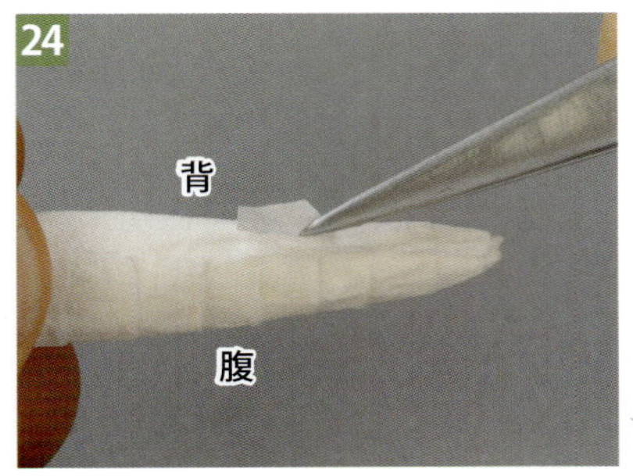

背側にも23を1枚ずつ貼ります。腹の節と合わせ目が合うように貼ります。

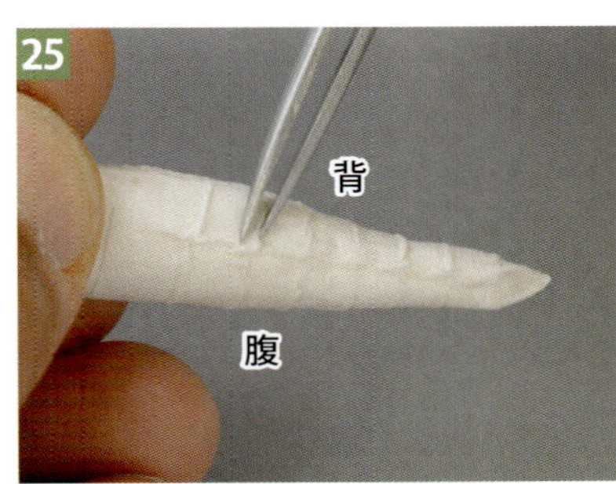

背も、境目をピンセットでつまんで、節らしく整形します。

腹と背の節が貼り終わりました。真上から見たところ。

腹底と脇のパーツを貼る

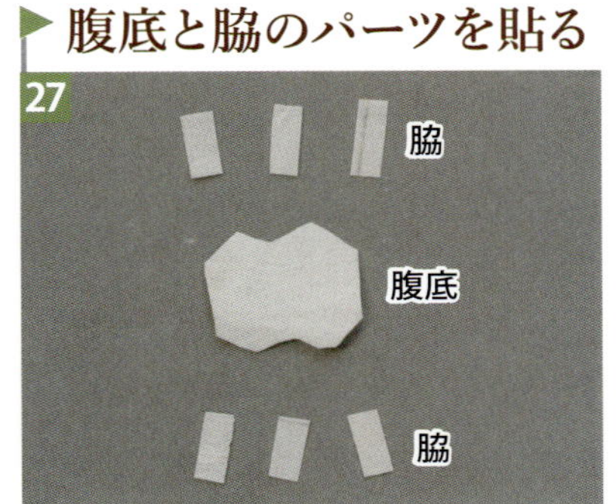

ボンド紙（4枚組）に腹底のパーツと脇のパーツを写し、カットします。

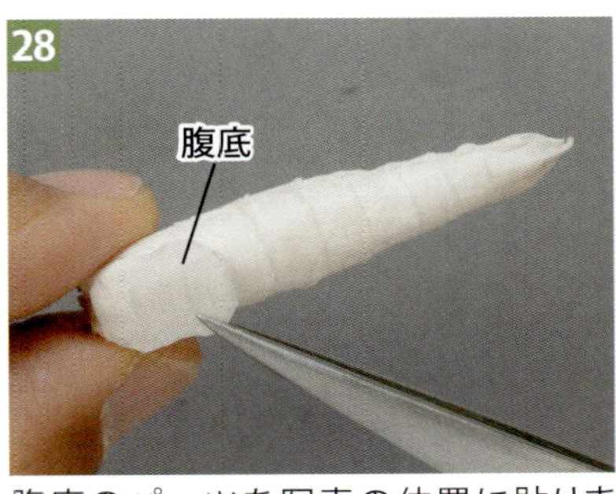

腹底のパーツを写真の位置に貼ります。

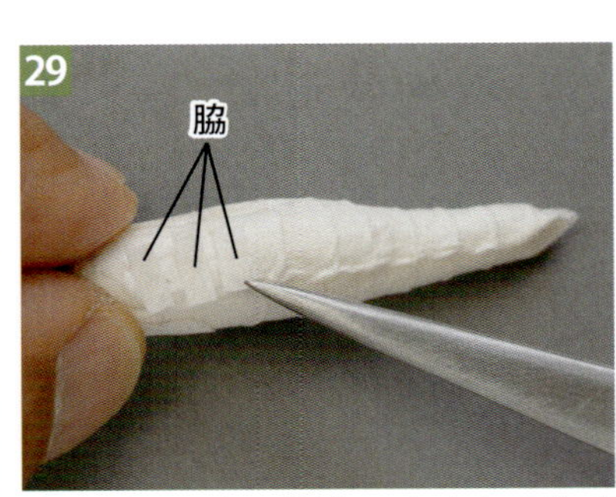

脇のパーツを、胴体の左右に3枚ずつ貼ります。

形を調整する

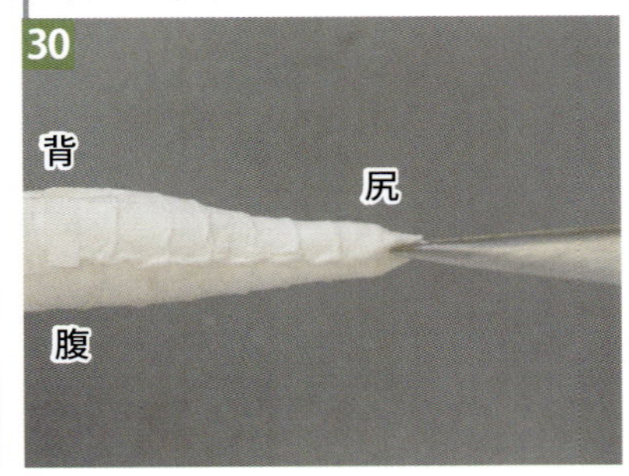

尻の先をピンセットでなるべくきれいに尖らせます。

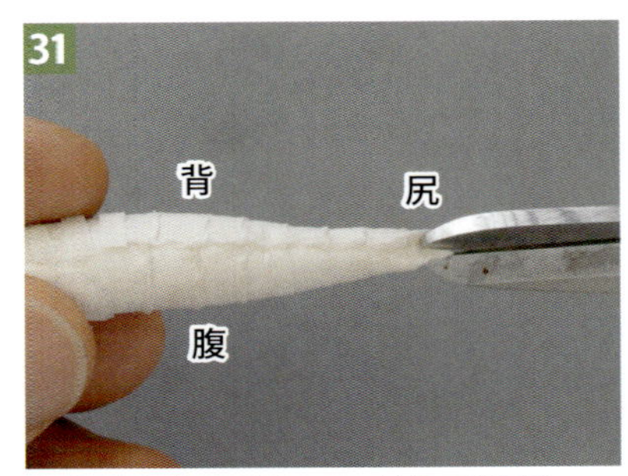

尖らせたところを、ハサミでV字にカットします。

カットしたところ。

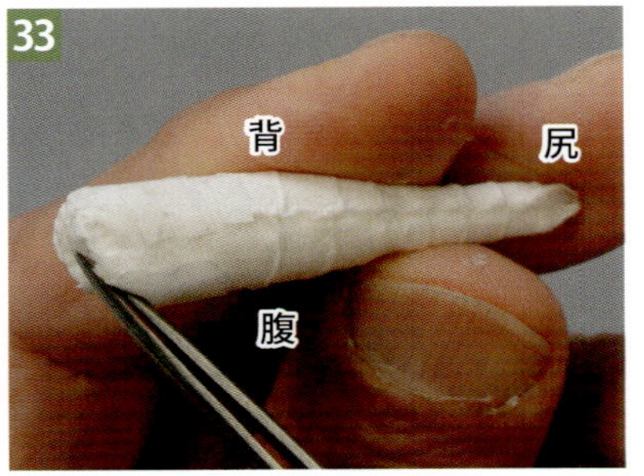

写真の位置に、ピンセットでへこみを作ります。

34

腹

腹にピンセットの先を挿して、
穴を開けます。

つまようじの先にボンドをつけて、
34で開けた穴に挿します。

背のパーツを作る

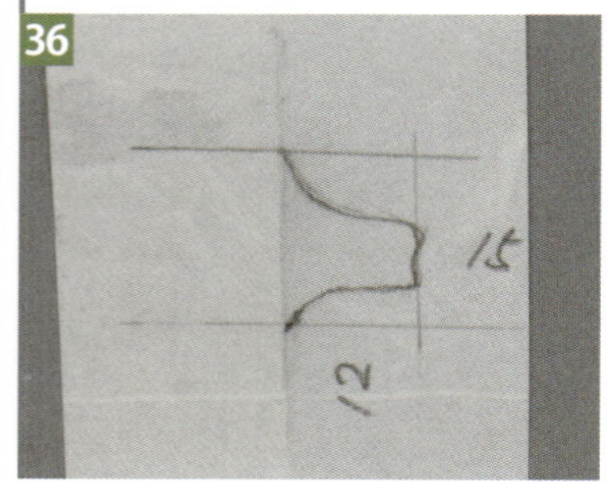

ボンド紙（4枚組）に、背のパーツを図面から写します。左右対称のパーツなので、写真のように、どちらか片側だけ写せばOKです。

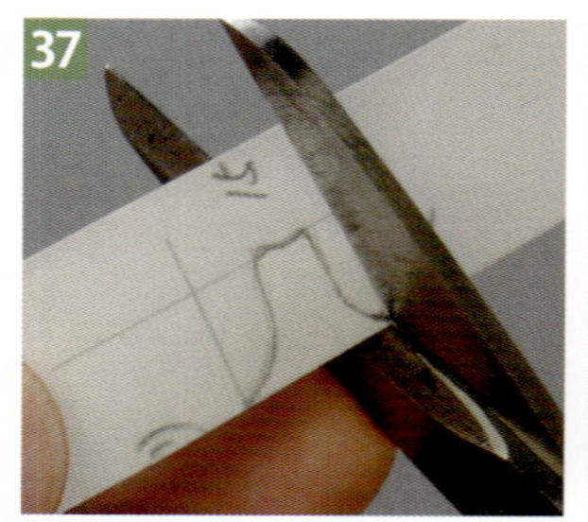

36を2つに折り、ハサミでカットします。

カットしたところ。

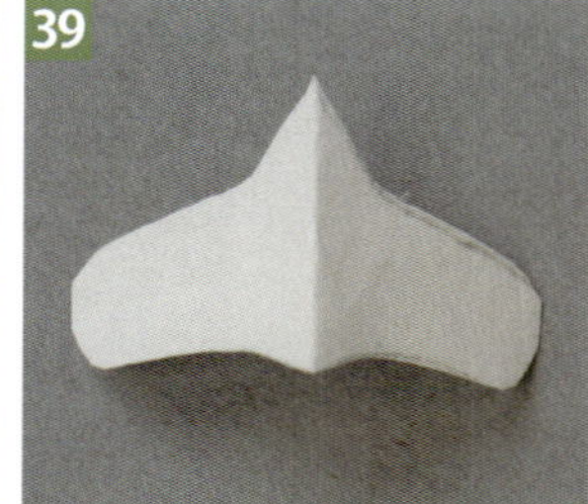

38を開いたところ。

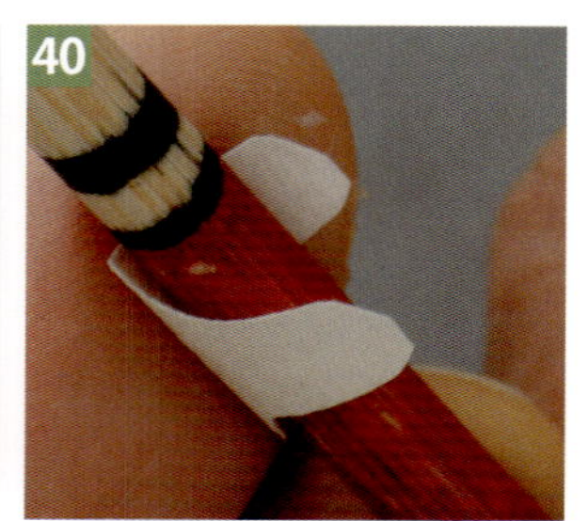

丸箸を転がすように当てて、カーブをつけます。

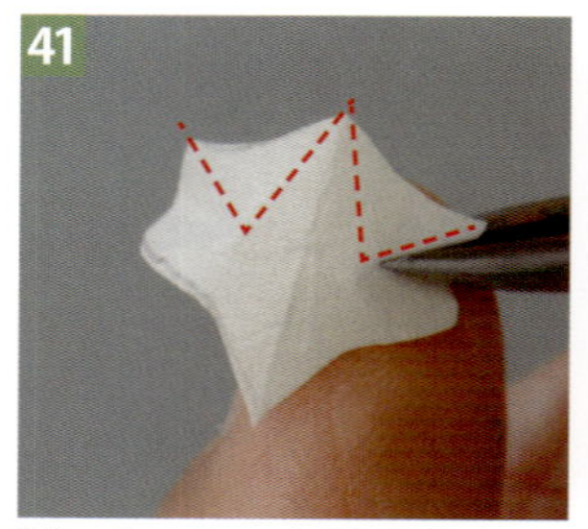

ピンセットで点線部分をはさんで、ラインをつけます。

ラインをつけたところ。

再度、丸箸を当てて、カーブをつけます。

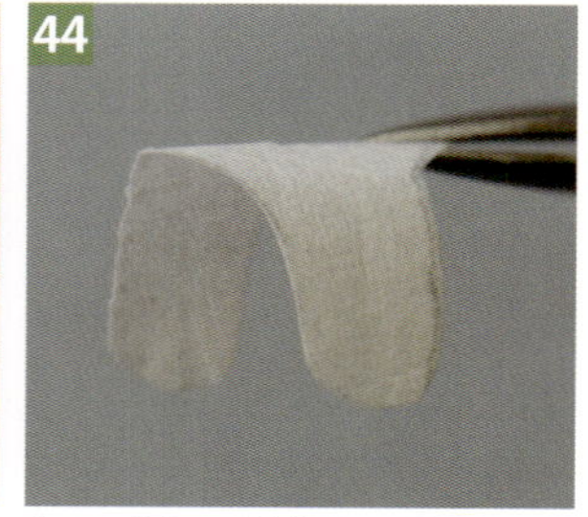

カーブをつけたところ。

頭と胴体を合わせて、バランスを確認する

頭のパーツと胴体のパーツを合わせて、バランスを見てみましょう。

44を写真の位置に合わせて、バランスを確認します。

頭と胴体はまだ接着しません。それぞれに着色してから接着するので、この状態で置いておきます。

Step 03 脚を作る

トノサマバッタの脚を作ります。素晴らしい形をしている後脚がポイントとなります。特に大事なのは24で、左手でしっかりパーツを持ち、右手のピンセットでパーツを押しながら慎重に形を決めていきます。

前脚と中脚を作る

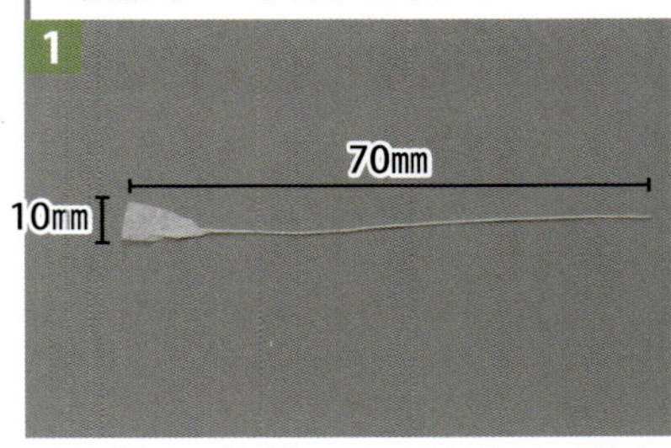

10㎜幅の1枚紙でコヨリを作り（長さは自由＝目安として70㎜）、ボンドで固くします。

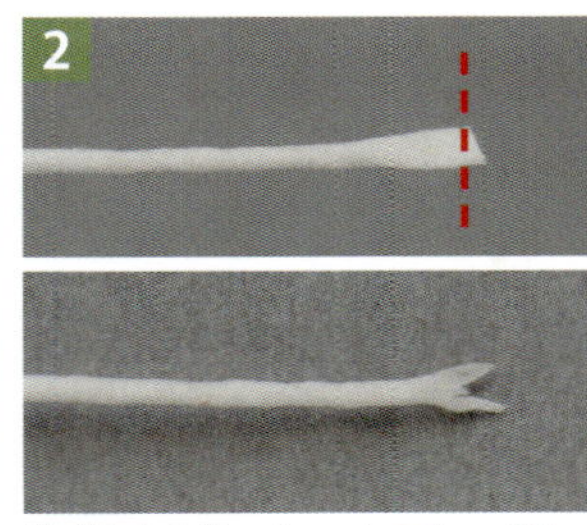

先端をピンセットでつぶして少しカットしてから、カッターでV字にカットします。

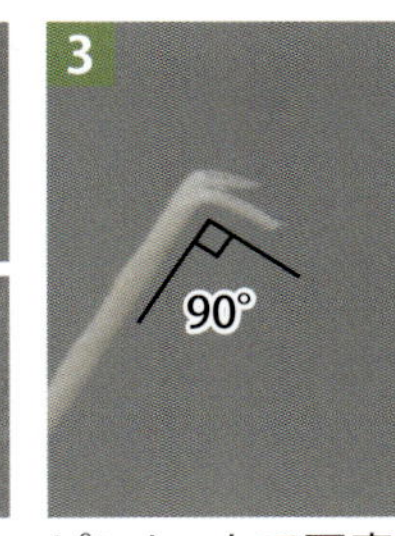

ピンセットで写真のように90°に曲げます。

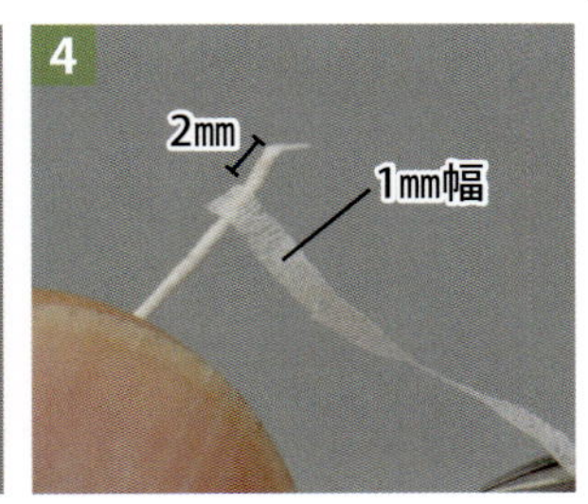

1㎜幅の1枚紙の端をボンドでつけ、巻いていきます。

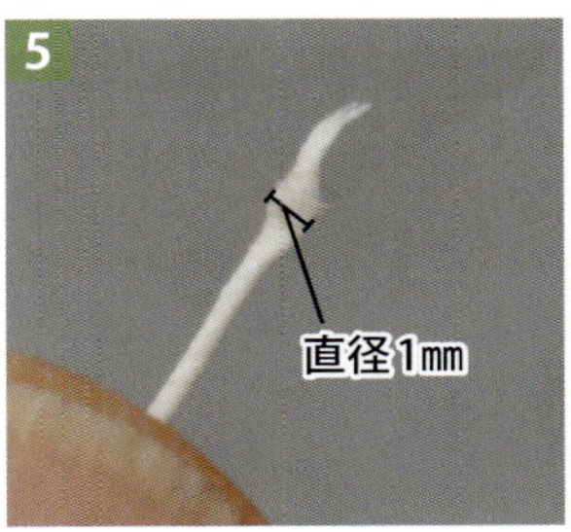

直径1㎜になるくらい巻いたら、ボンドでとめます。

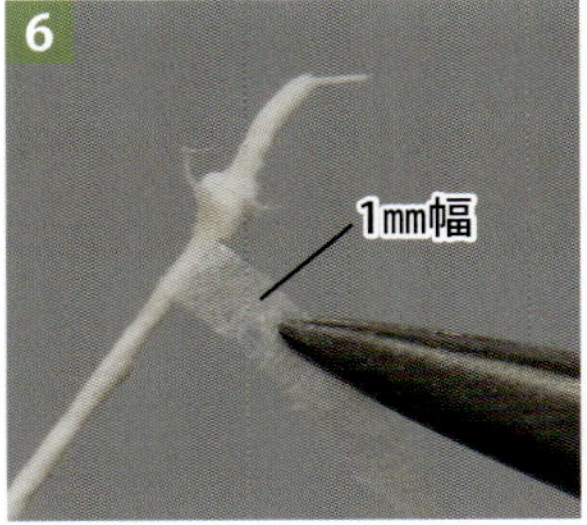

すぐ隣に同じように1㎜幅の1枚紙を巻きます。

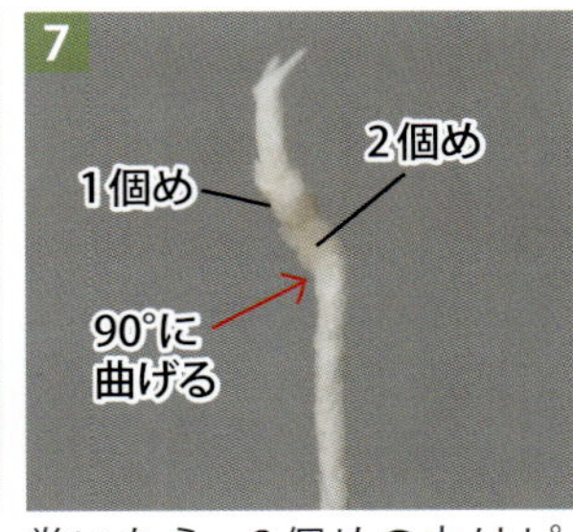

巻いたら、2個めの丸はピンセットでつぶします。

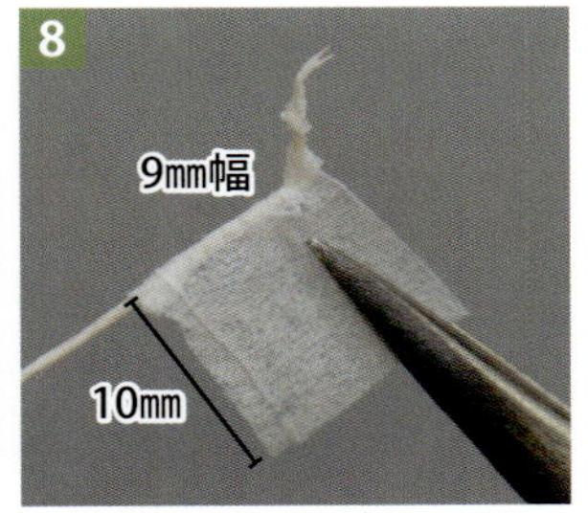

9㎜幅の1枚紙の端をボンドでつけ、10㎜巻きます。

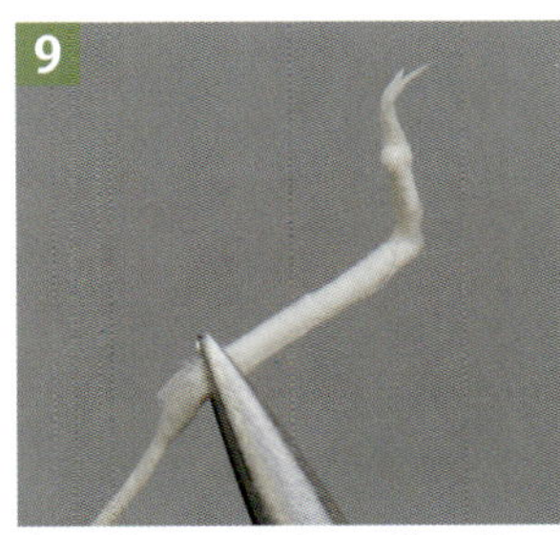

巻き終わったら、ボンドでとめます。

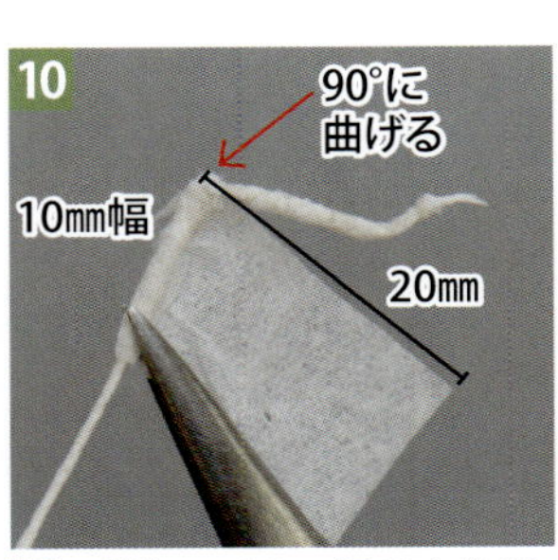

9の隣に、10㎜幅の1枚紙を20㎜巻きます。

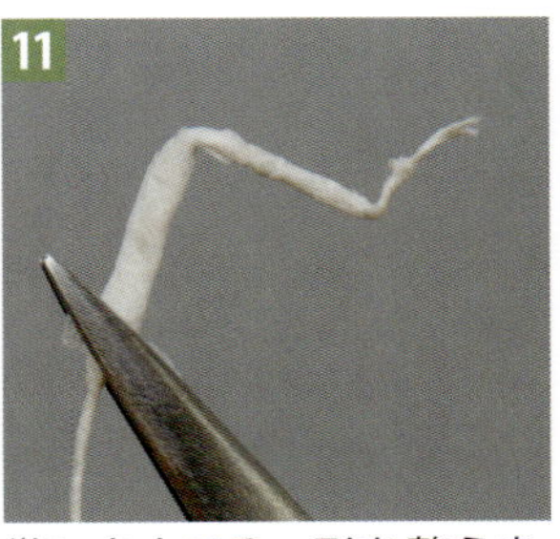

巻いたところ。形を整えます。

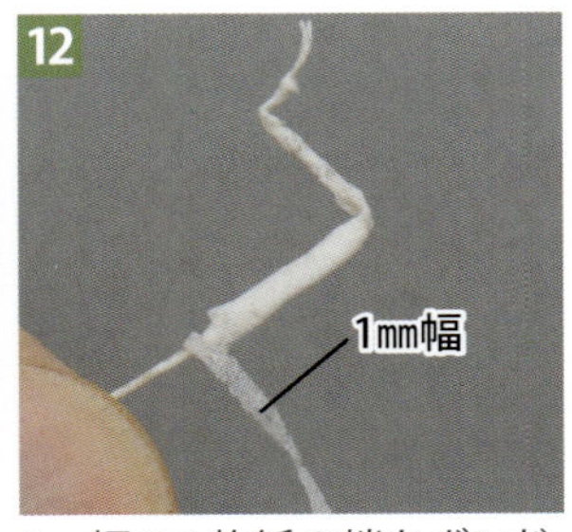

1㎜幅の1枚紙の端をボンドでつけ、巻いていきます。

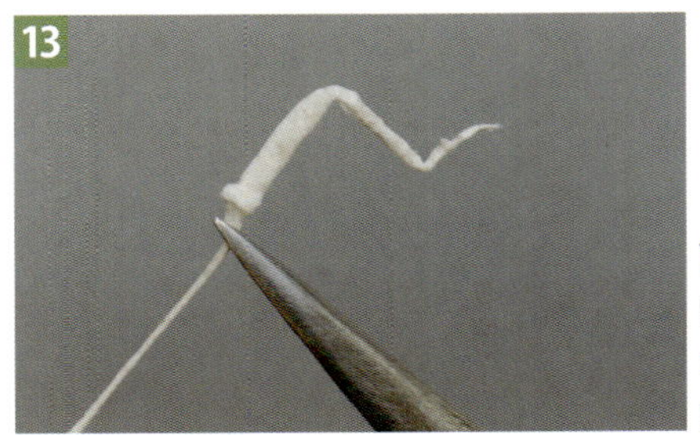

直径1㎜くらい巻いたら、ボンドでとめます。

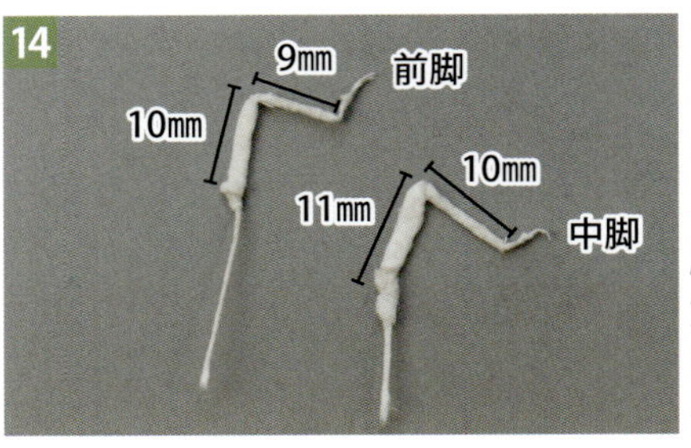

中脚も同じように作ります。前脚と中脚では、第2関節と第3関節のサイズが少し違います。

後脚を作る

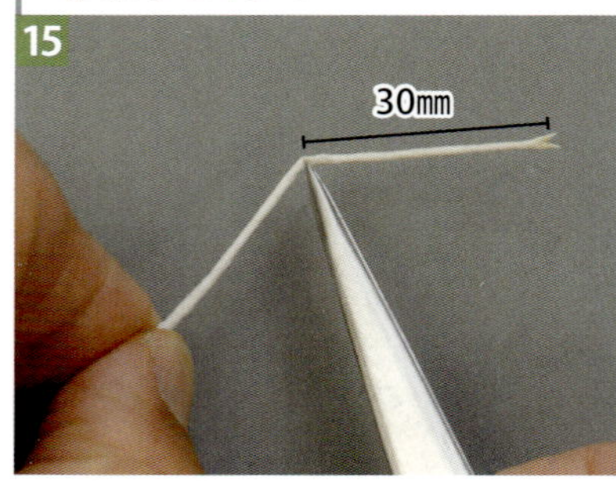

50㎜幅の1枚紙でコヨリを作り（長さは自由＝目安70㎜）、1〜2と同様にしてから、写真の位置で曲げます。

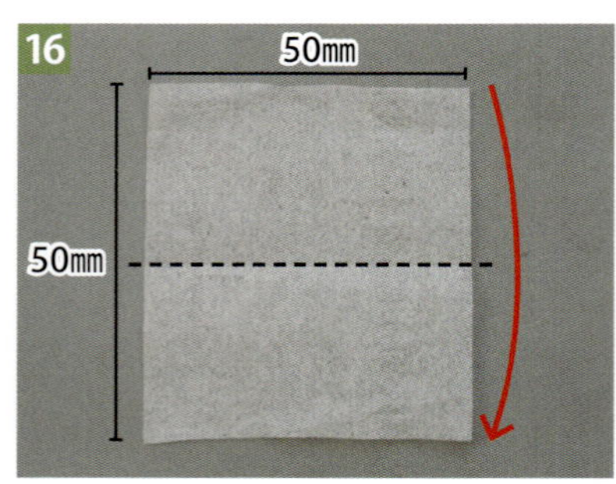

50×50㎜の1枚紙を用意して、点線で半分に折ります。

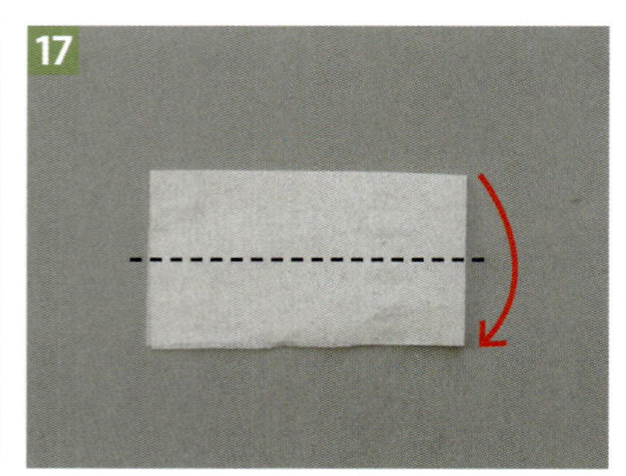

点線で半分に折ります。

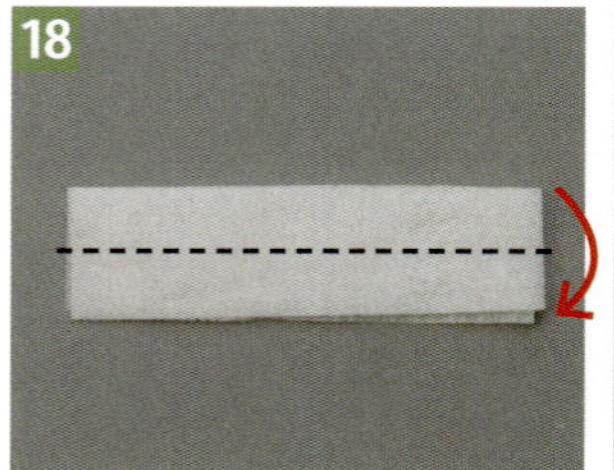

点線で半分に折ります。

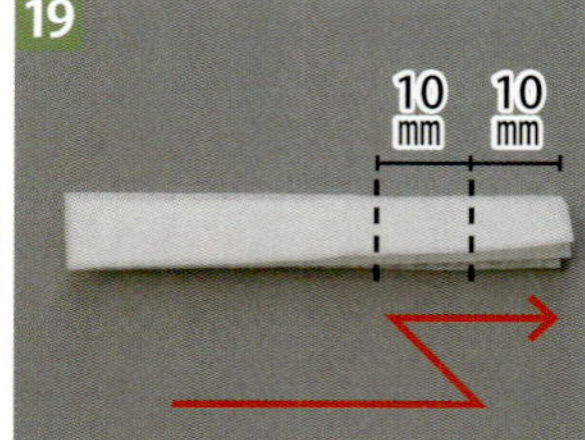

点線でZ型に折ります。

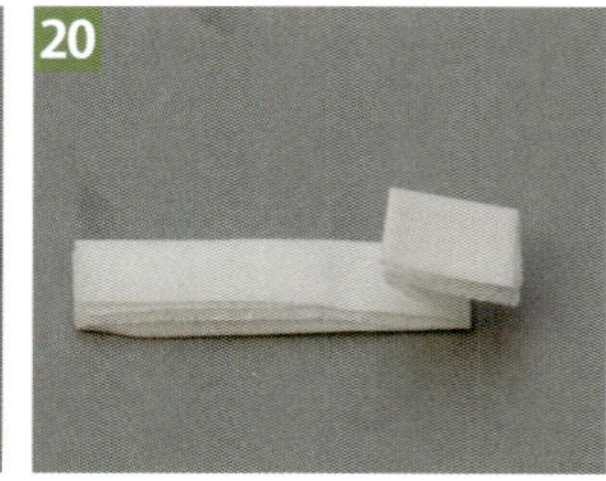

折ったところ。ボンドをつけて平らにします。

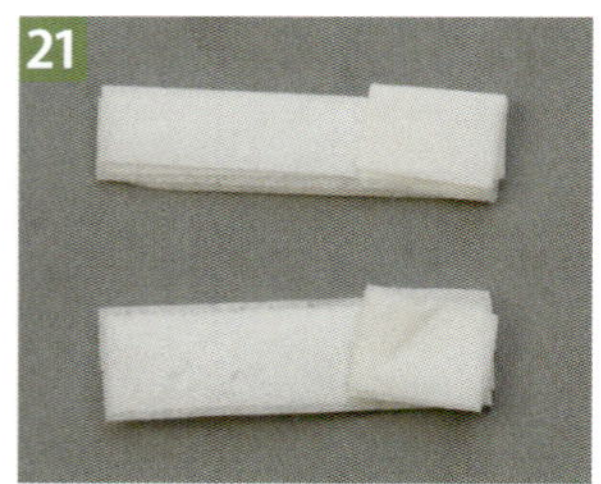

平らにしたところ。後脚1本につき、2個作ります。

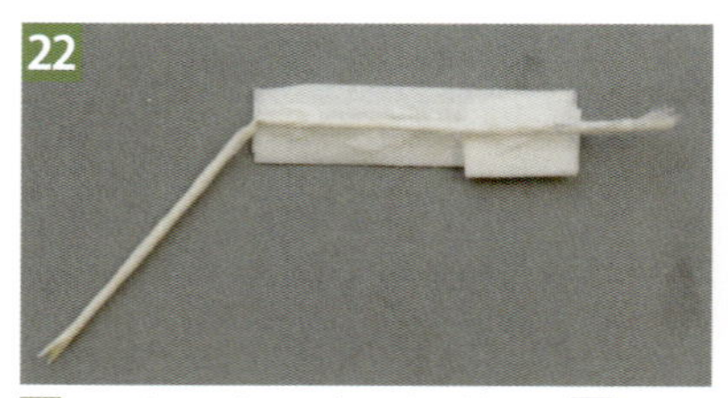

21の1個の上にボンドを塗り、15を写真のように乗せます。

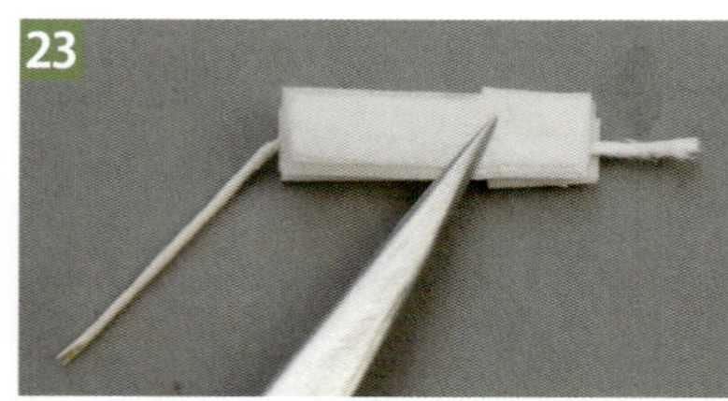

21のもう1個を裏表を逆にして、写真のように貼ります。

ピンセットと指で、後脚の太い部分の形に整えます。

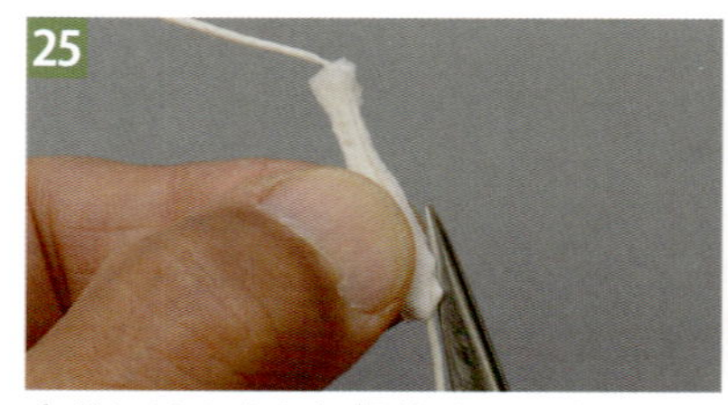

余分にはみ出した部分は、ハサミでカットします。

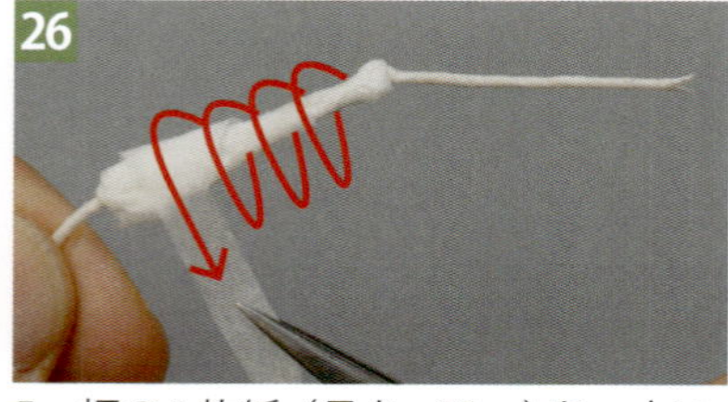

5㎜幅の1枚紙（長さ=10㎝）を、太い部分全体に、ボンドを少量ずつつけながら巻いていきます。

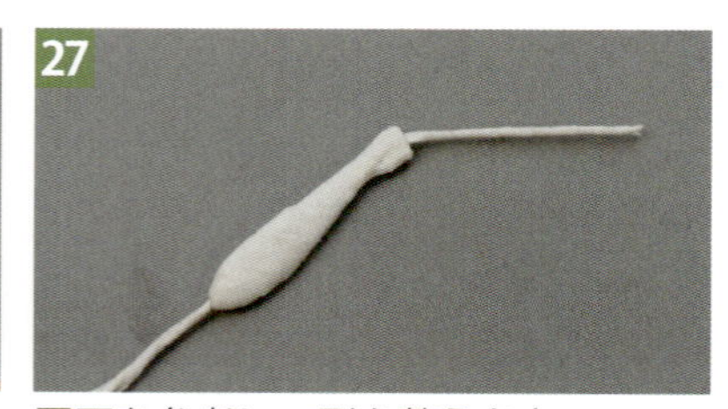

図面を参考に、形を整えます。

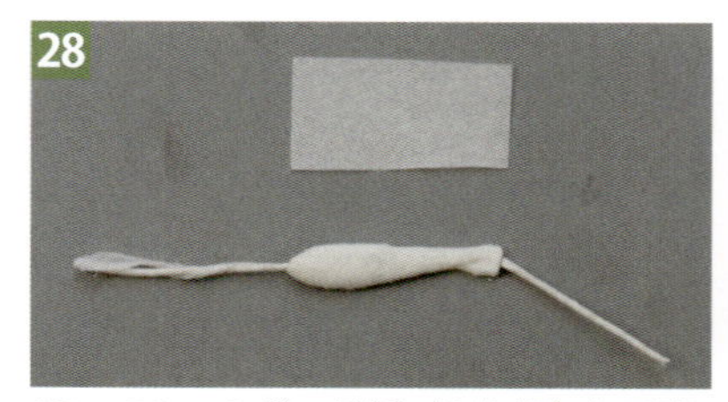

15×30㎜のボンド紙（2枚組）を用意します。

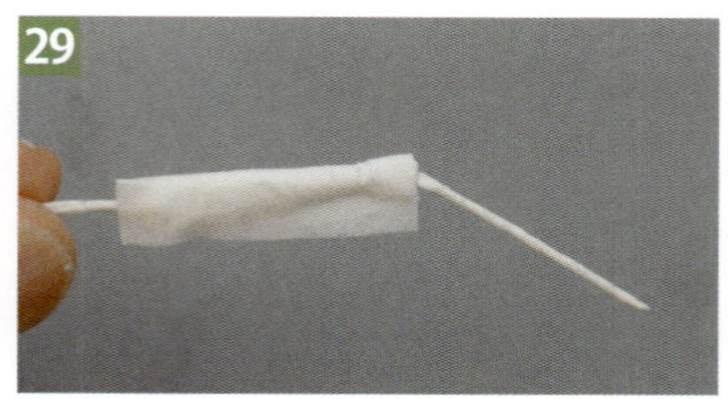

後脚の太い部分をくるむように貼ります。

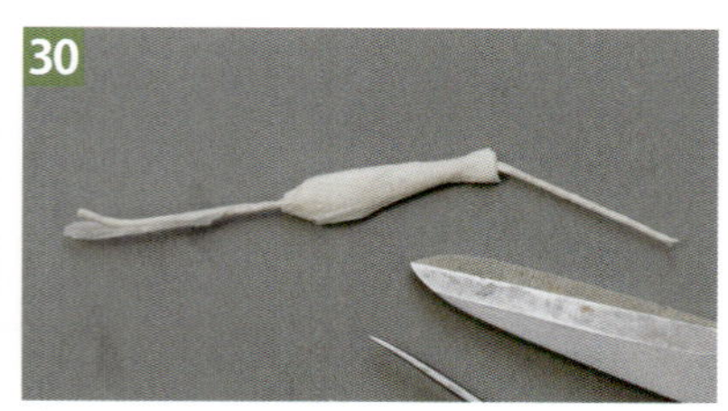

余分にはみ出した部分は、ハサミでカットして、形を整えます。

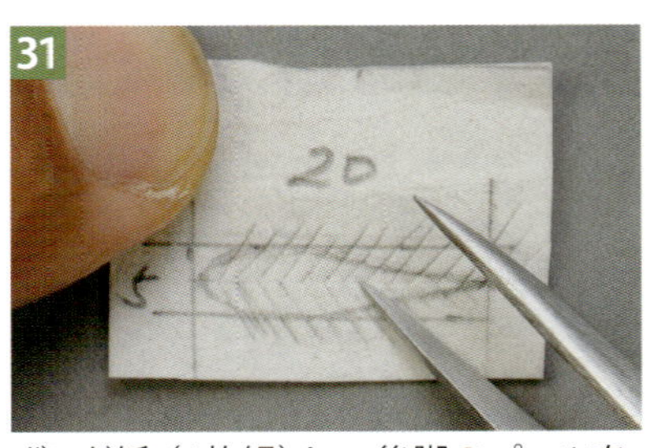

ボンド紙（4枚組）に、後脚のパーツを図面から写し、ピンセットの先で葉脈状のスジを入れます。

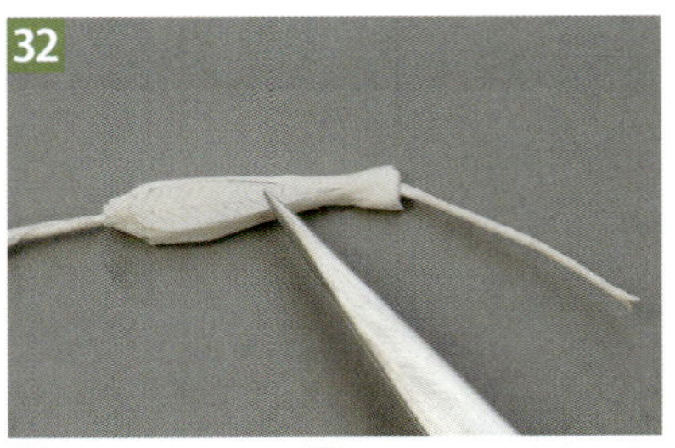

31をカットして、30にボンドで貼ります。

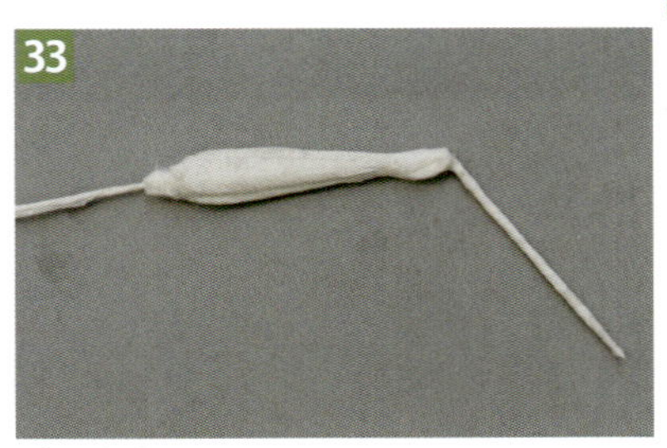

貼ったところ。

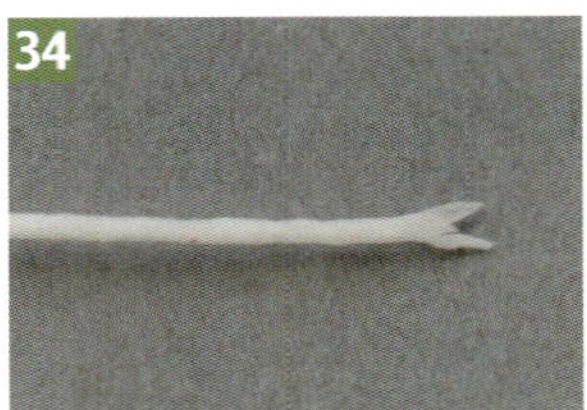

20㎜幅の1枚紙でコヨリを作り、1～2と同様にして、爪先を作ります。

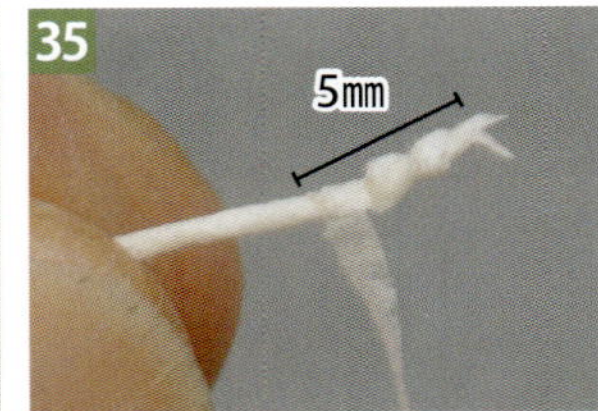

写真の位置の3箇所に、4～7と同様に1㎜幅の1枚紙を巻きます。

写真のようにカットします。

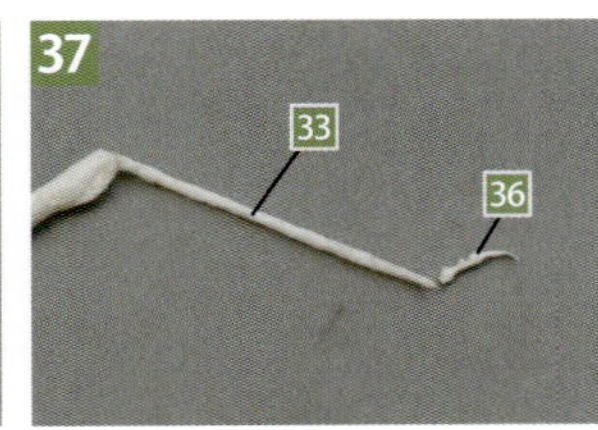

36を33の先端にボンドで貼ります。

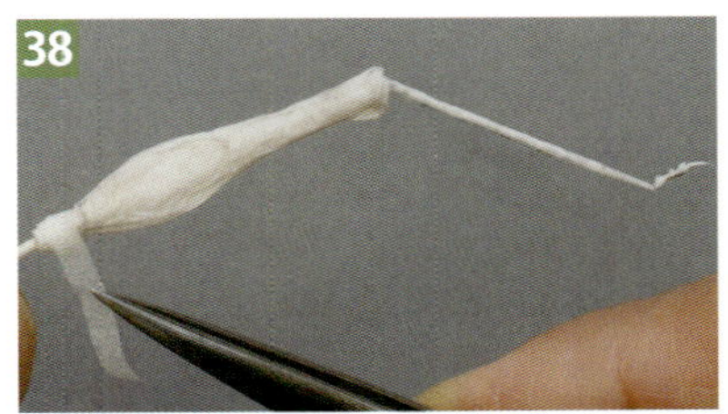

3㎜幅の1枚紙（長さ＝10㎝）の端をボンドでつけ、写真の位置に巻いていきます。

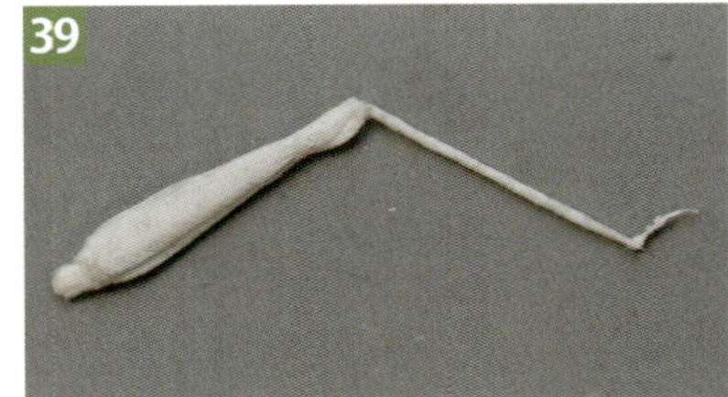

巻いたところ。

5㎜幅の1枚紙でコヨリを作り、2㎜間隔で細かく斜めにカットします（下図参照）。後脚1本につき約20本必要。

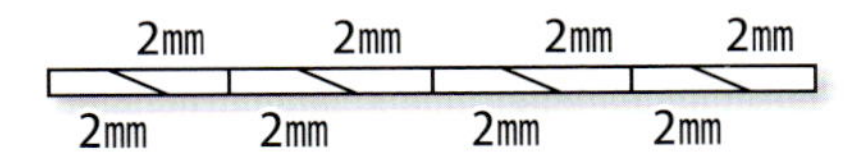

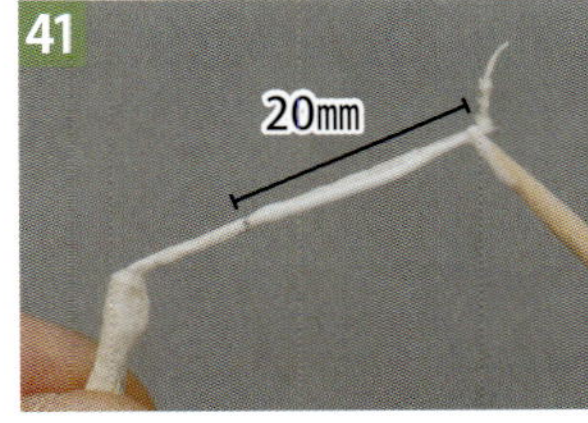

写真の20㎜の位置にボンドを塗ります。

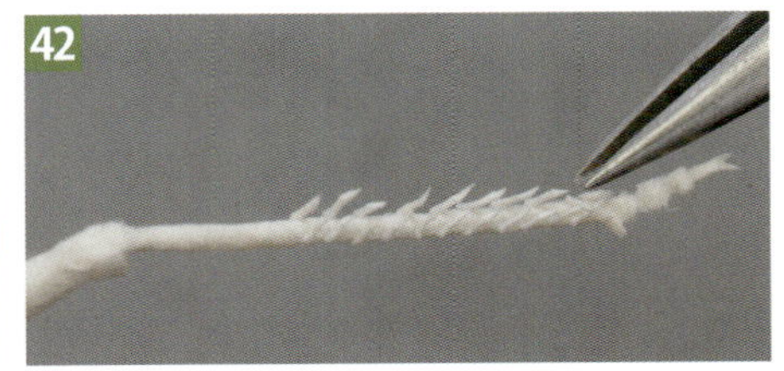

40の20本を、10本ずつの2列に分けて貼ります。後脚のできあがり。

前脚・中脚・後脚を仕上げる

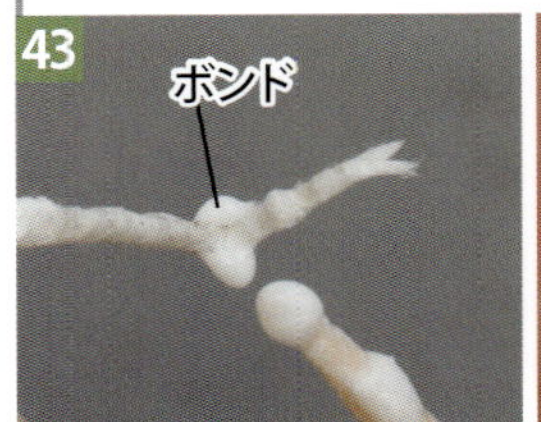

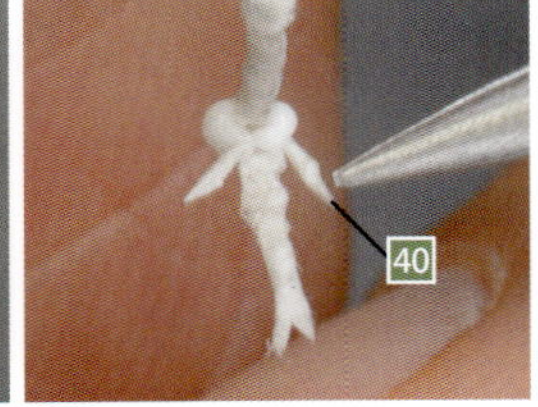

前脚、中脚、後脚、それぞれに、細かい爪（40）を2本ずつ貼ります。

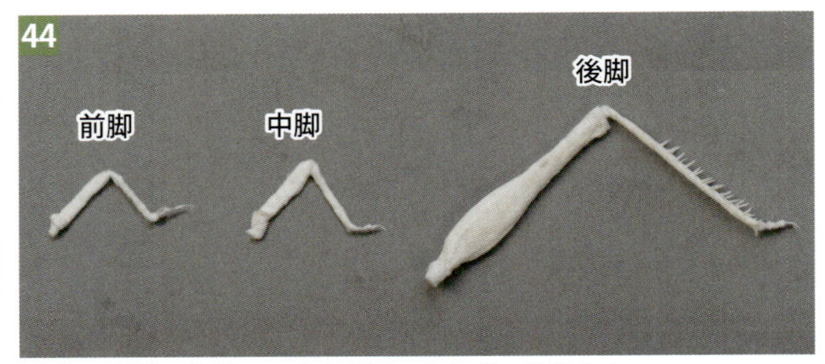

前脚、中脚、後脚のできあがり。2本ずつ作ります。

Step
04 着色する▶組み立てる▶ニスを塗る▶完成

カナブン（p.32）では、完全に組み立て終わってから色を塗りましたが、トノサマバッタの場合は細かいパーツが多いので、パーツごとに色を塗って、乾かしてから組み立てます。最後の仕上げの部分なので、特にていねいに行いましょう。

羽を作る

1
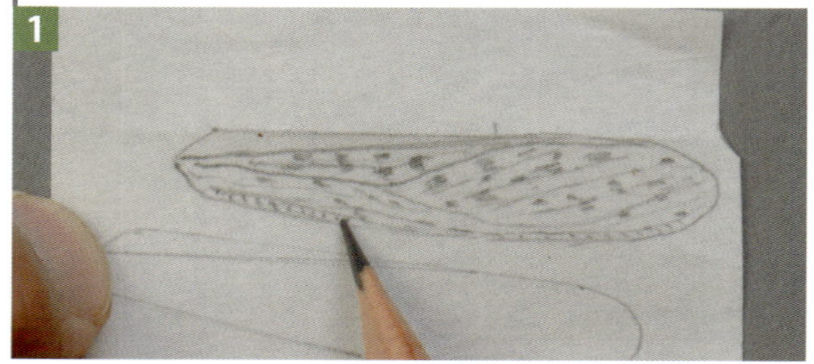
ボンド紙（4枚組）に、羽を図面から写します。

2
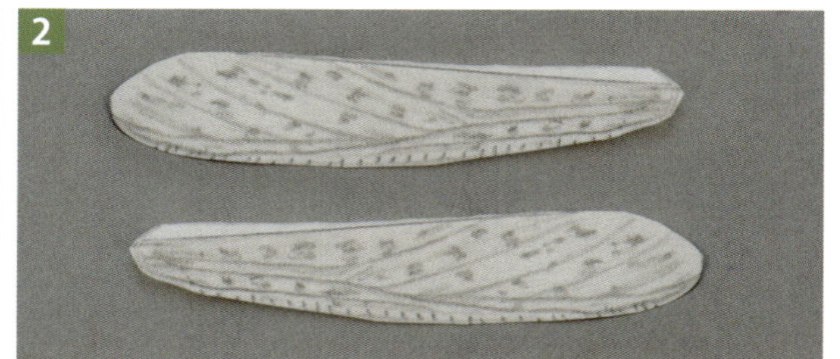
ハサミでカットします。左右分計2枚作ります。

羽、胴体、頭、背のパーツ、脚を着色する

3

絵具を準備します。

4
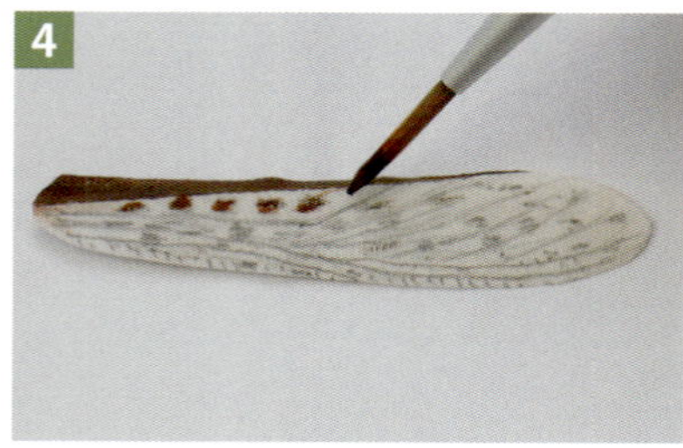
羽の色の濃い部分から塗ります。

5

羽全体を塗ります。

6

胴体も塗っていきます。

7

胴体の脇の模様も塗ります。

8

頭を慎重に塗ります。

9

背のパーツも塗ります。

10

脚もていねいに塗ります。

組み立てる

11 着色が終わり完全に乾いたら、頭の裏にボンドを塗ります。

12 胴体と貼り合わせます。

13 背のパーツも貼ります。頭に挿してあったつまようじをはずします。

14 頭、胴体、背のパーツを貼り合わせた段階で、もう一度全体を着色してリアル度を高めていきます。

15 絵具が乾いたら、脚をつける6箇所にボンドを塗ります。

16 前脚、中脚、後脚を慎重に貼ります。

17 2枚の羽もていねいに貼ります。左右を間違わないように気をつけましょう。

ニスを塗る

18 ボンドが乾いたら、ニスを塗ります。羽以外の部分に塗りましょう。

完成

19 後ろから見たところ。

20 正面から見たところ。

21 トノサマバッタのできあがり。

✓いろいろなアングルから見てみよう（着色前）

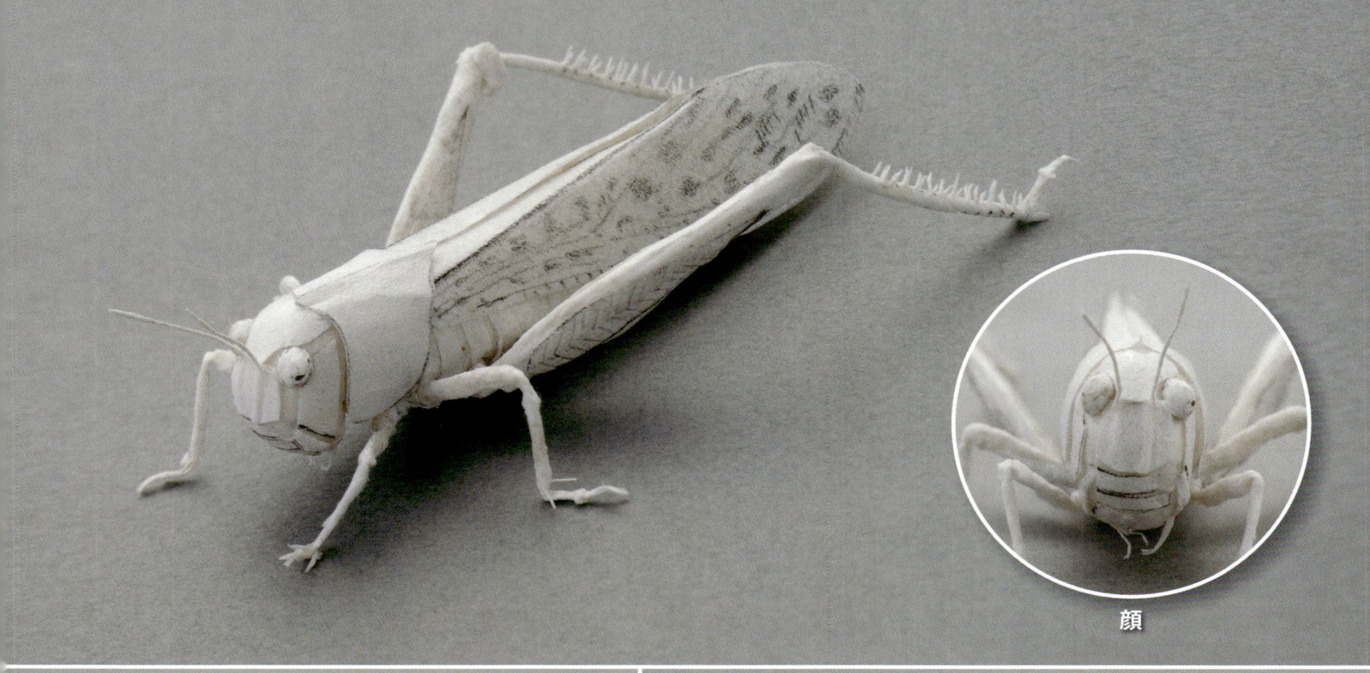

顔

斜め後ろ

真横

表

裏

斜め前

✓いろいろなアングルから見てみよう（完成版）

顔

斜め後ろ

真横

表

裏

斜め前

オニヤンマ

▶胴体の節の表現にこだわり、リアルなトンボを作ろう

Step 00 オニヤンマの図面と解説

大きく広げた羽が雄々しいオニヤンマ。ゴツゴツとした胴体や大きな目など、ポイントの多い昆虫ですが、一番のポイントは、ニス紙（p.28）を使って作る透明な羽です。サインペンでていねいに模様を描き、淡い茶色で着色します。

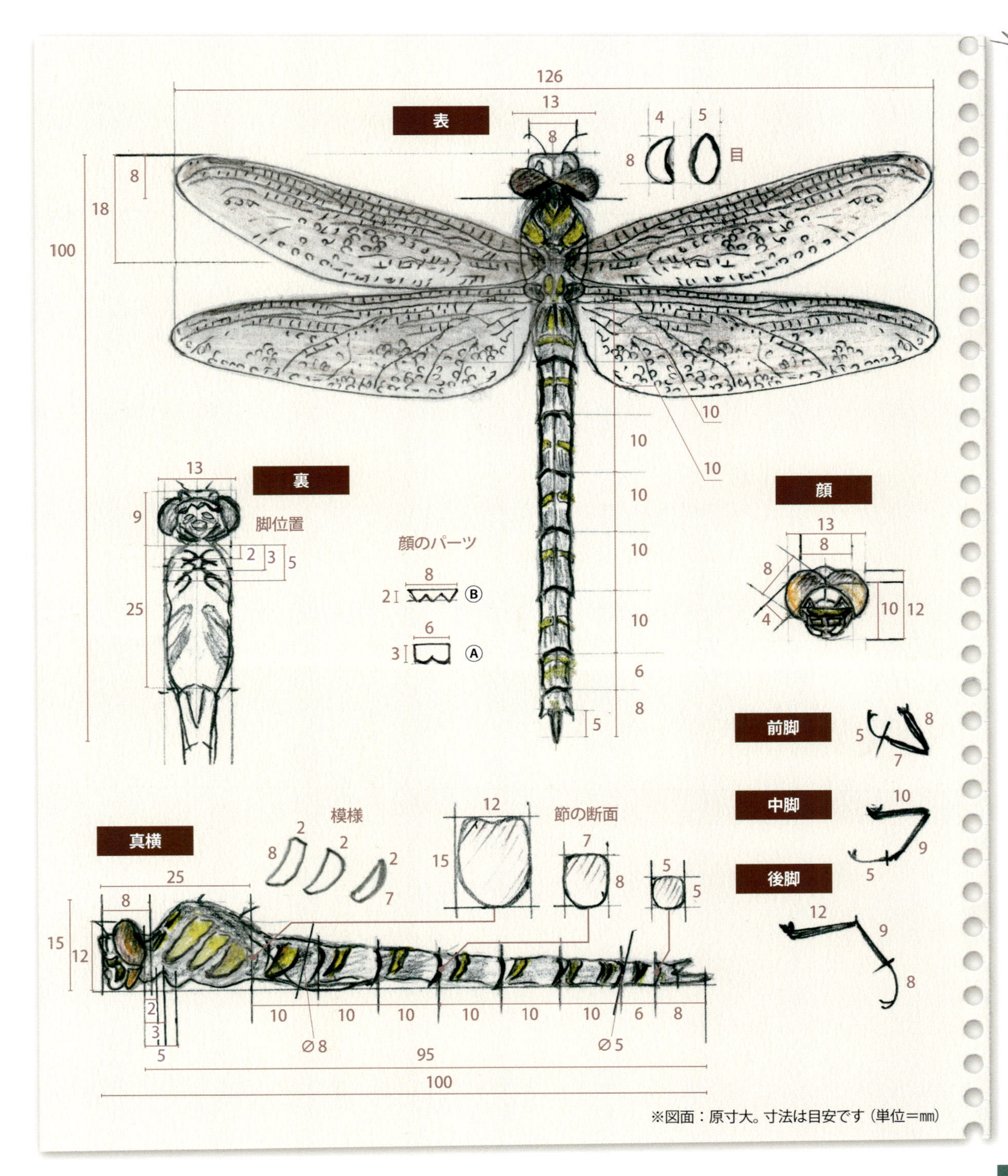

Step
01 胴体を作る

胴体は、ティッシュ２枚紙を１組使って土台を作ります。10のサイズを常に確認しつつ、形を整えていきましょう。腹と背の節を合わせて貼り、節らしい段をつけます。トノサマバッタの節よりも、段が少し大きめなところがポイントです。

胴体の土台を作る

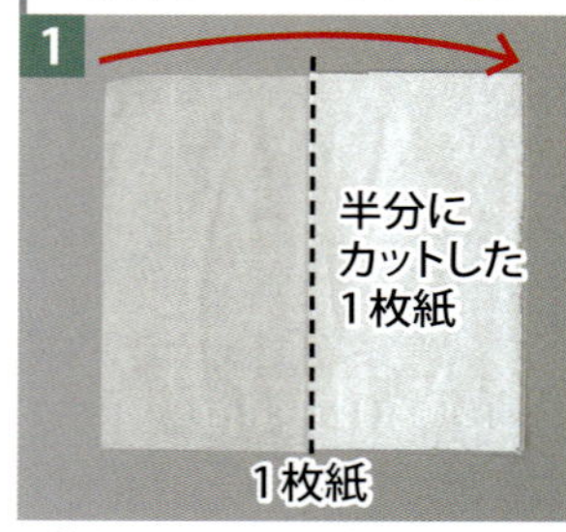

１枚紙の上に、半分にカットした１枚紙を右半分に重ねて、半分に折ります。

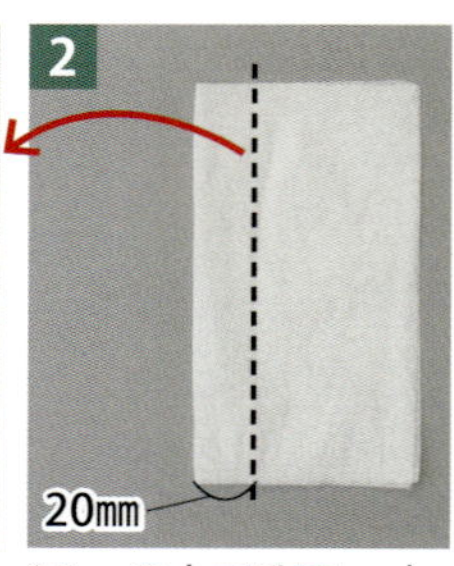

20㎜のところで、上の１枚のみ折ります。

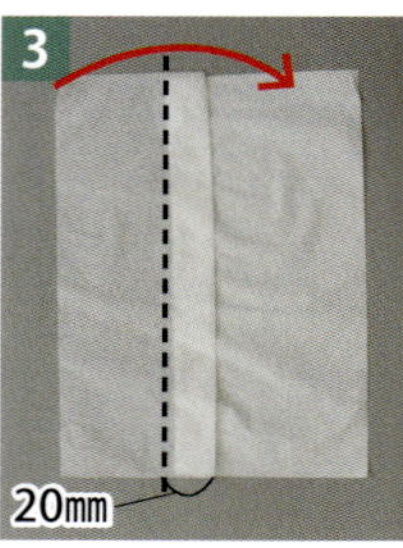

さらに20㎜のところで、折ります。

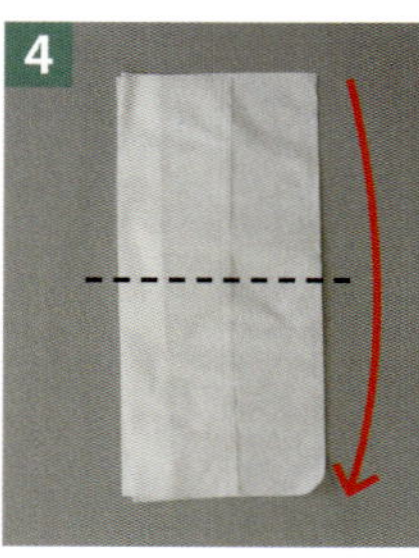

点線で半分に折ります。

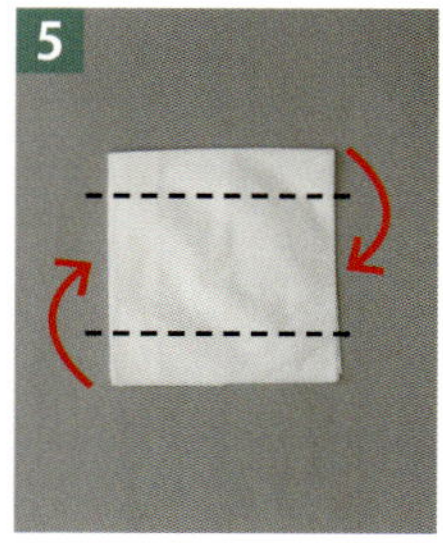

真ん中で合うように点線で折ります。

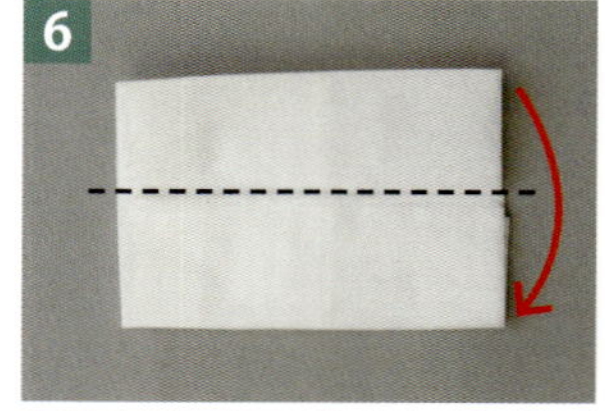

さらに点線で半分に折ります。

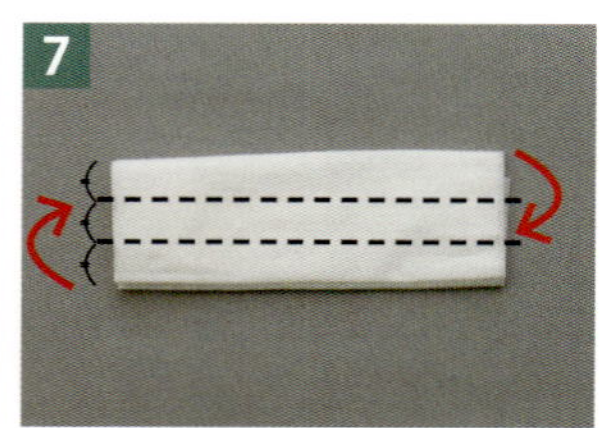

３等分に折ります。

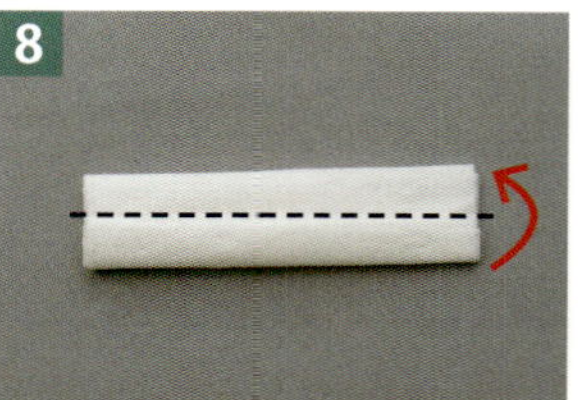

点線で半分に折ります。

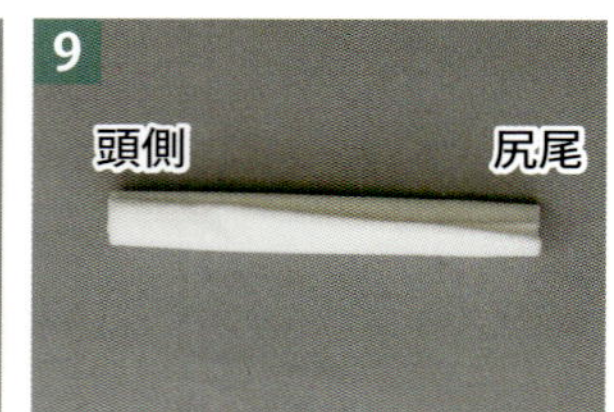

折ったところ。左が頭側、右が尻尾になります。

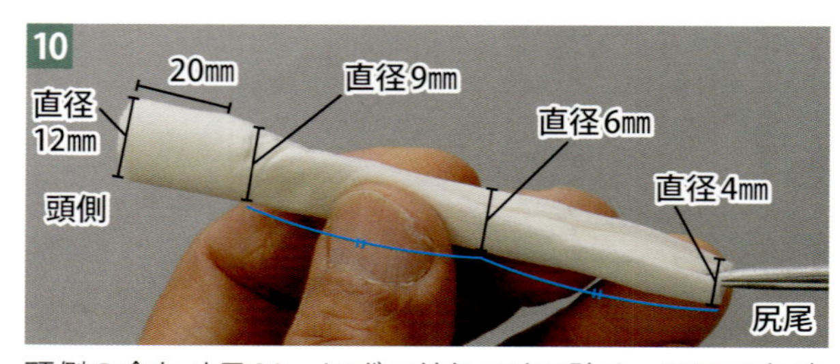

頭側の合わせ目20㎜にボンドをつけて貼り、尻尾の方が細くなるように、ピンセットで形を整えます。

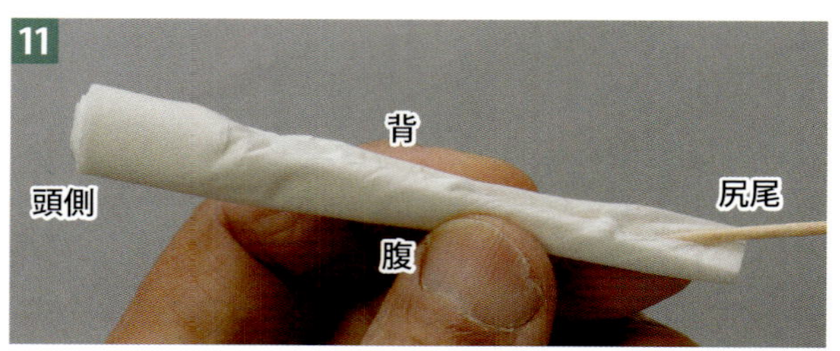

合わせ目にボンドをつけて貼ります。

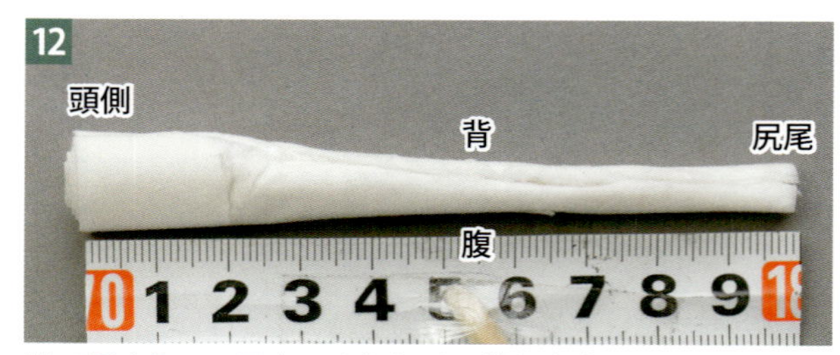

指で押さえて、写真のような形に整えます。

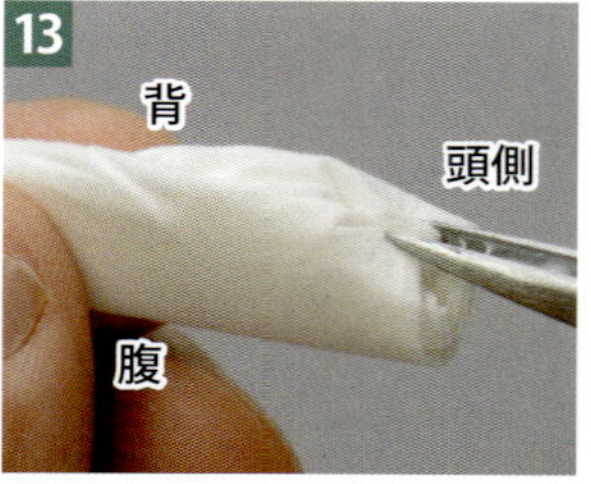

頭側は、写真のようにつぶして、ボンドで貼ります。

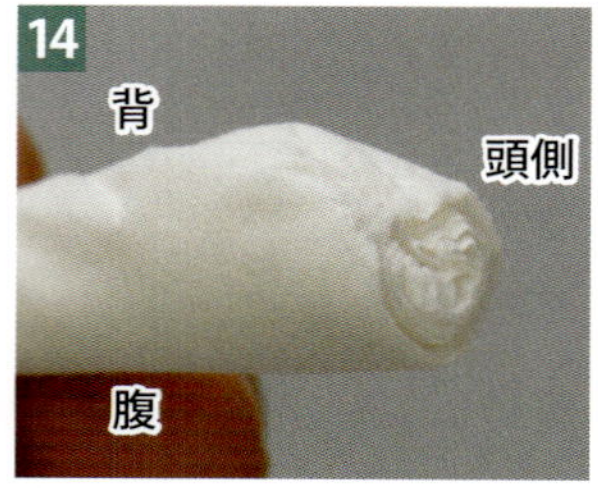

貼ったところ。

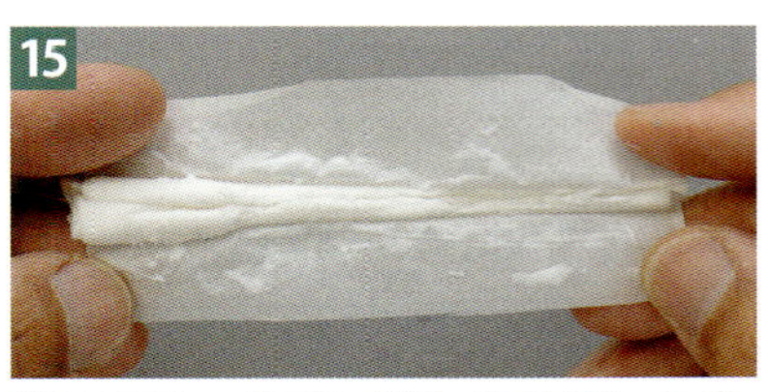
15 50×100㎜のボンド紙（2枚組）の中心部分にボンドを塗り、胴体の腹を下にして乗せます。

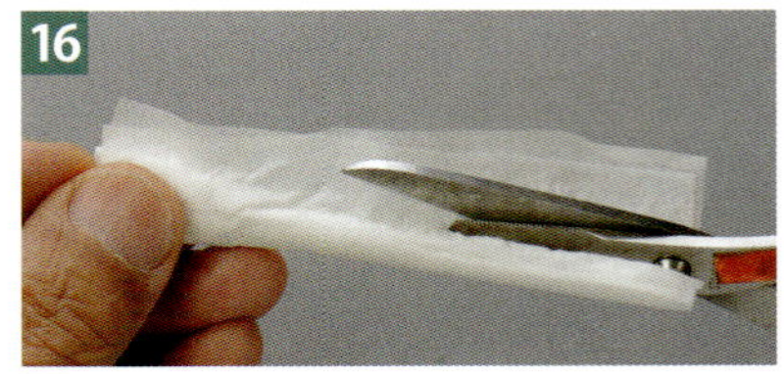
16 15をくるんで貼り合わせ、余分をカットします。

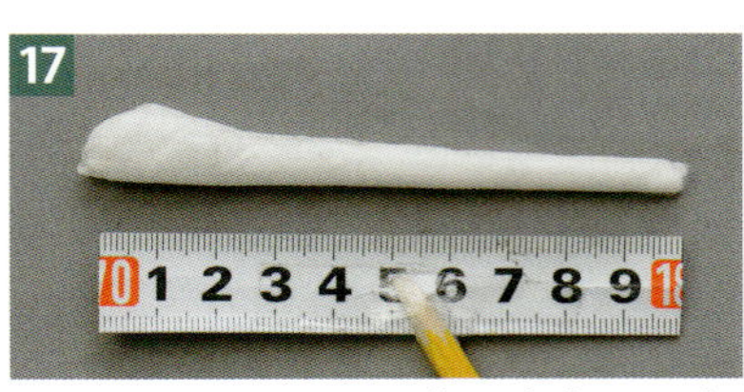
17 カットしたところ。胴体の土台のできあがり。

尻尾を作る

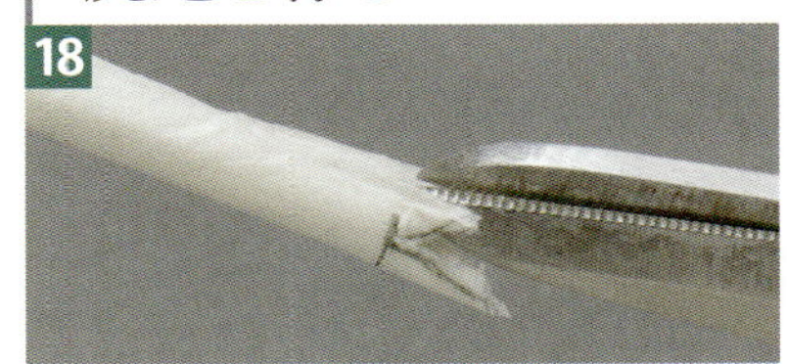
18 図面を参考に、尻尾の先をカットします。

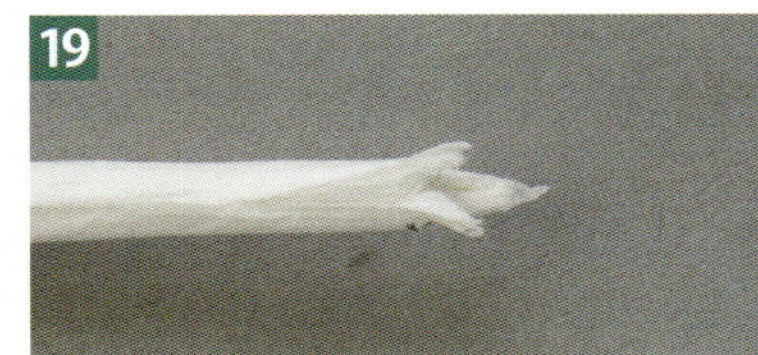
19 カットしたところ。

節を貼る

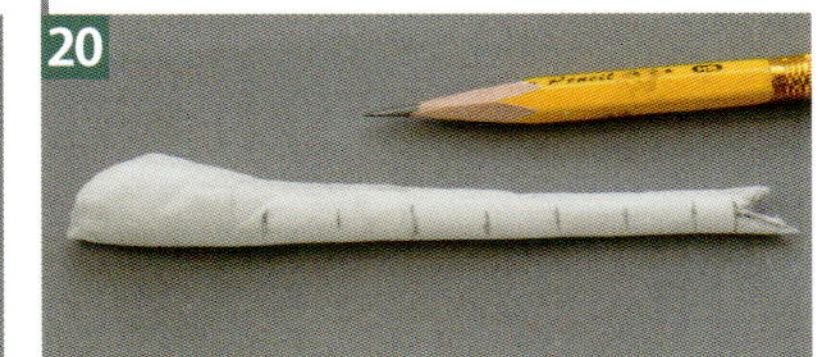
20 図面を参考に、節を貼る位置に印をつけます。

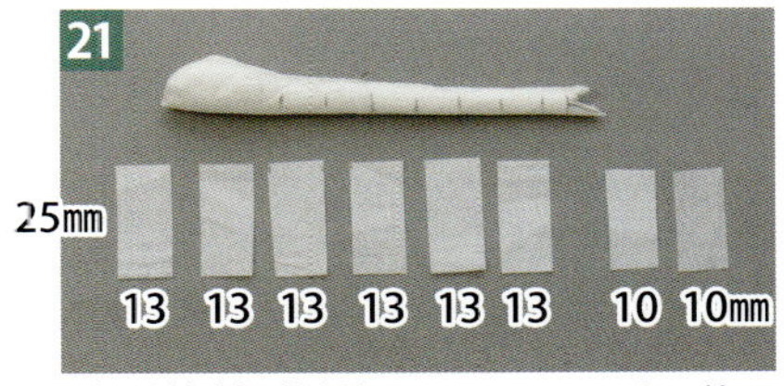

21 ボンド紙（2枚組）の25×13㎜を6枚、25×10㎜を2枚用意します。

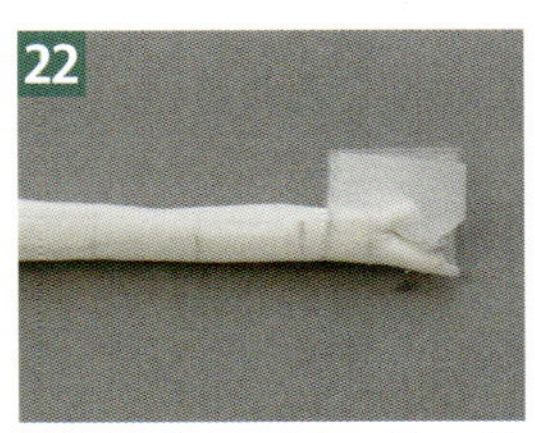
22 尻尾の先に、25×10㎜を1枚、くるむように貼ります。

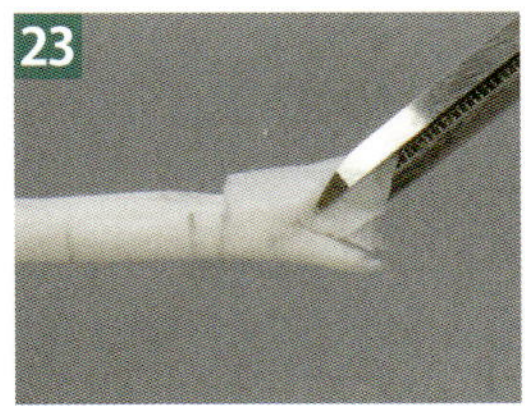
23 形に沿ってカットします。

24 カットしたところ。

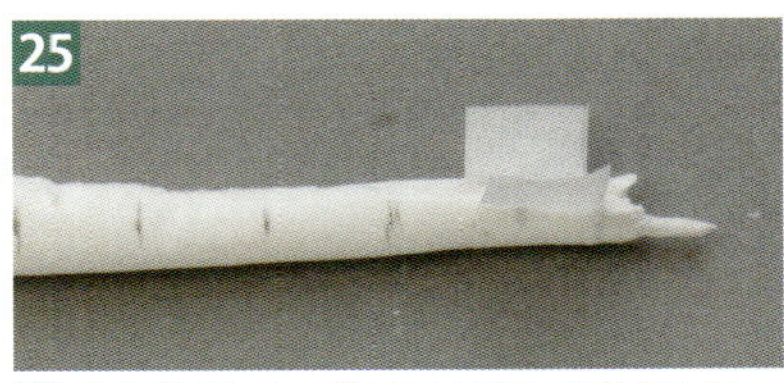
25 21の2枚めを、印の位置に貼ります。

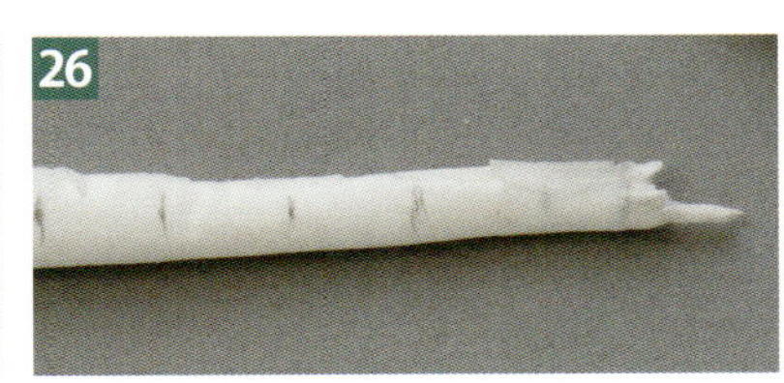
26 余分をカットします。

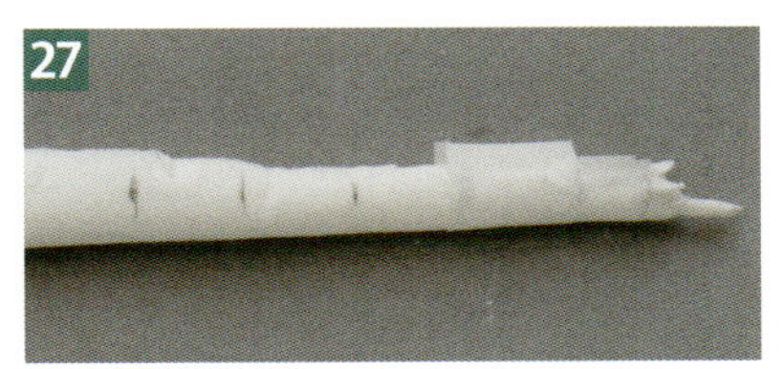
27 3枚め（25×13㎜）を、2枚めに少し重なるように貼ります。

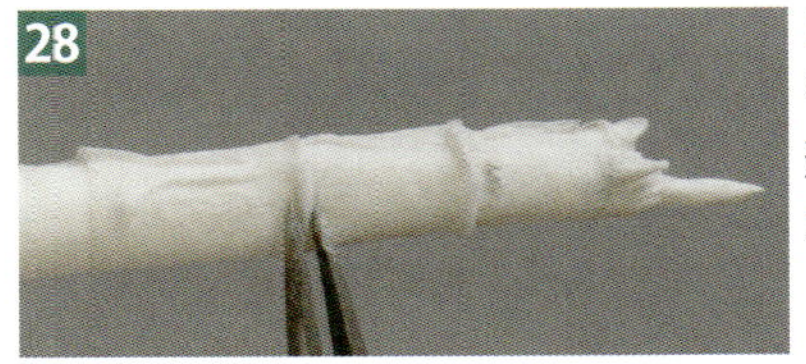
28 ピンセットで重なりの箇所を、節の形になるように整えます。

29 21の残りも同様に貼り、形を整えます。

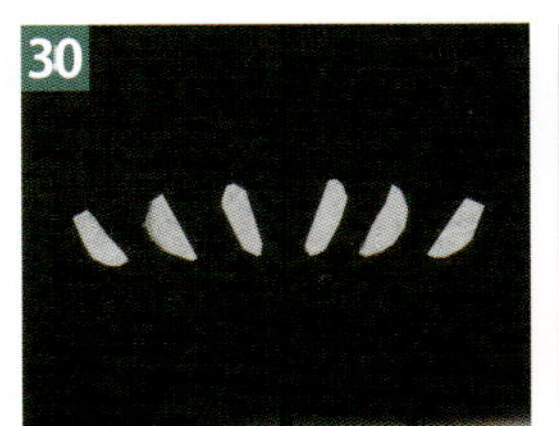
30 図面から胴体の模様のパーツをボンド紙（4枚組）に書き写し、カットします。

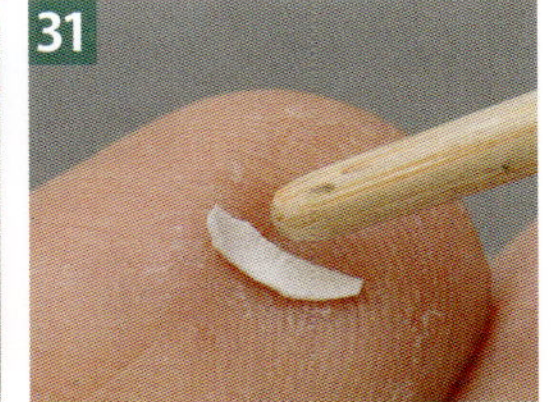
31 丸箸の先端を当てて、カーブをつけます。

32 胴体の模様の位置にボンドをつけて、30を貼ります。

33 貼ったところ。写真の位置につまようじを挿して、発泡スチロールの台座に挿しておきます。

Step 02 頭を作る

頭の土台作りでは、8で高さを10㎜にして、11で幅を8㎜に整えるところが大事です。目も、図面を参考に形と大きさを整えて、32で幅が13㎜になるようにします。顔は、パーツの微妙なバランスの違いで表情が変わってしまうので、慎重に作業しましょう。

頭の土台を作る

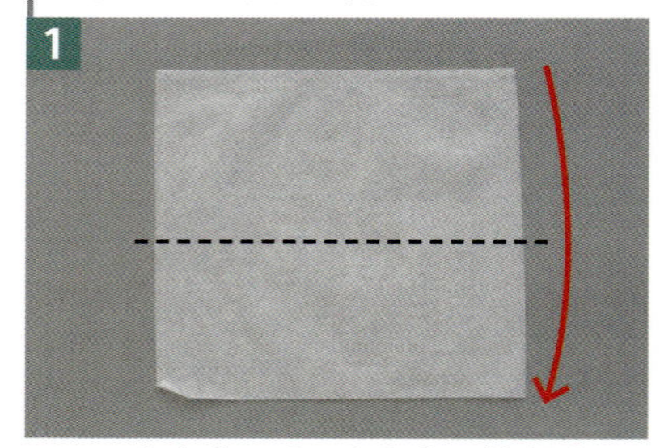

1/4の大きさにカットした1枚組を用意して、点線で半分に折ります。

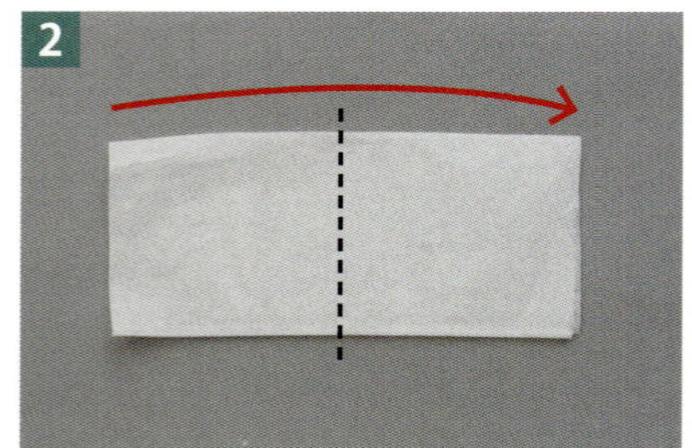

点線で半分に折ります。

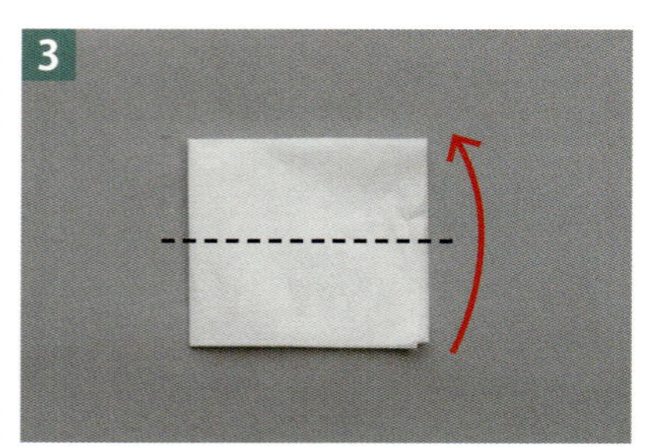

点線で半分に折ります。

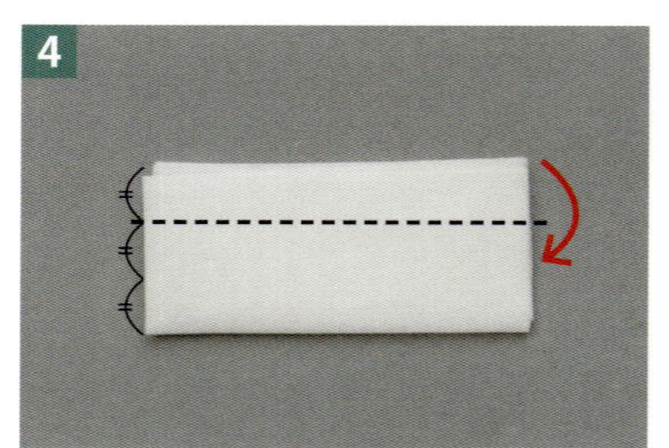

1/3のところを折ります。

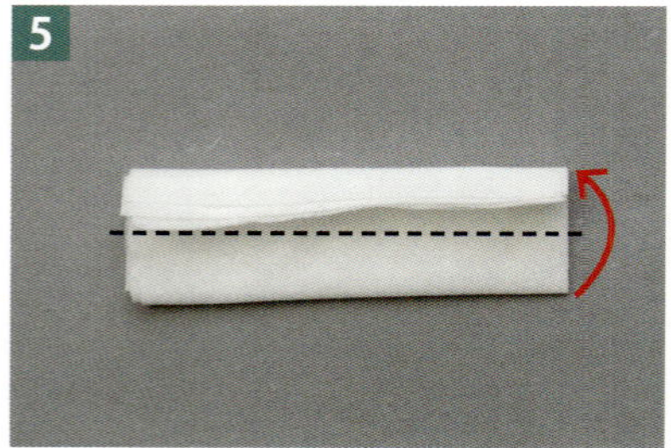

点線で半分に折ります。

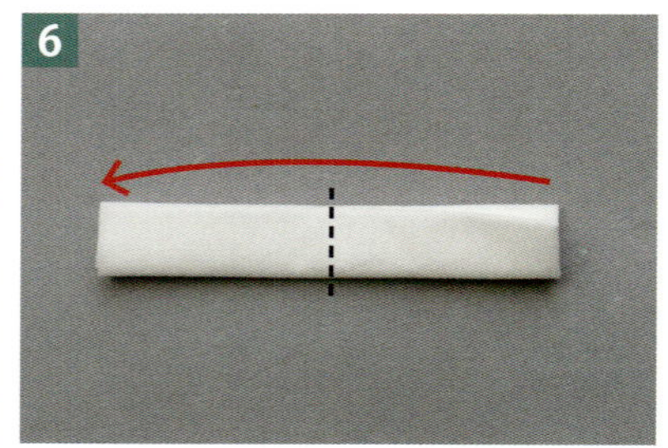

点線で半分に折ります。

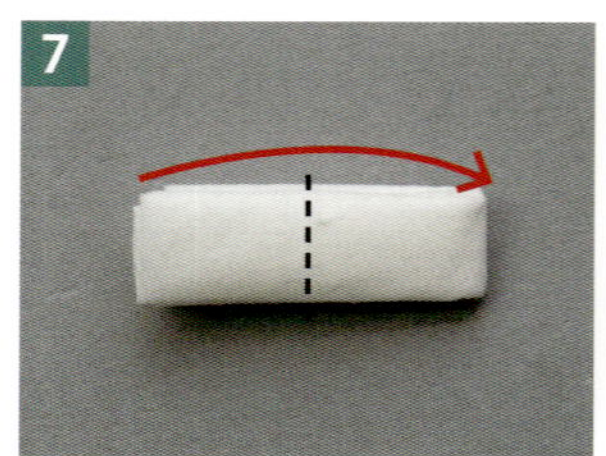

点線で半分に折ります。

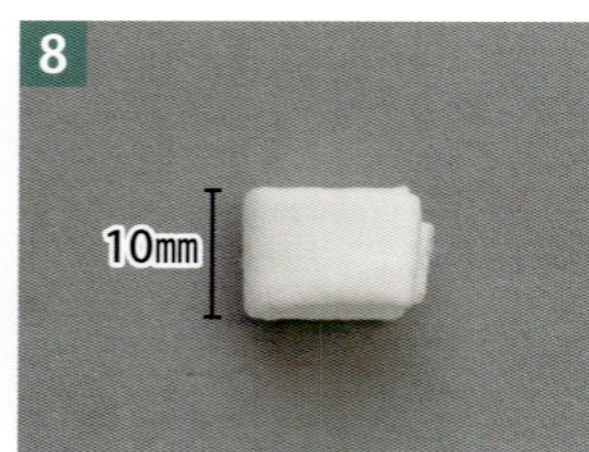

折ったところ。

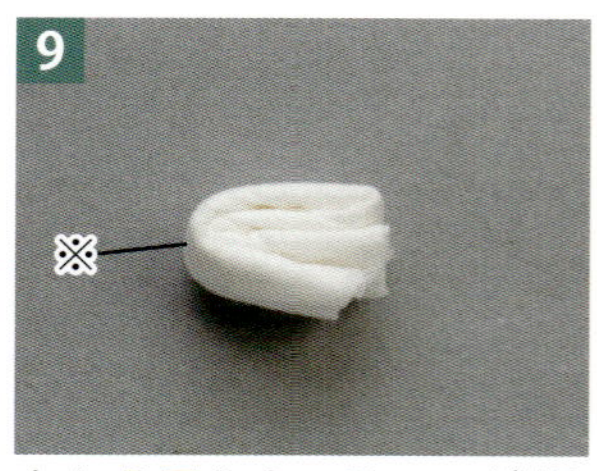

上から見たところ。※が顔になります。

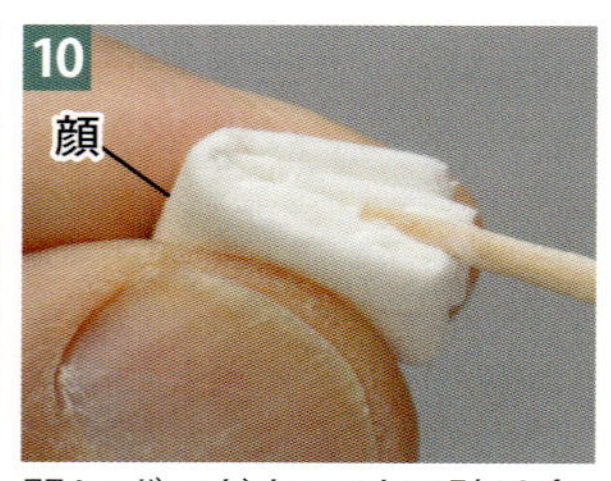

間にボンドをつけて貼り合わせます。

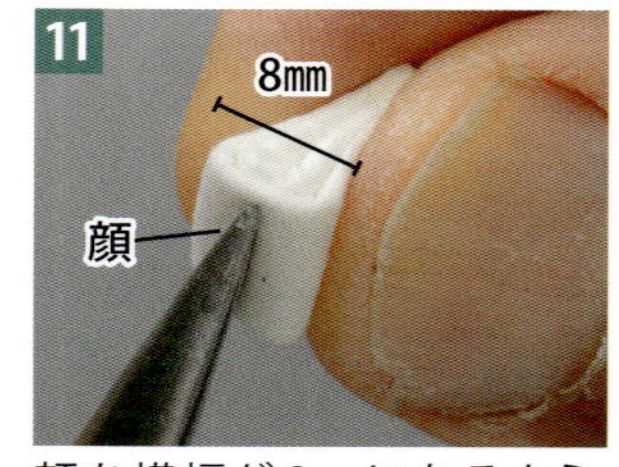

顔を横幅が8㎜になるようにピンセットでつぶします。

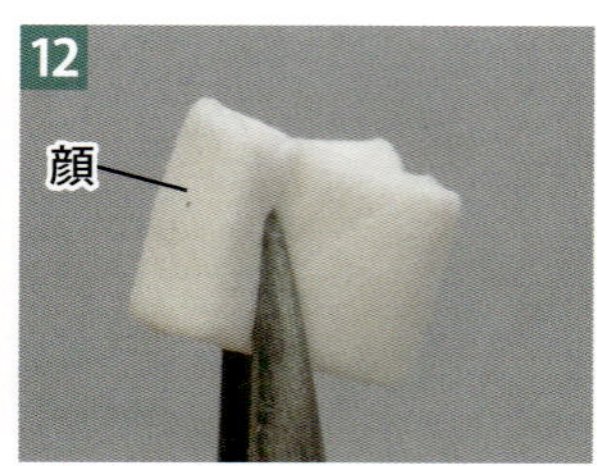

つぶしたところ。

写真の位置でハサミで斜めにカットします。

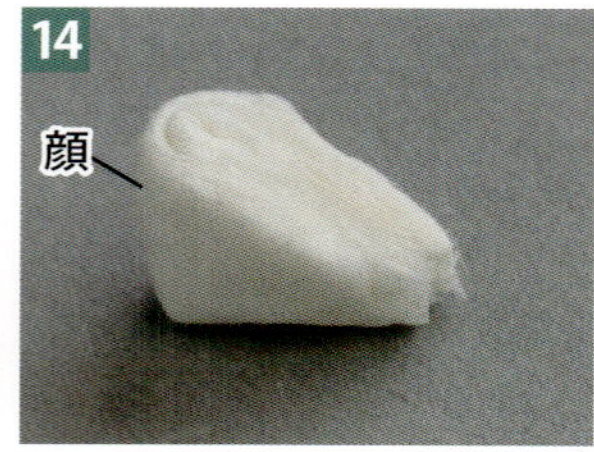

カットしたところ。

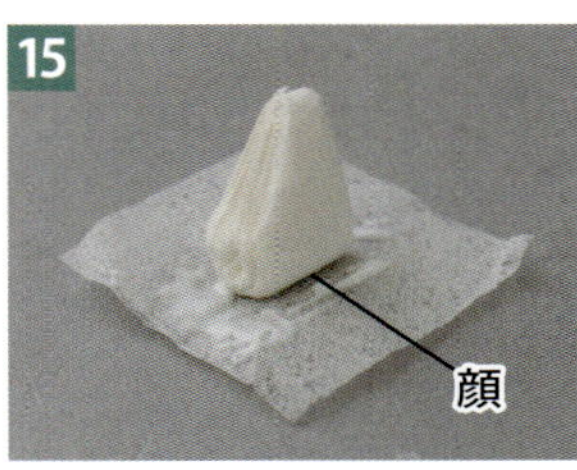

25×25㎜の1枚紙にボンドを塗り、顔を下にして乗せます。

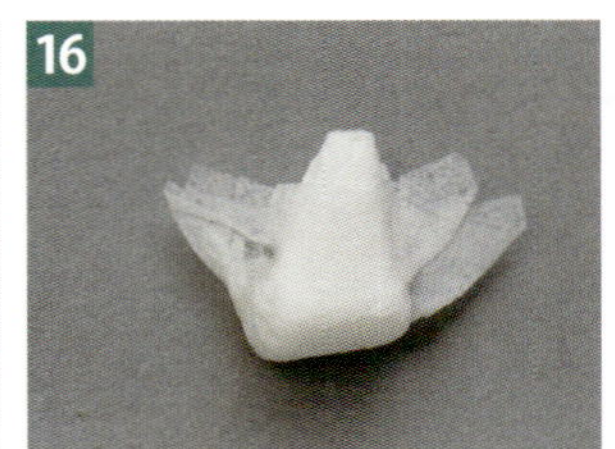

15をくるみます。

余分をカットして、形を整えます。

ピンセットで穴を開け、つまようじを挿します。

目を作る

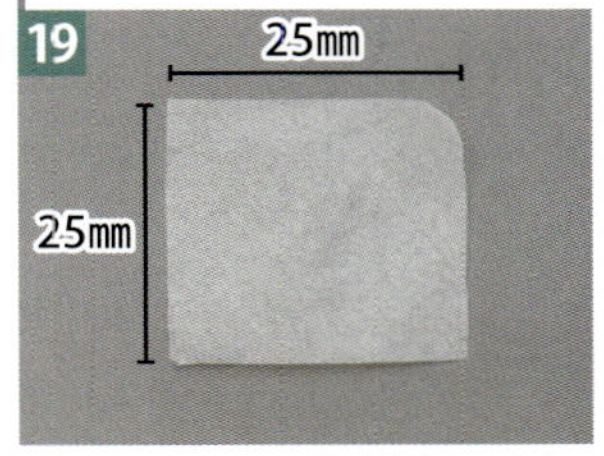

25×25㎜の1枚紙を用意します。

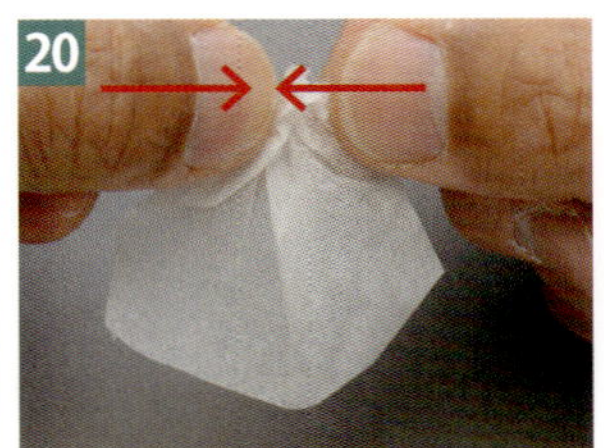

19の右上端と左上端を中心にしぼります。

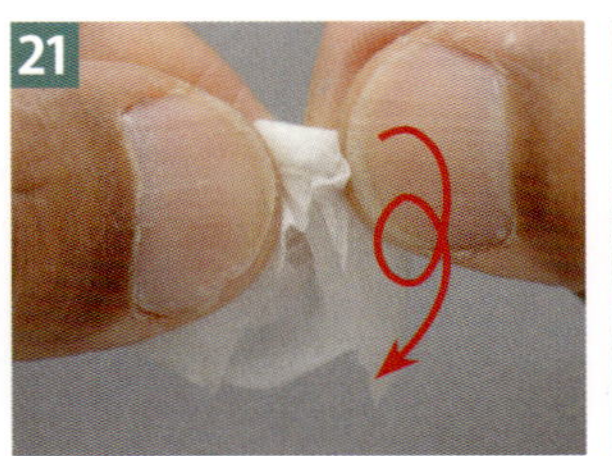

しぼめたところを下に丸めていきます。

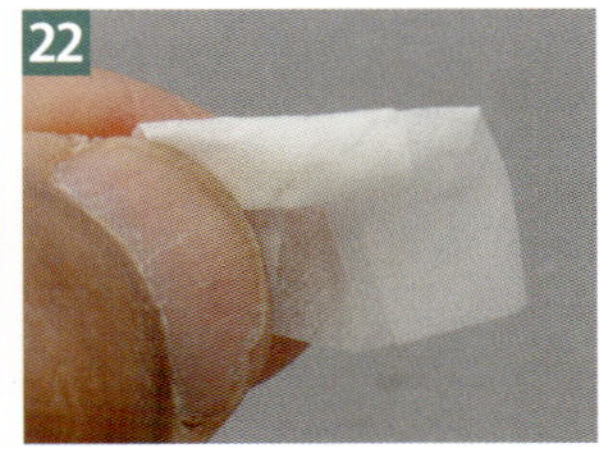

丸めている途中。

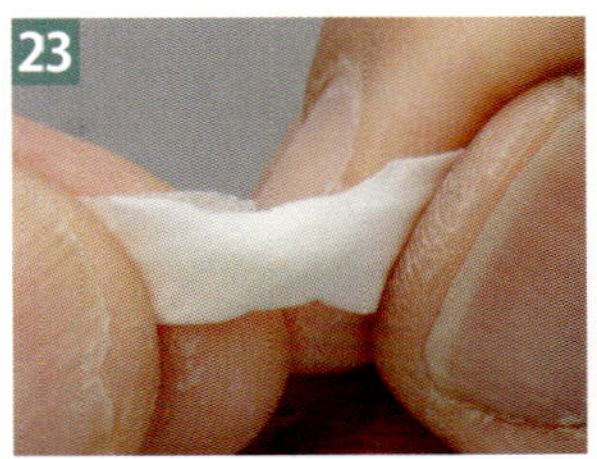

平たい筒状になるまで丸めます。

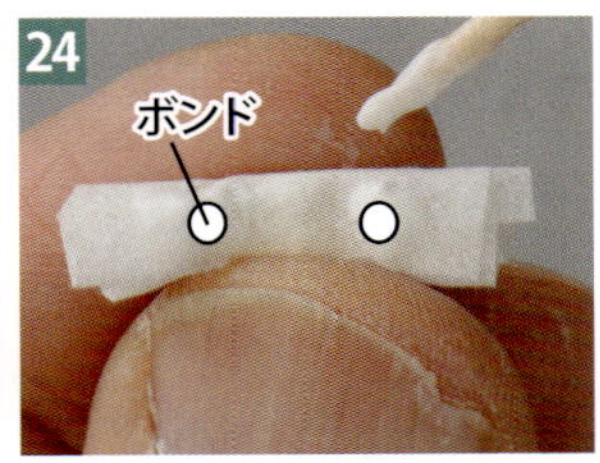

平たい筒状になったら、写真の位置にボンドをつけます。

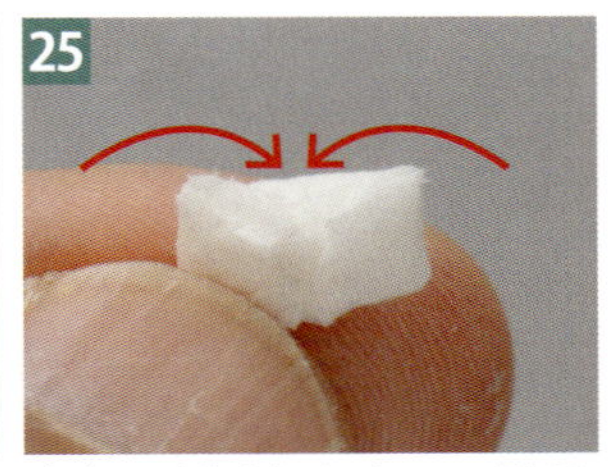

中心に折りたたんで、貼り合わせます。

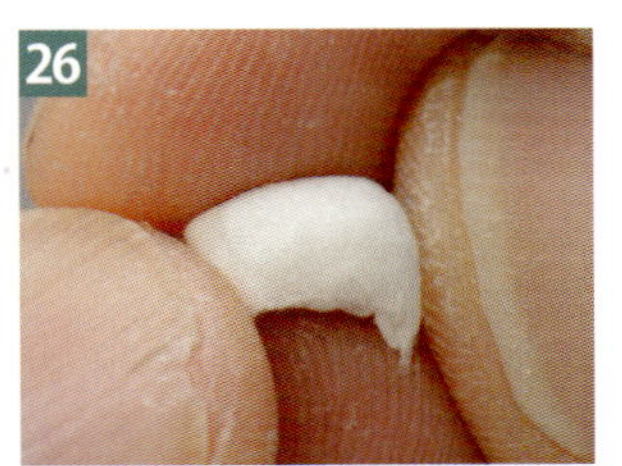

目の形に整えていきます。

丸箸の先を当てて、カーブを作ります。

2個作ります。

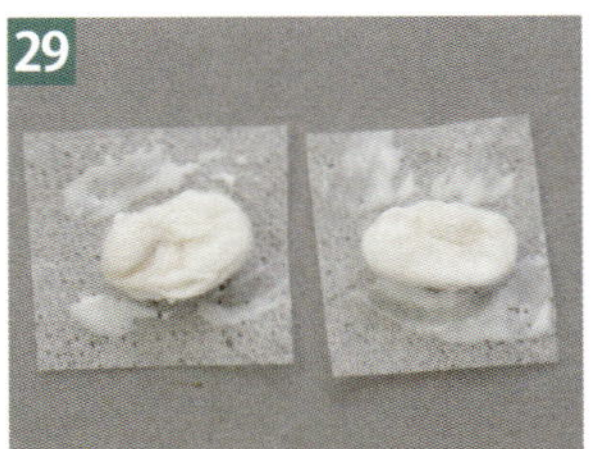

15×15㎜の1枚紙にボンドを塗り、丸みのある方を下にして乗せます。

29をくるんで余分をカットし、形を整えます。

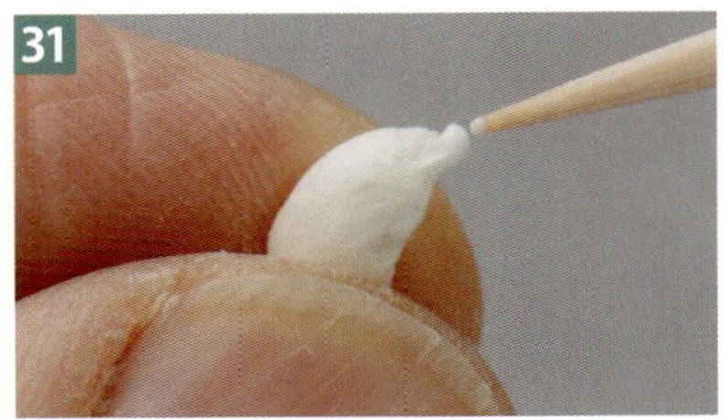

30の端にボンドをつけます。

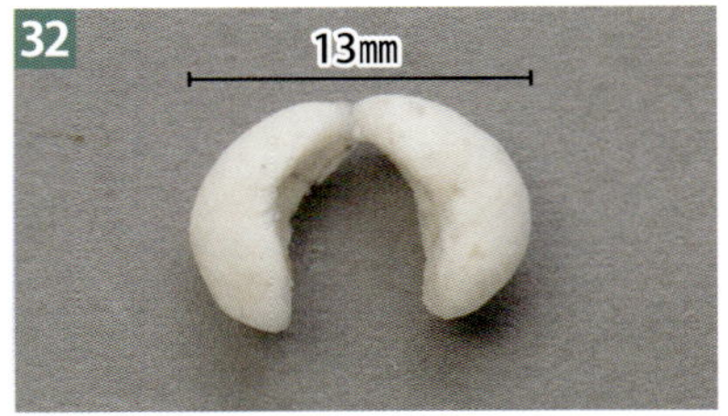

30を貼り合わせます。目のできあがり。

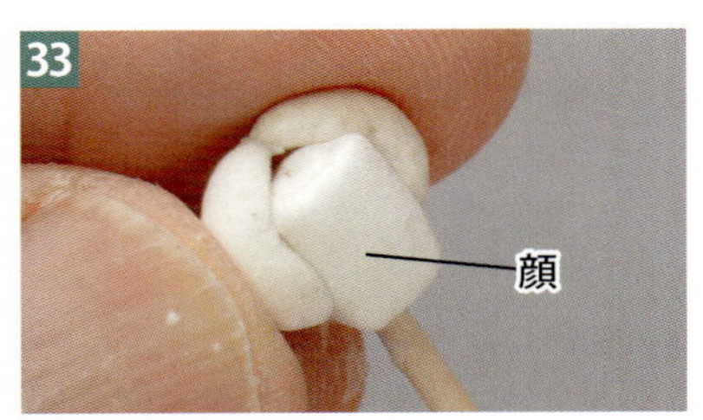

18に当ててみて、位置を確認します。

顔のパーツを貼る

写真の位置に、ピンセットでつまんで線をつけます。

32にボンドをつけて貼ります。

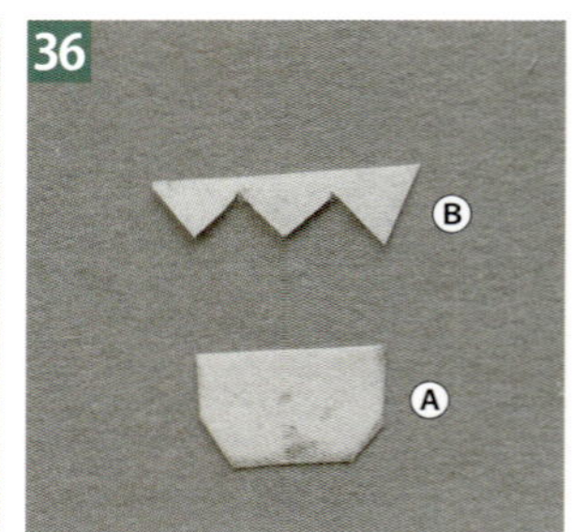

ボンド紙（4枚組＝サイズは自由）に図面から顔のパーツを写し、カットします。

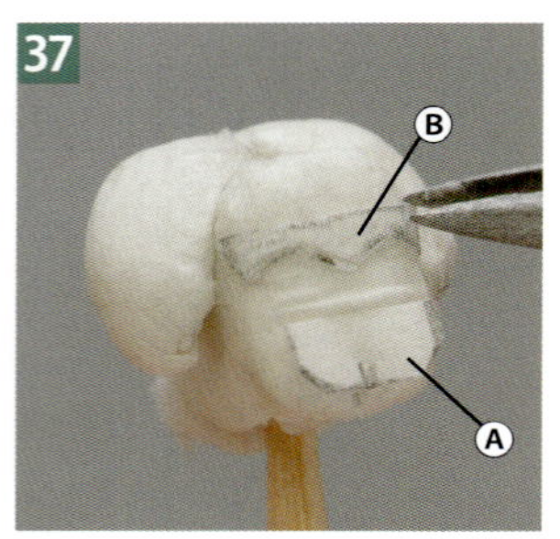

36を写真の位置に貼ります。

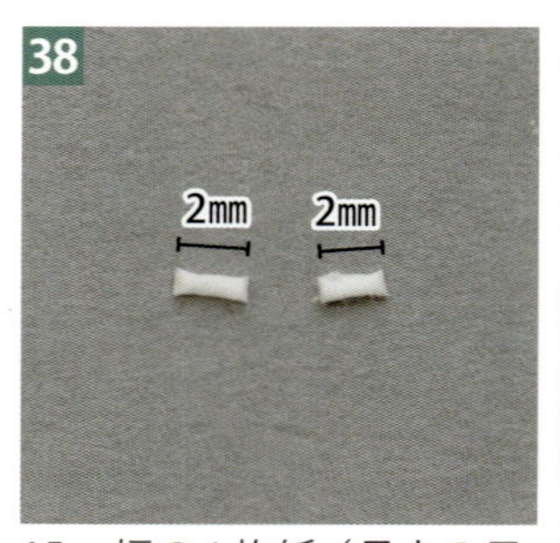

15mm幅の1枚紙（長さの目安30mm）でコヨリを作り、2mmにカットします（2個作ります）。

38を写真の位置に貼ります。

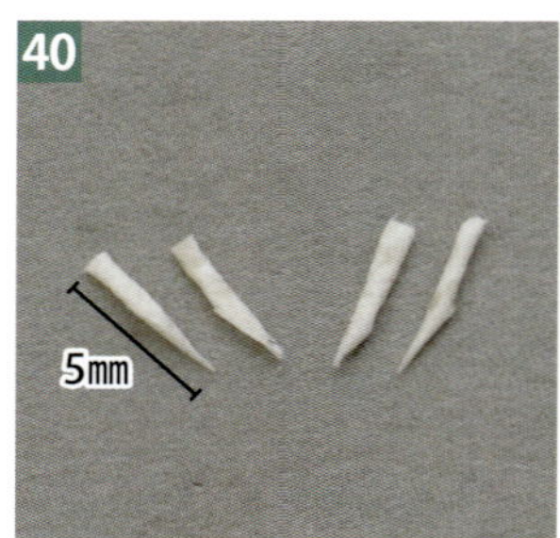

15mm幅のコヨリ（長さの目安30mm）を作り、5mmのところで斜めにカットし、ピンセットでつぶします（4個作ります）。

40を写真の位置に貼ります。

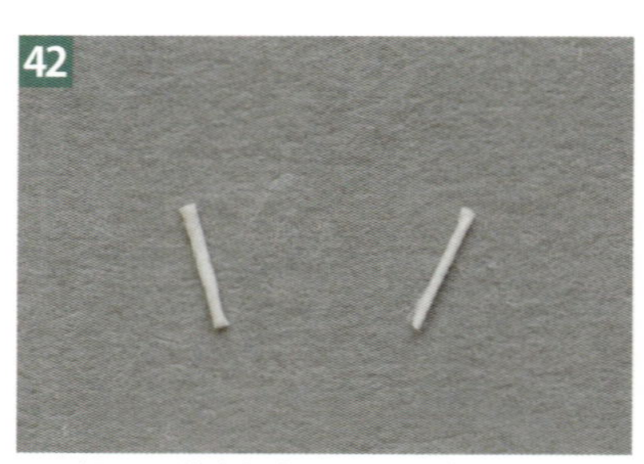

3mm幅の1枚紙（長さの目安30mm）でコヨリを作り、3mmにカットします（2個作ります）。

42を写真の位置に貼ります。

頭と胴体を貼る

写真の位置で、ハサミでカットします。

カットしたところ。

45を胴体と合わせ、ボンドで貼ります。

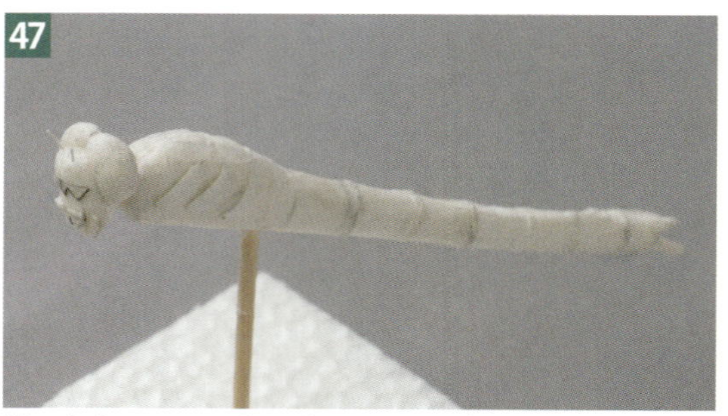

貼ったところ。頭と胴体のできあがり。

Step 03 脚を作る

オニヤンマの脚の作り方は、今まで作ってきた昆虫の脚と、基本的に同じです。脚６本はほぼ同じ形で、関節の間のサイズが前脚、中脚、後脚で微妙に異なるだけです。12〜13で、脚をつける位置と角度に気をつけましょう。

前脚・中脚・後脚を作る

10㎜幅の１枚紙（長さの目安50㎜）でコヨリを作り、先をピンセットでつぶしてから、少しカッターでカットします。

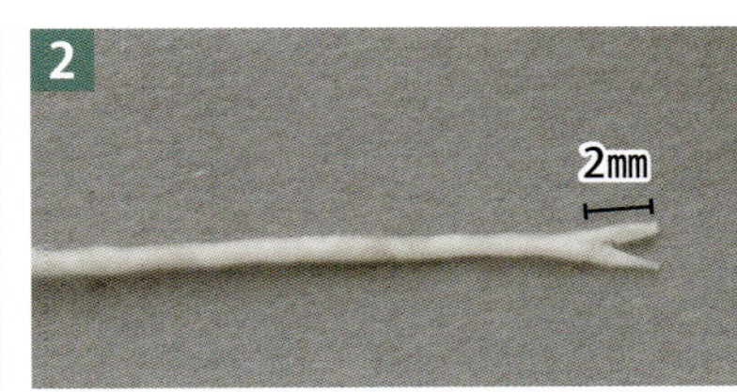

先端をＶ字の形にカッターでカットします。

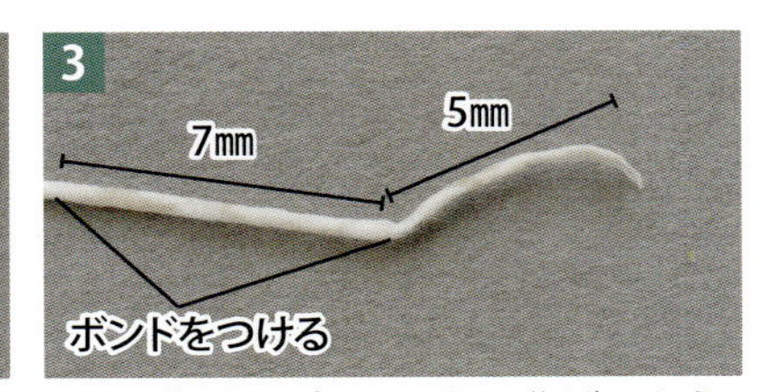

5㎜の位置でピンセットで曲げてから、7㎜にボンドをつけます。

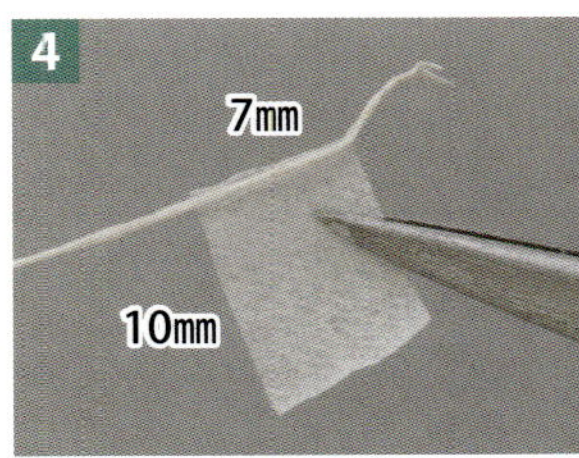

3でボンドをつけたところに、7㎜幅の１枚紙（長さ10㎜）を巻きます。

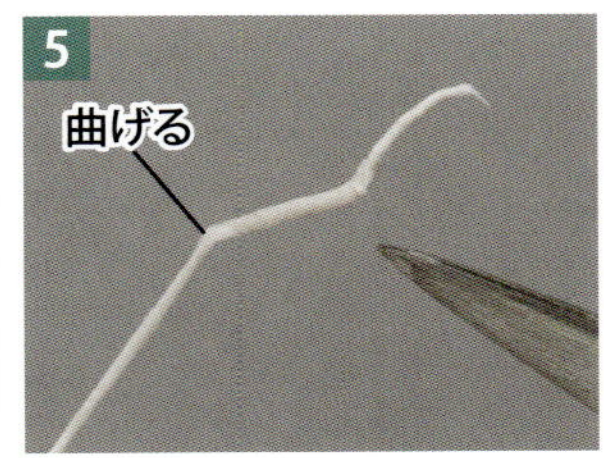

巻いたところ。巻き終わりにはボンドを少しつけて貼ります。

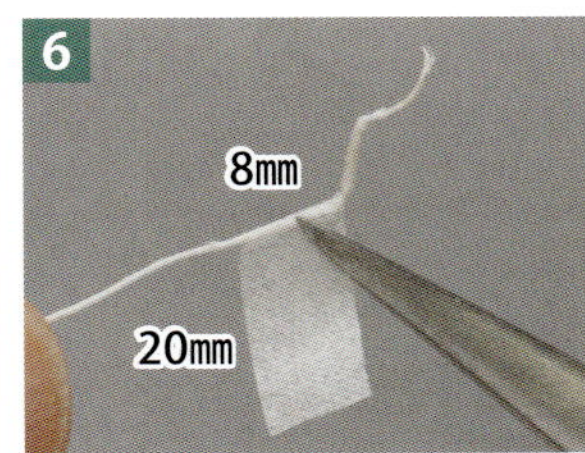

5で曲げたところから、8㎜幅の１枚紙（長さ20㎜）を巻きます。

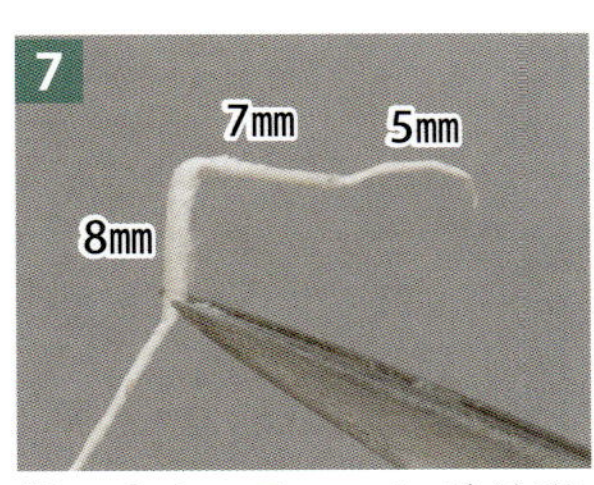

巻いたところ。これが前脚になります。

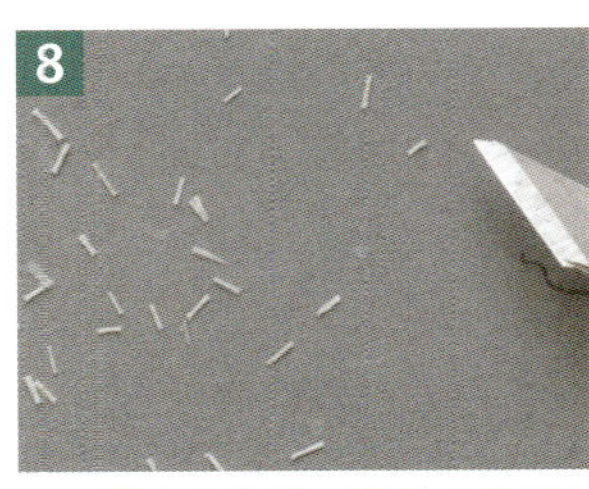

3㎜幅の１枚紙（長さの目安30㎜）でコヨリを作り、1.5㎜間隔でカットします（60個作ります）。

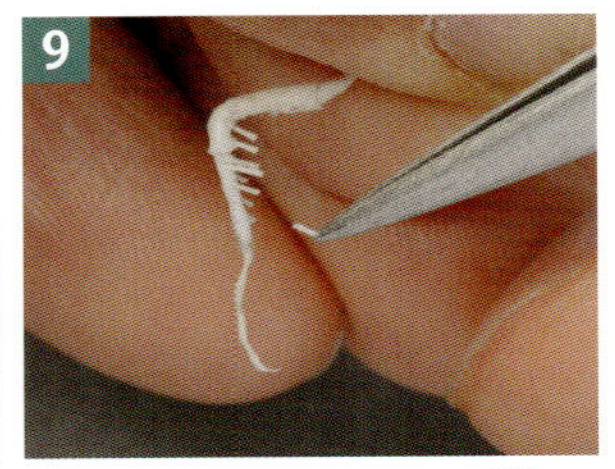

7の7㎜幅のところに、8を5個×2列ボンドで貼ります。

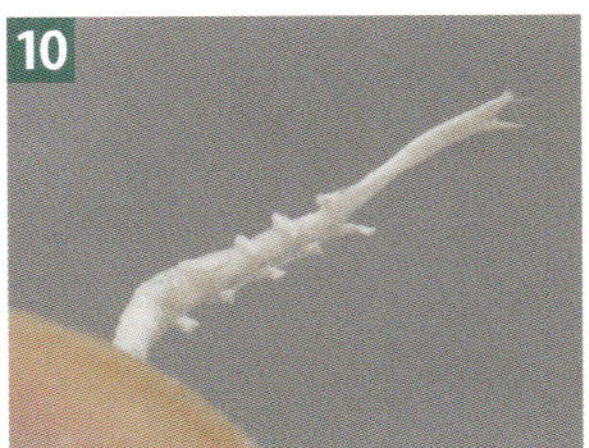

5個×２列貼ったところ。前脚のできあがり。

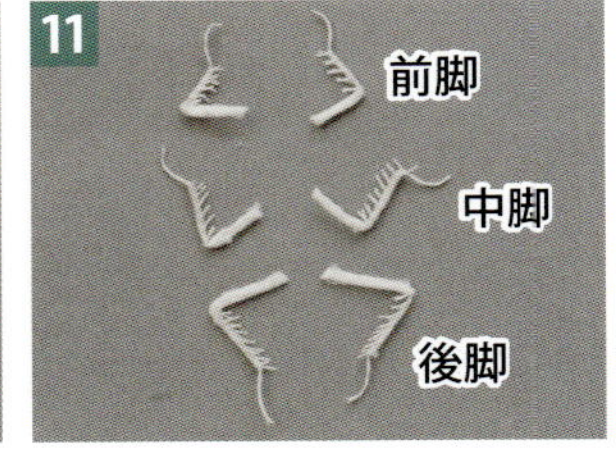

中脚、後脚も1〜10と同様に作ります。前脚とはサイズが違うので注意。図面で確認してください。

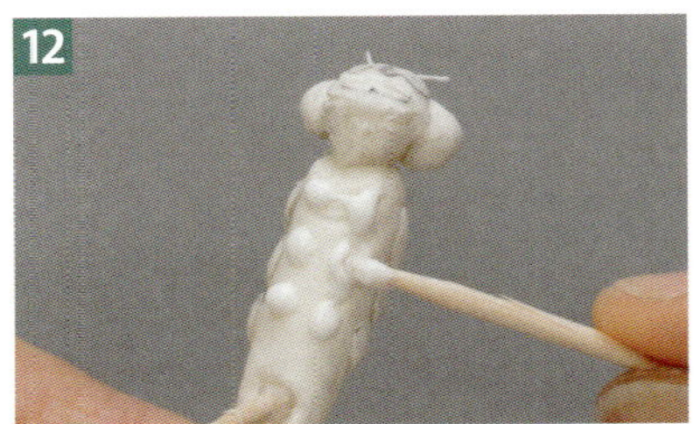

脚の位置にボンドをつけます。

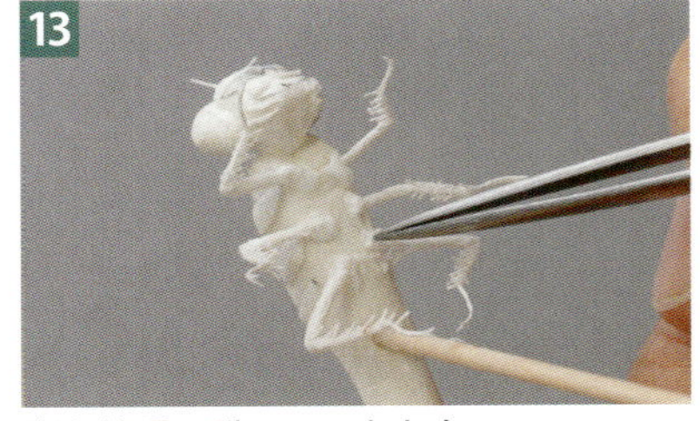

脚を慎重に貼っていきます。

脚がついたところ。

Step 04 羽を作る▶着色する▶ニスを塗る▶完成

羽はサインペンで描きますが、細い線と太い線を意識して描き分けます。羽の着色は、4のように別紙で色を確認してから行いましょう。12～13で羽を貼るときは、ボンドが乾き始めたくらいに貼ると、位置を決めやすいです。

羽を塗る

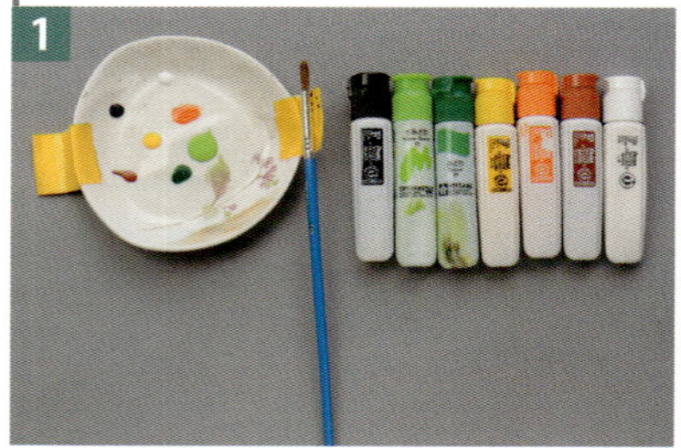
1 絵具を用意します。

2 ニス紙（2枚組）を図面に当てて、サインペンで羽の形と模様をなぞります。

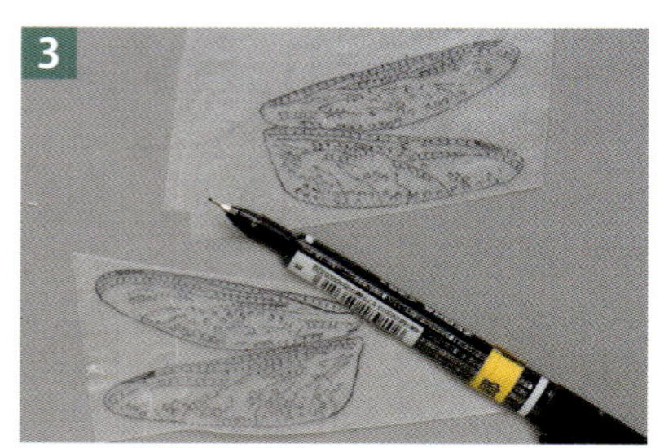
3 左右の羽を写したところ。この後輪郭でカットします。

4 絵具を混ぜて色を作り、別紙で色を確認します。

5 色が決まったら、カットした羽に着色します。

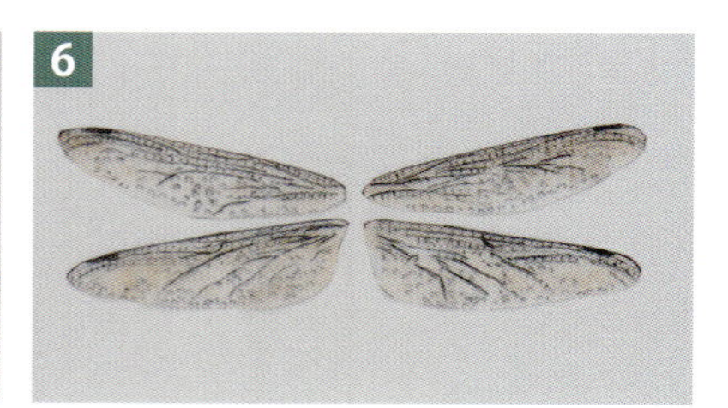
6 4枚の羽に着色したところ。表側にだけ着色します。

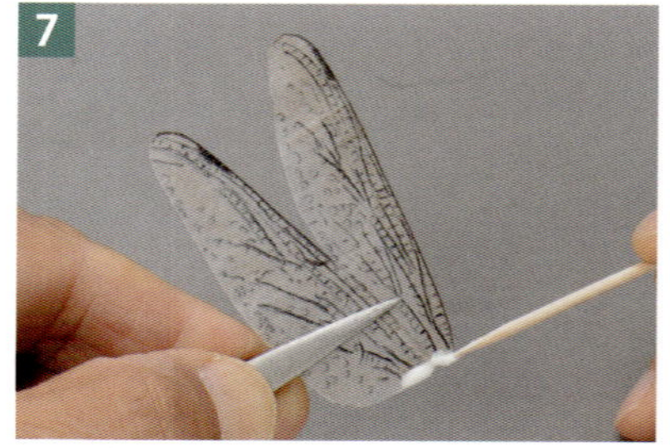
7 羽を貼り合わせます。

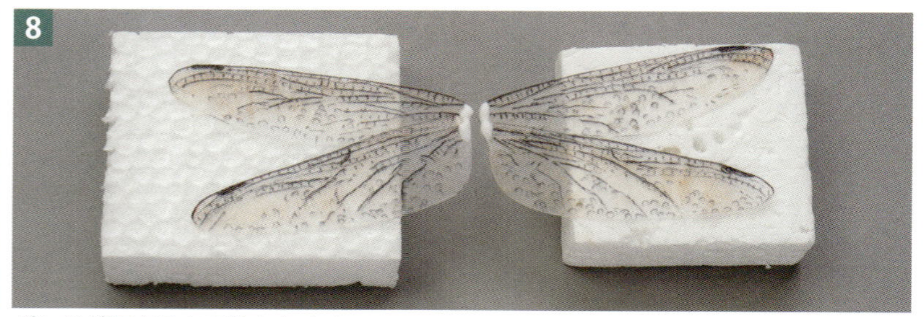
8 ボンドが固まるまで乾かします。

顔、胴体、脚、模様を塗る

9 顔、胴体、脚に着色します。

10 体の模様もていねいに着色します。

ニスを塗る

11 色が乾いたら、ニスを塗ります。

羽を貼る

12 羽を貼る位置にボンドをつけます。

13 羽の根元にもボンドを少しつけ、片方ずつ貼ります。

14 慎重に位置を決めて貼りましょう。

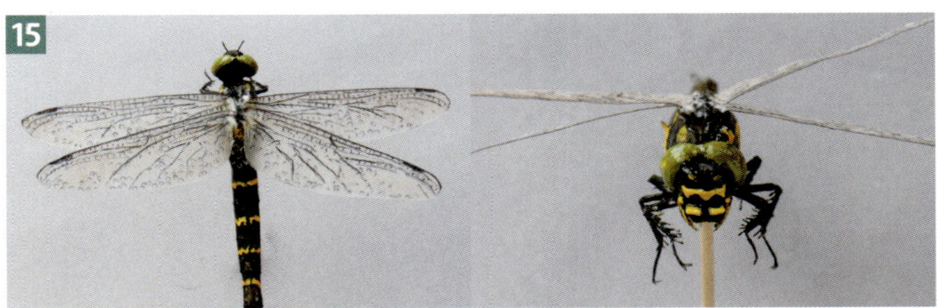

15 いろいろな角度から眺めてみて、羽の位置や角度を調整します。

16 ボンドが固まるまで乾かします。

背の細毛を貼る

17 最後に、背の細毛を貼ります。背にボンドをつけます。

18 1枚紙を丸めて、写真のようにサインペンで塗ります。

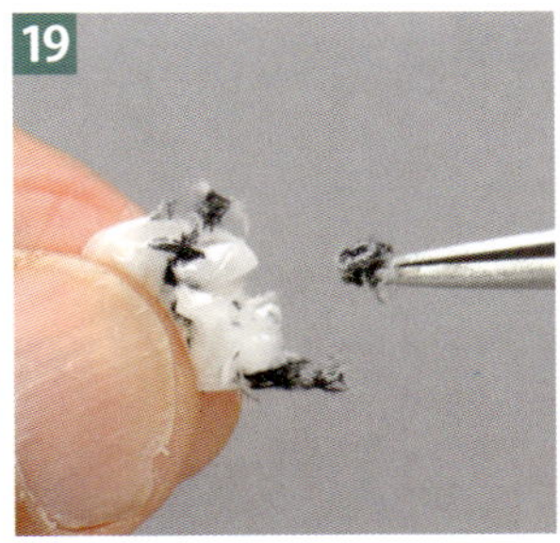

19 ピンセットで細かくちぎります。

20 背中を埋めるように、19を何回かに分けて貼ります。

完成

21 オニヤンマのできあがり。

22 別の角度から見たところ。

✓いろいろなアングルから見てみよう（着色前）

✓いろいろなアングルから見てみよう（完成版）

カブトムシ ▶大きなツノと固いボディをリアルに作ろう

Step 00 カブトムシの図面と解説

カブトムシは、昆虫の中でも特に力強さと美しさを兼ね備えた魅力的な虫です。大小のツノ、頭、羽、脚など、どの部位も作り甲斐のあるものです。固い上羽は、ボンド紙（8枚組）をスプーンで整形したものを使います。

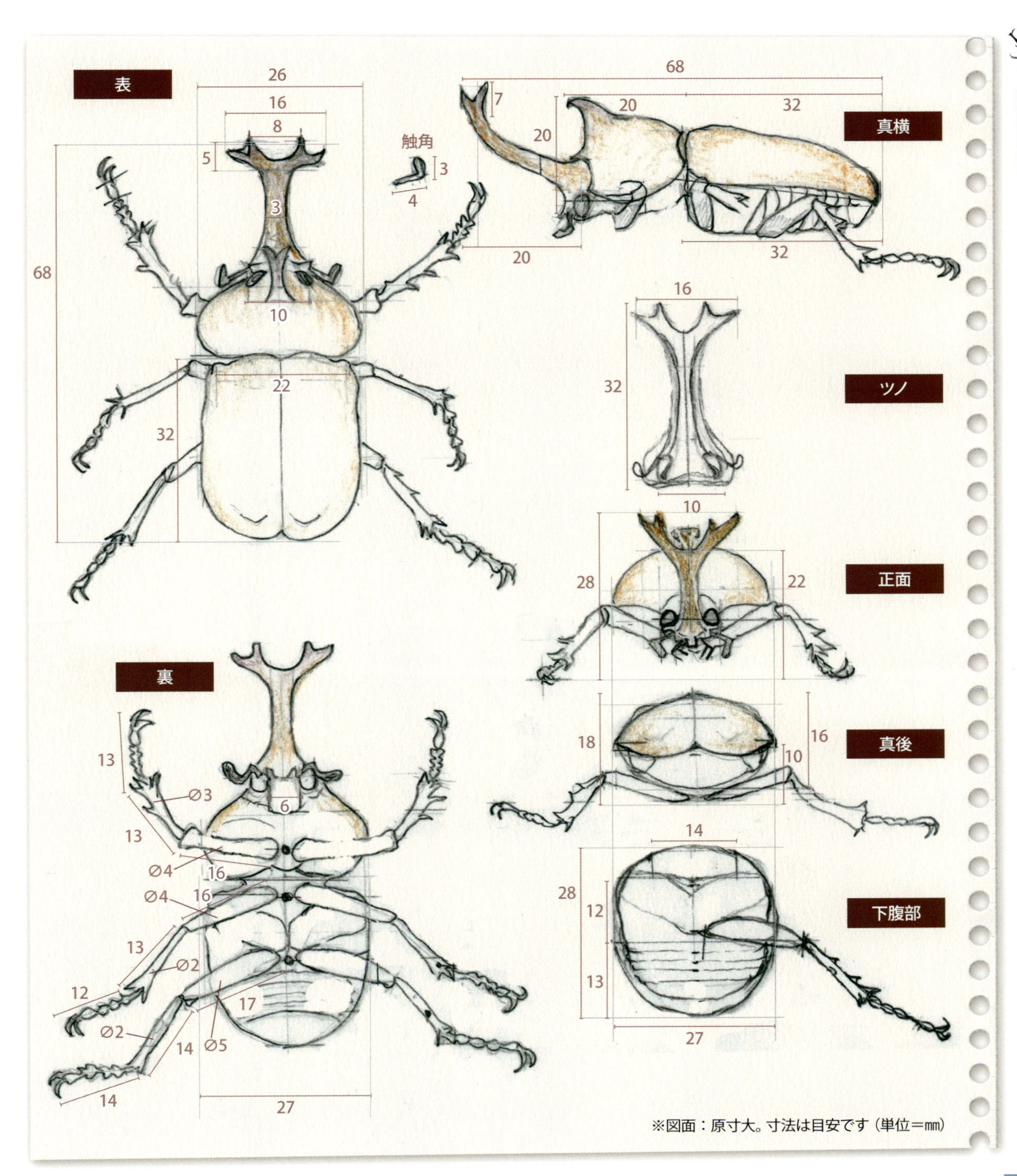

※図面：原寸大。寸法は目安です（単位＝㎜）

Step
01 胴体を作る

胴体の土台は、ティッシュの２枚紙と、１枚紙を半分に切ったものを合わせて作ります。8で幅 26㎜、長さ 28㎜の状態にすることがポイント。また、9～17にかけて、ゆっくりとていねいに胴体の丸みを作っていくところも重要です。

胴体の土台を作る

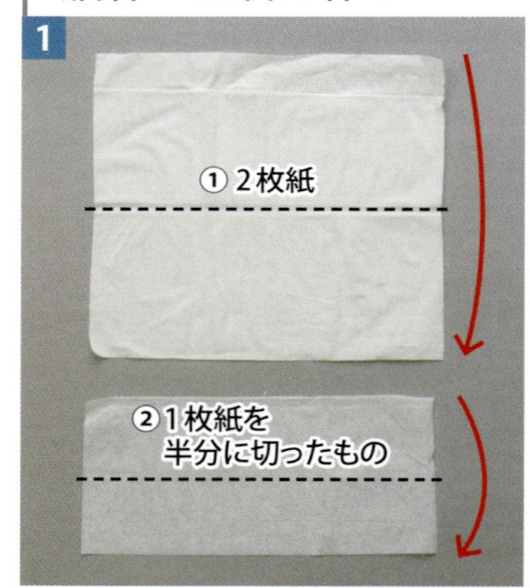

①２枚紙を１枚と、②１枚紙を半分に切ったもの１枚を、それぞれ点線で半分に折ります。

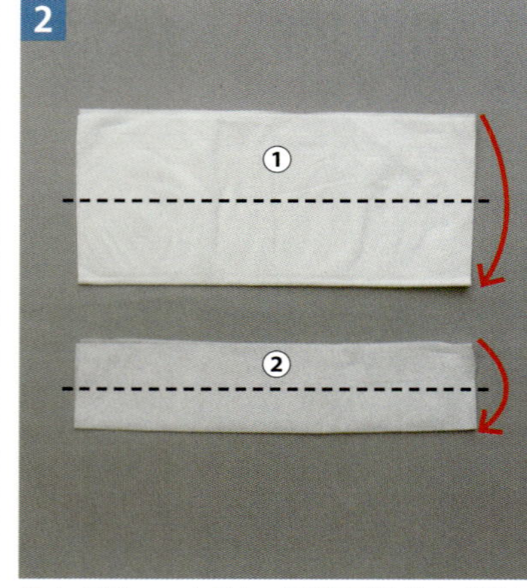

それぞれ、さらに点線で半分に折ります。

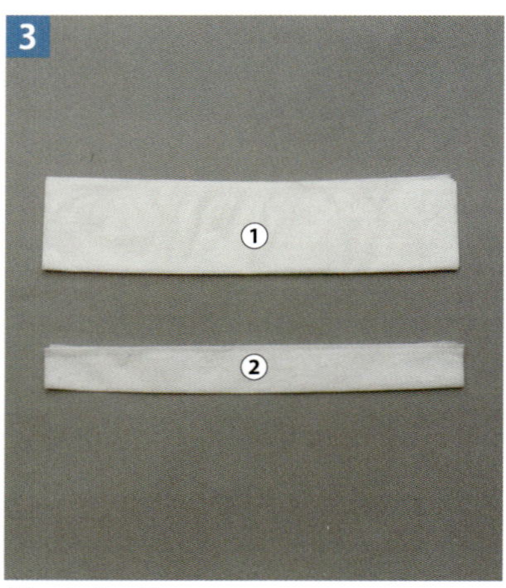

折ったところ。

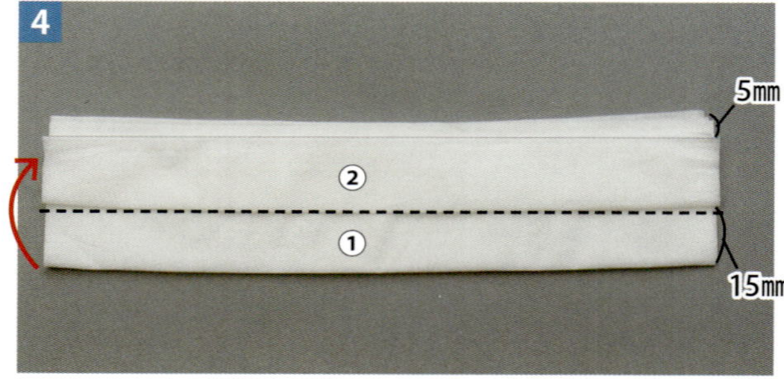

①の上に②を写真のように重ねます。位置に注意。点線で折ります。

右端から15㎜のところで折り、ボンドで貼ります。

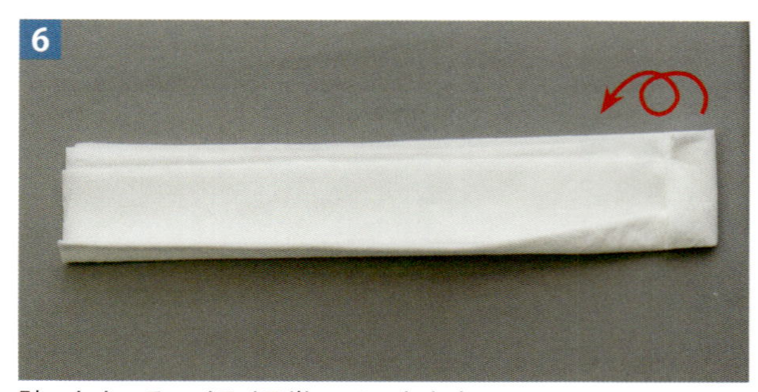

貼ったところ。くるくる巻いていきます。

巻き終わりにボンドをつけて貼ります。

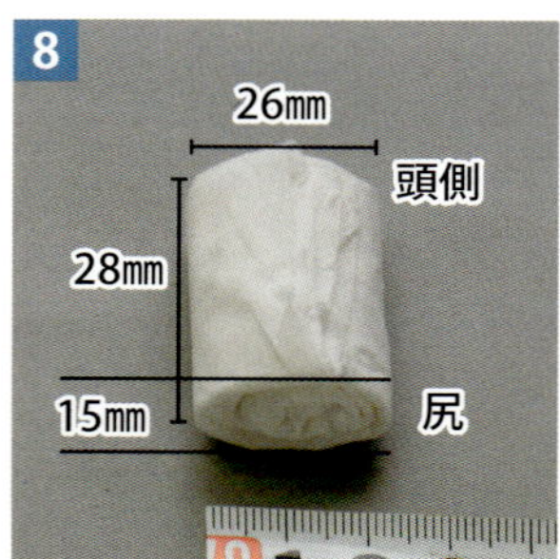

少しつぶします。

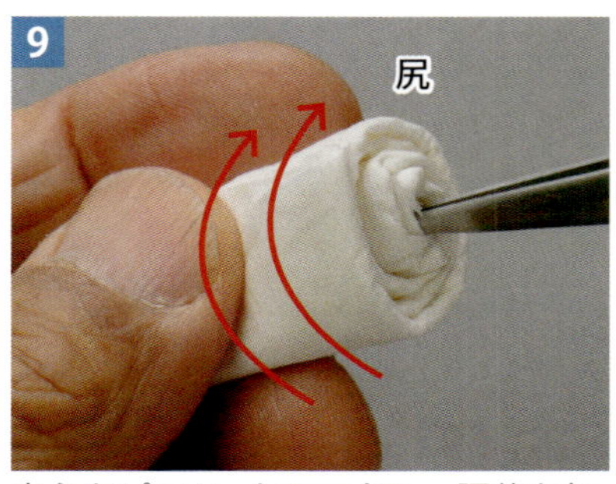

中心をピンセットでつまみ、胴体を矢印方向に2回ほど回して、尖らせます。

尖らせたまわりにボンドをつけ、外側を中心に向かって折り曲げます。

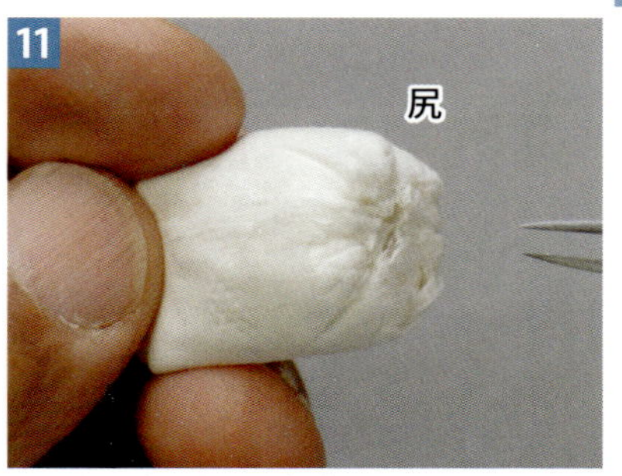

このような形にします。

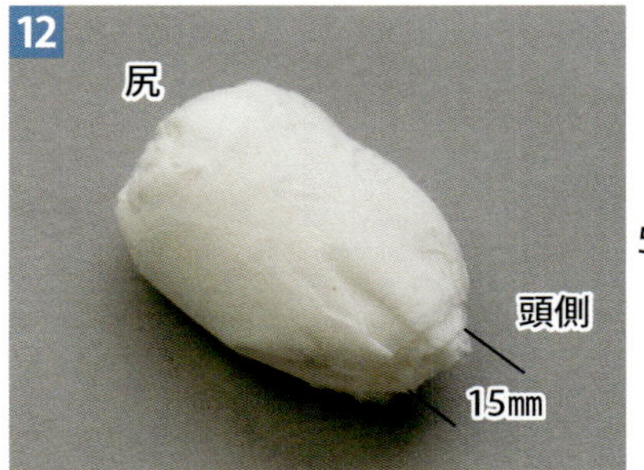

頭側も同じようにしますが、尻より少し尖らせます。

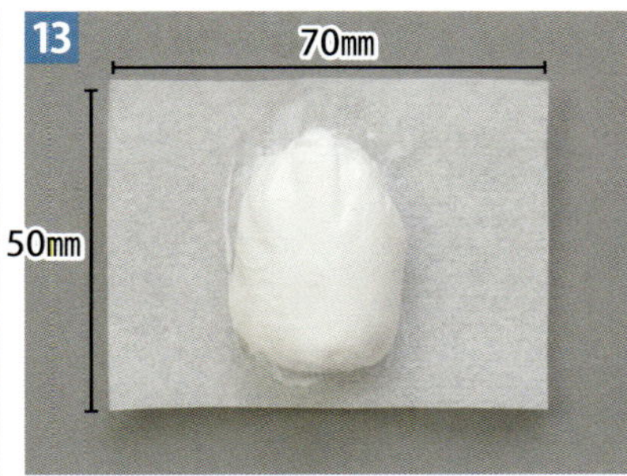

50×70㎜のボンド紙（1枚紙）に、ボンドをつけて12を乗せます。

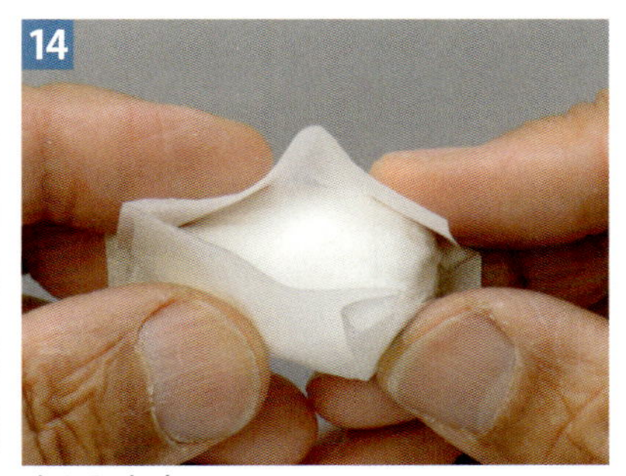

くるみます。

指で形を整えて、余分をカットします。

このような形にします。

別の角度（尻側）から見たところ。

腹と背の節を貼る

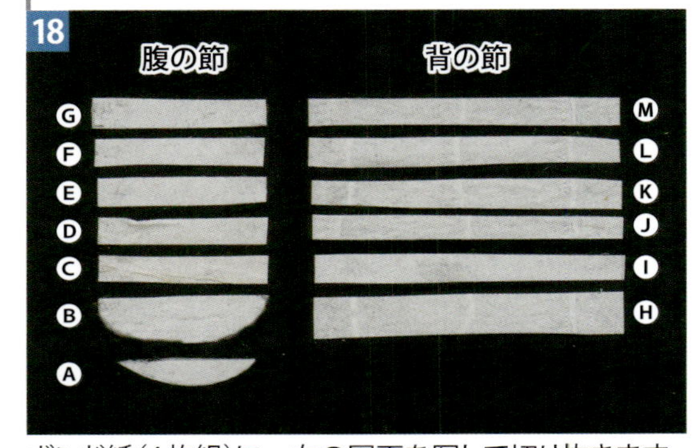

ボンド紙(4枚組)に、右の図面を写して切り抜きます。

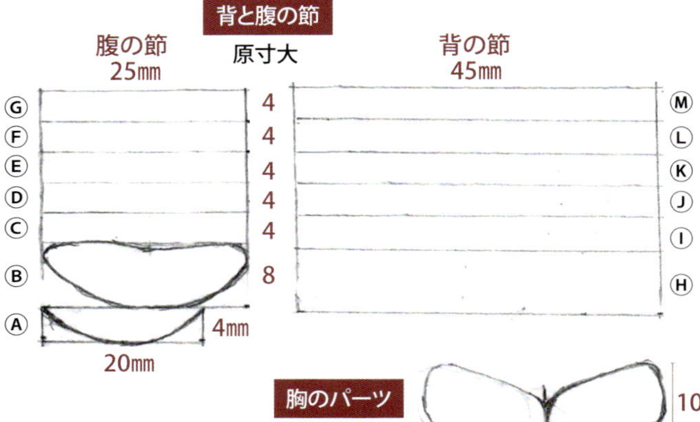

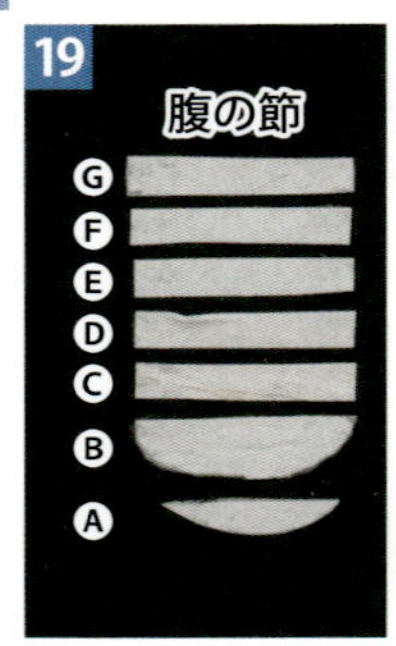

腹の節を用意します。

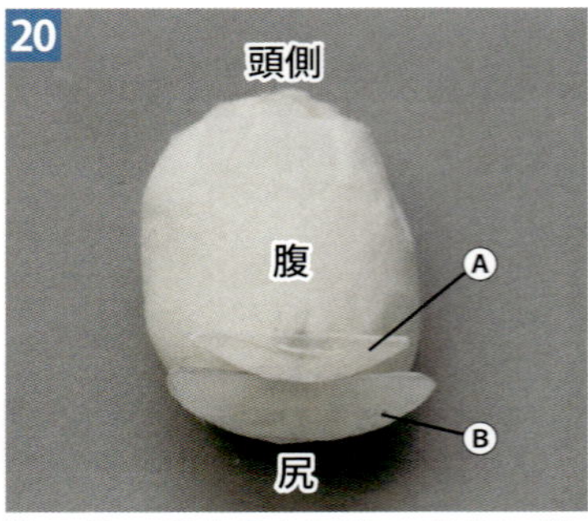

腹の節のⒶとⒷを写真の位置に貼ります。

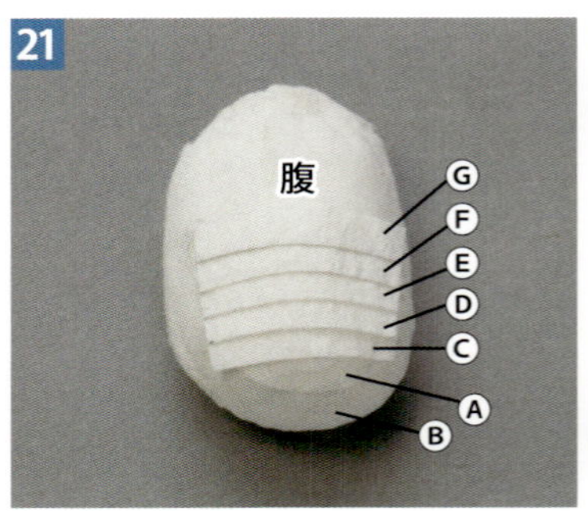

Ⓒ～Ⓖを2㎜ずつ重ねながら貼ります。

背の節を用意します。

背の節のⒽを写真の位置に貼ります。

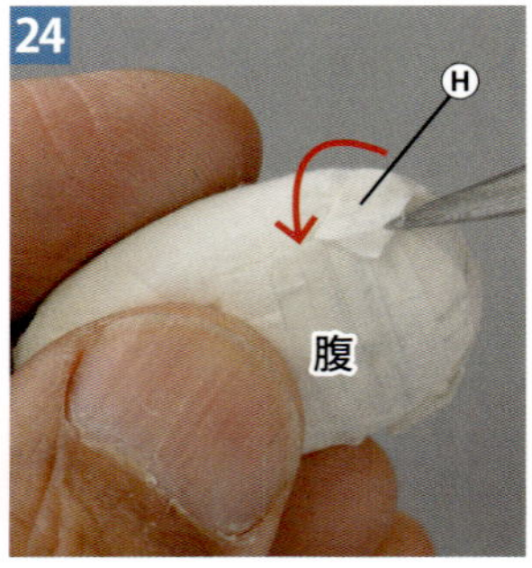

Ⓗのはみ出した部分を腹側に回して貼ります。

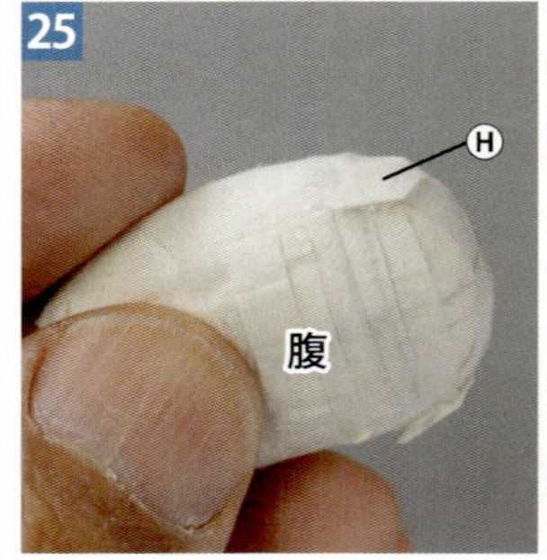

余分をカットします。

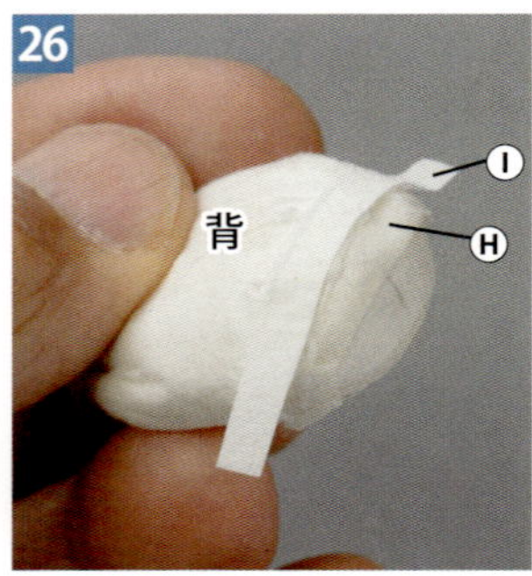

ⒾをⒽに2㎜重なるように貼ります。

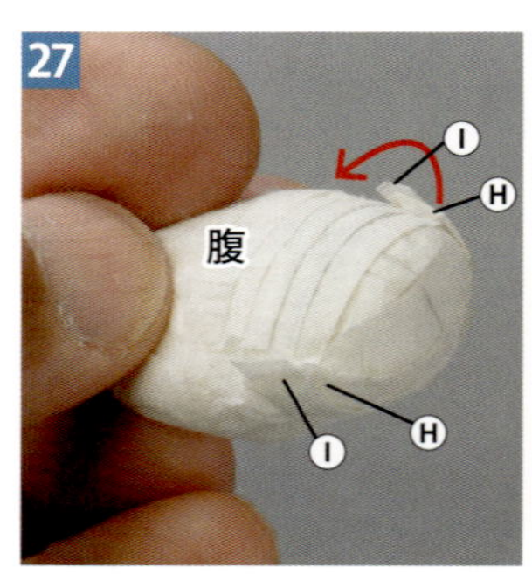

ⒾもⒽと同様に腹側に回して貼ります。

余分をカットします。

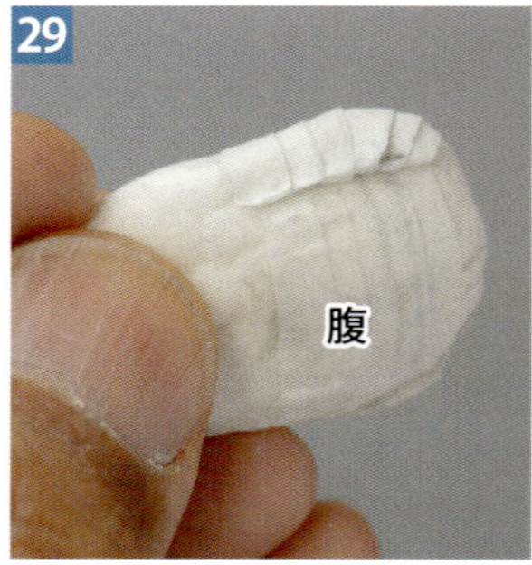

Ⓙ～Ⓜも同様に貼ります。腹の節と合うように貼りましょう。

写真の位置にピンセットで穴を開け、つまようじを挿します。

腹のパーツを図面からボンド紙（4枚組）に写してカットし、丸箸でカーブをつけます。

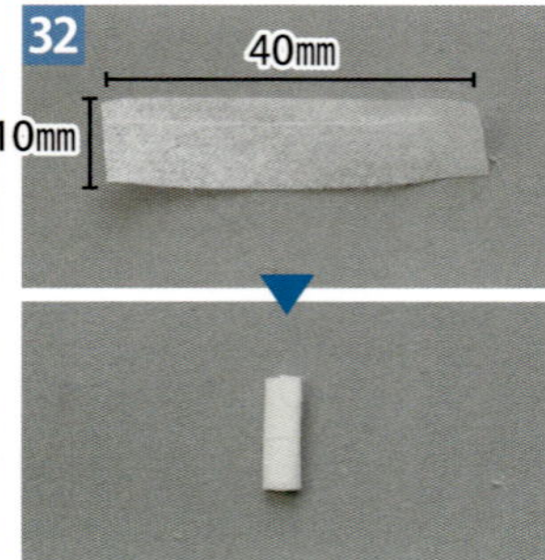

10×40㎜の1枚紙の端を3㎜折り、巻きます（2個作ります）。

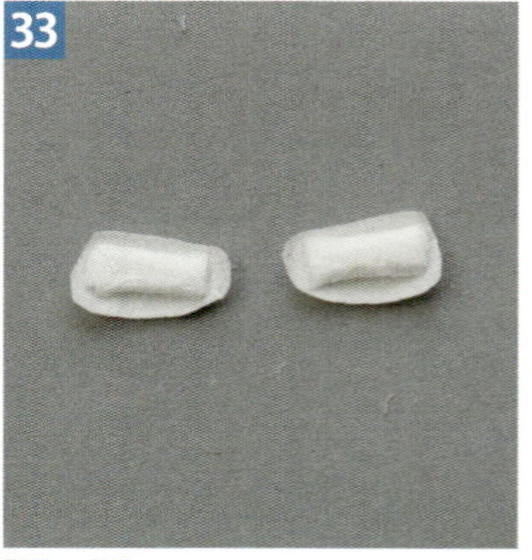

31に32を乗せて貼ります。

写真の位置に33を裏返して貼ります。胴体のできあがり。

Step 02 頭を作る

頭の土台はゆるやかな山形に作り、頭のカバーには丸箸の先端を使ってカーブをつけます。カブトムシの象徴である大小のツノは、コヨリ4本と組み合わせて作ります。かなり難易度高めの工程ですが、じっくりと取り組んでください。

頭の土台を作る

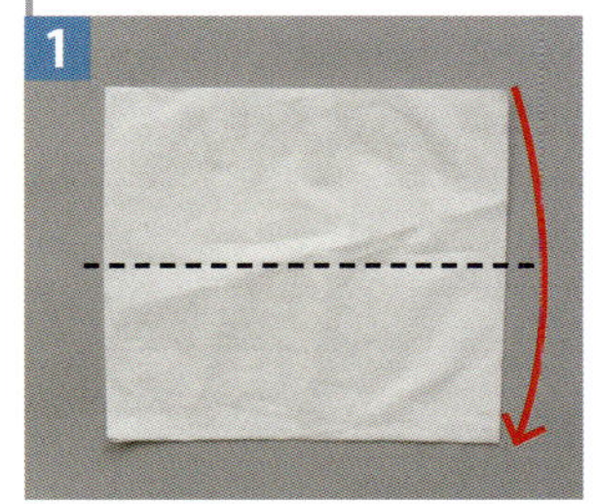

1 1枚紙を1/4にカットしたものを、点線で半分に折ります。

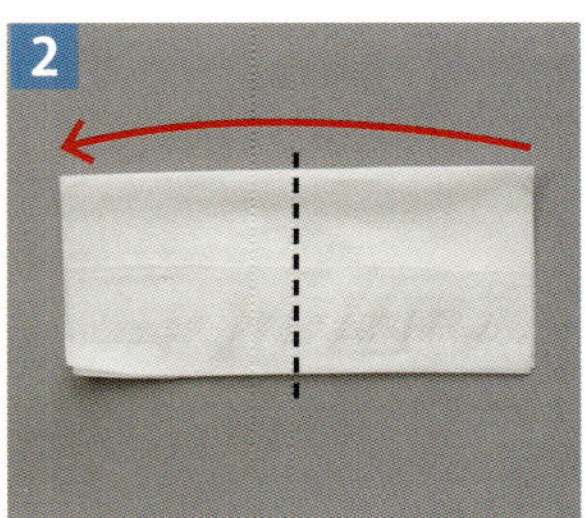

2 さらに点線で半分に折ります。

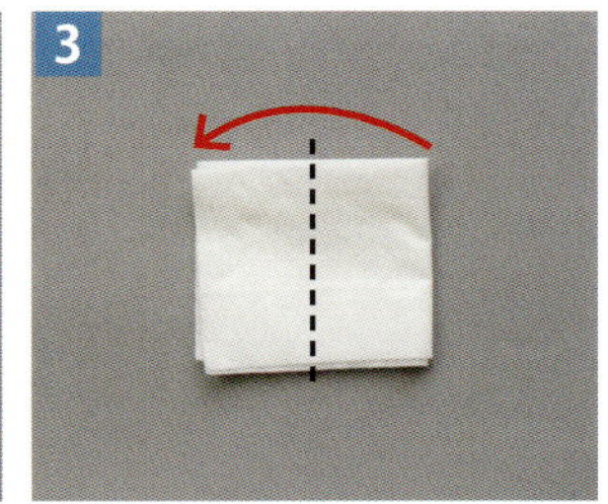

3 さらに点線で半分に折ります。

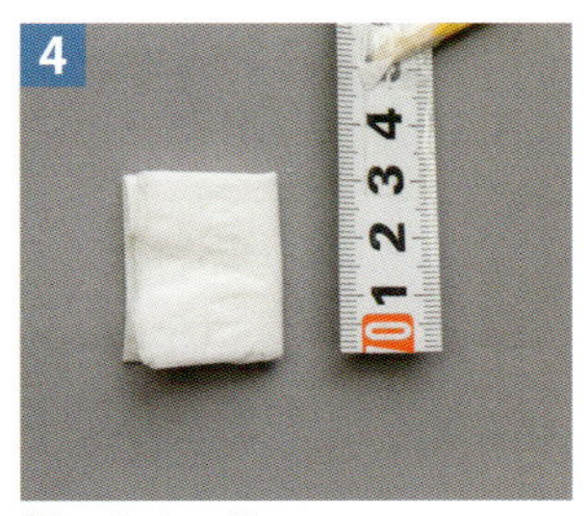

4 折ったところ。

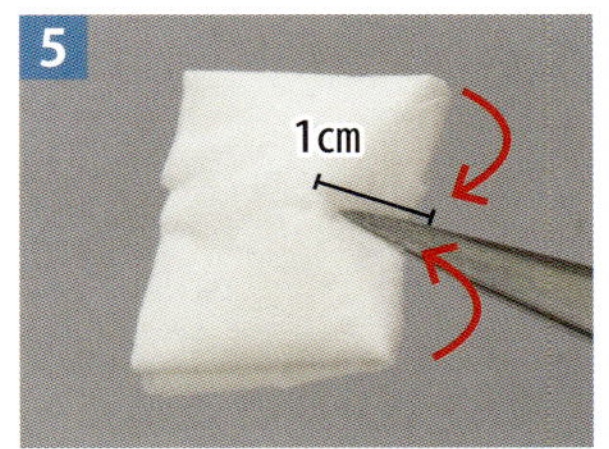

5 中央を1cmピンセットではさみ、両端を中央に寄せます。

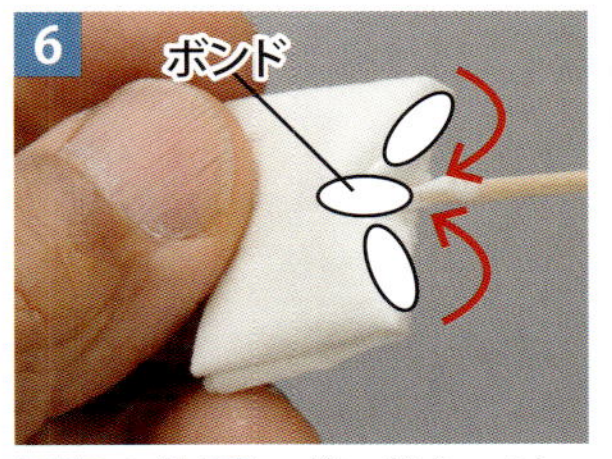

6 写真の位置にボンドをつけ、両端を中央に合わせます。

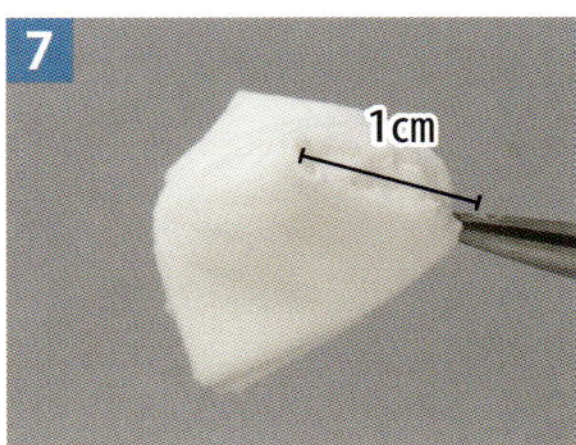

7 合わせたところ。

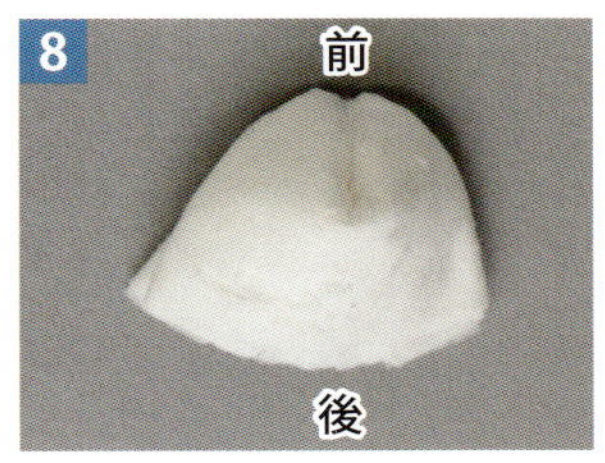

8 別の角度から見たところ。左右の指ではさんで広げながら、山形に整えます。

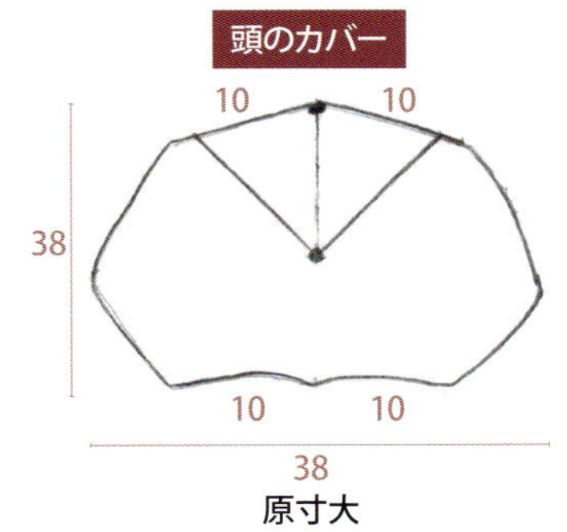

9 ボンド紙（4枚組）に左の図面を写して切り抜き、切り込みを入れます。

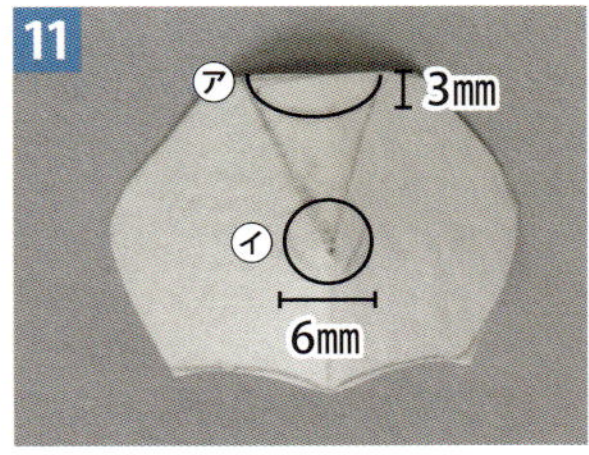

10 9の○同士を貼り合わせ、写真のような形にします。

11 別の角度から見たところ。㋐の位置に半径約3mmのだ円、㋑の位置に直径約6mmの円を、鉛筆で描きます。

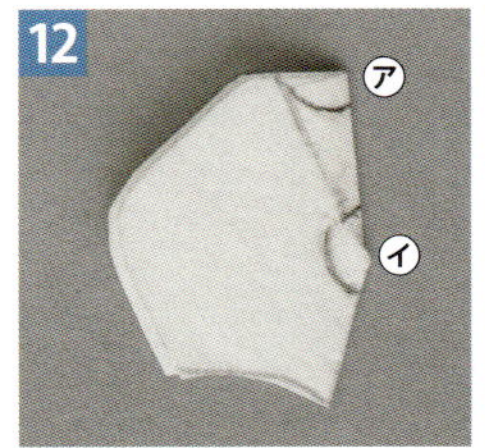

12 写真のように半分に折ります。

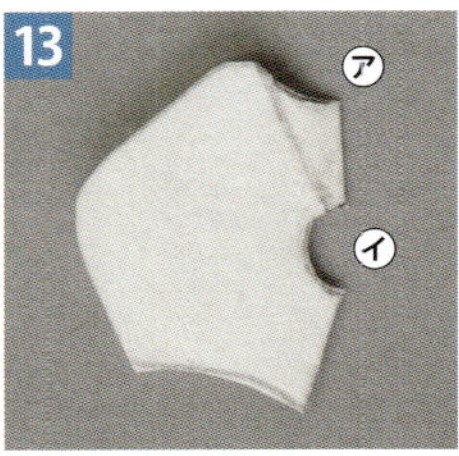

13 11で描いただ円と円を切り抜きます。

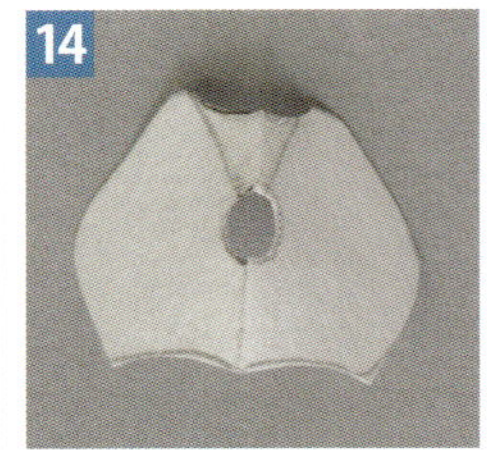

14 11の形に戻します。

15 丸箸で内側にカーブをつけます。

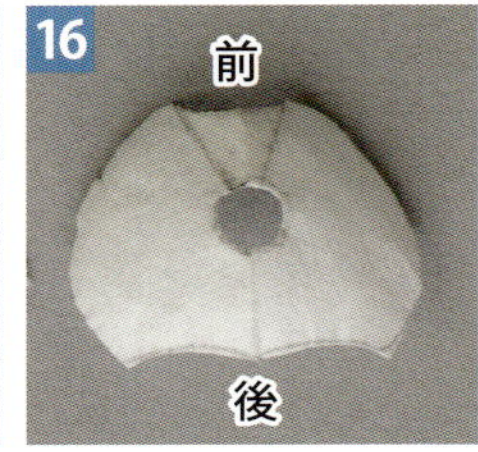

16 カーブをつけたところ。

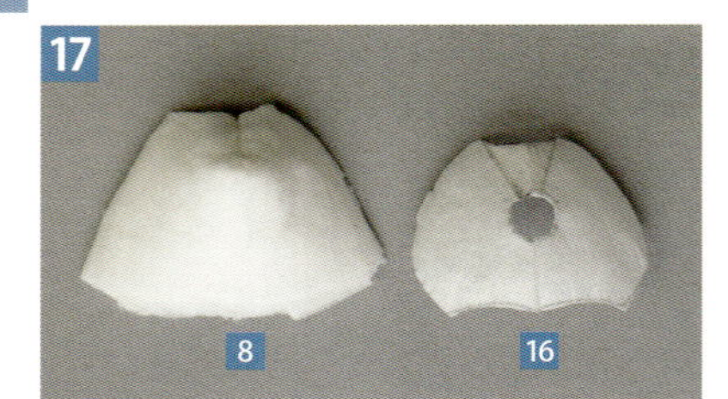

8と16を並べます。

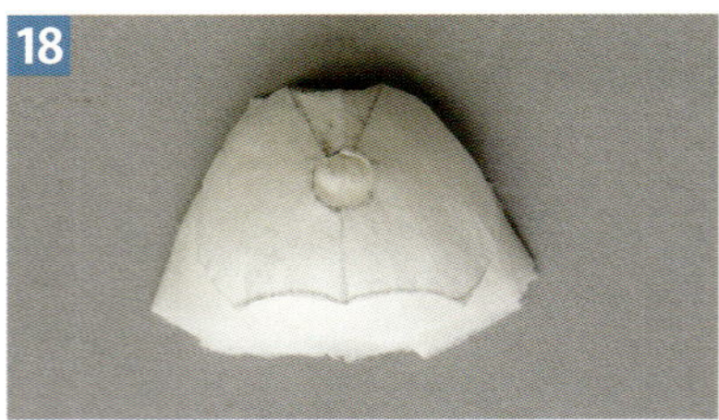

8の上に16を重ねます。まだのりづけはしません。

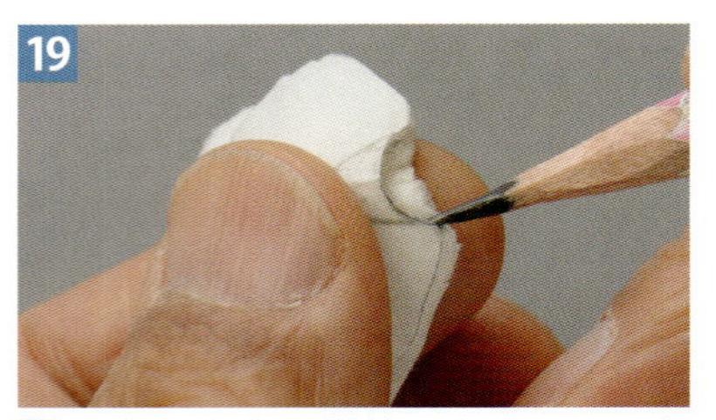

13で空けた穴を鉛筆でなぞって、印をつけます。

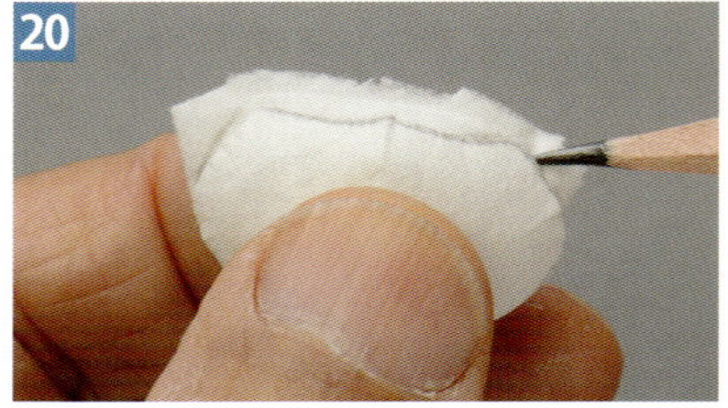

16の輪郭もなぞります。

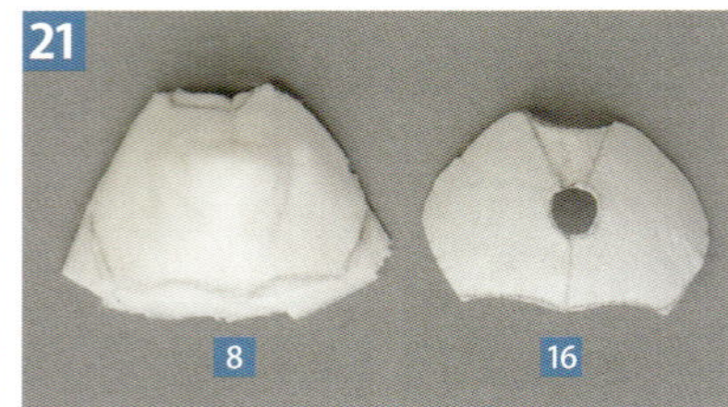

17の状態に戻し、ボンドをつけて貼り合わせます。

貼り合わせたら、20で描いた輪郭に沿ってカットします。

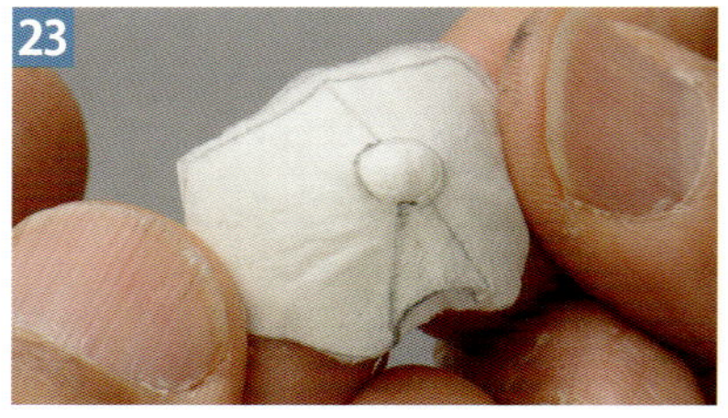

指でしっかり形を整えます。

別の角度から見たところ。

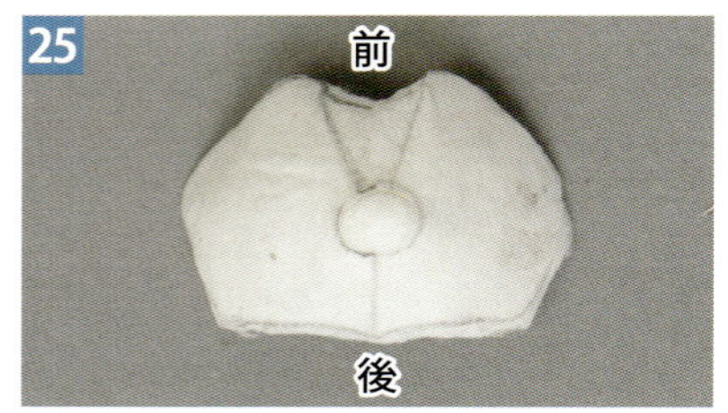

頭の土台のできあがり。

小さいツノを貼る

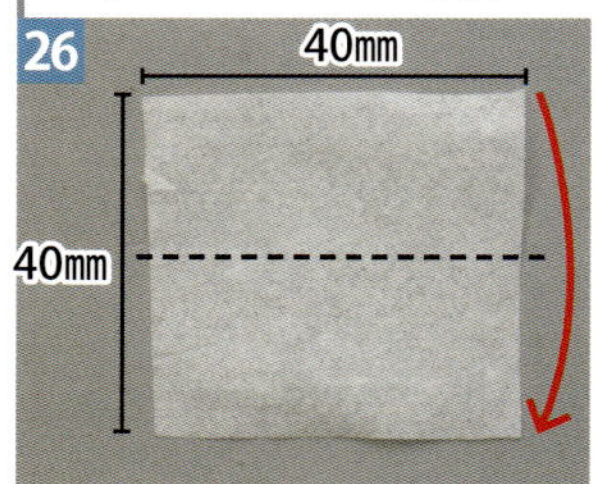

40×40mmの1枚紙を点線で半分に折ります。

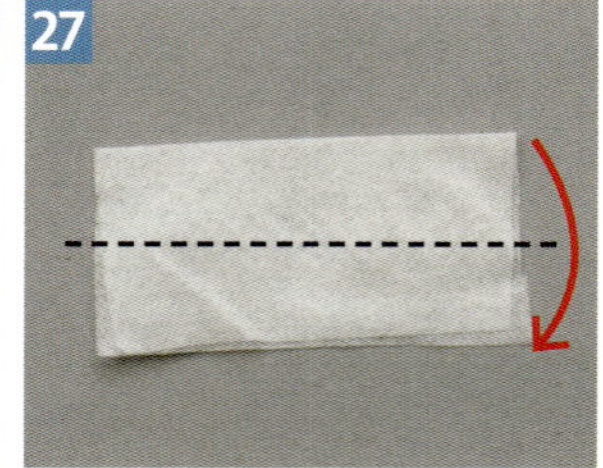

さらに点線で半分に折ります。

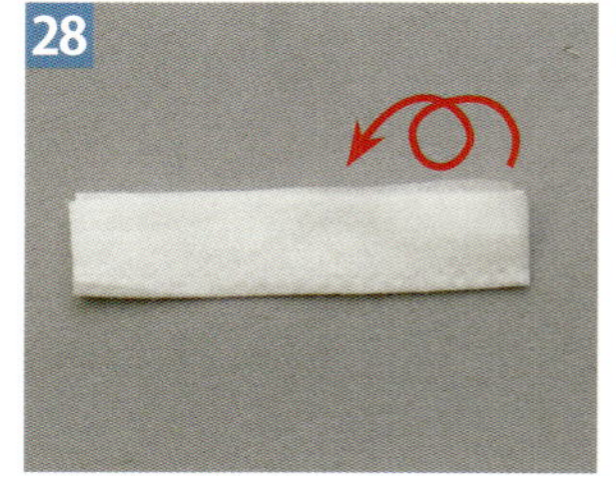

くるくる巻いて、端をボンドでとめます。

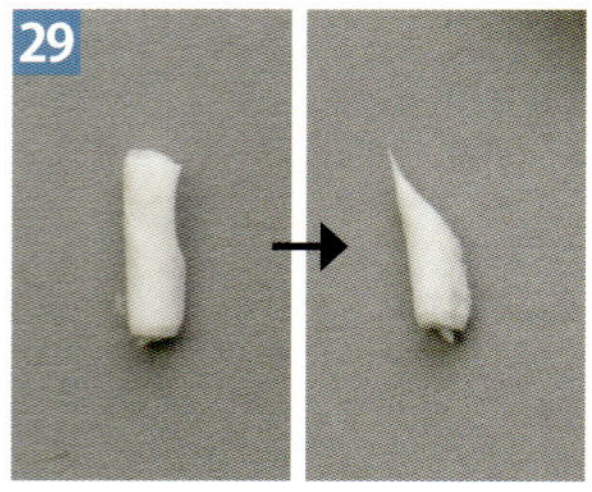

巻いたら、斜めにカットします。

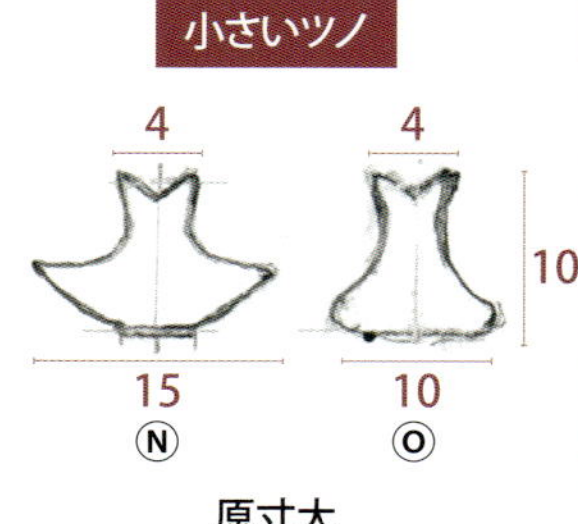

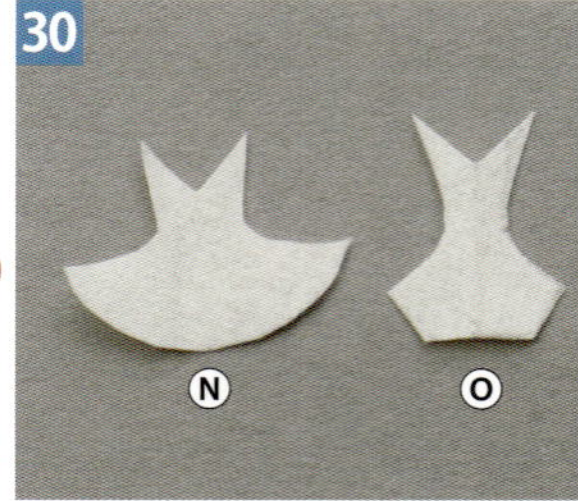

ボンド紙（4枚組）に左の図面を写して切り抜きます。

Ⓝに29を重ねます。

Ⓞに31を重ねて、貼ります。

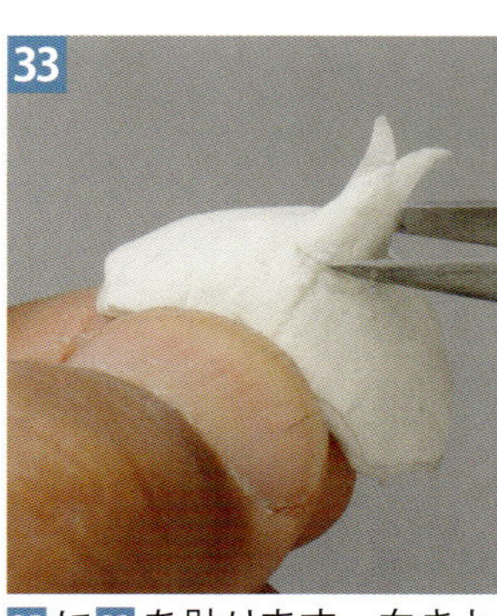

25に32を貼ります。向きと角度を間違えないように。

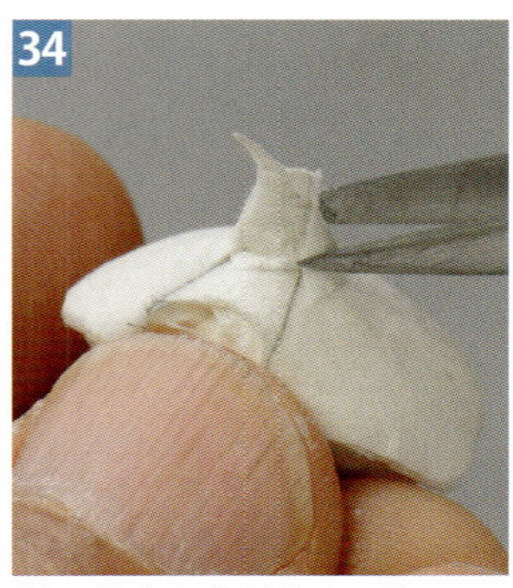

別の角度から見たところ。

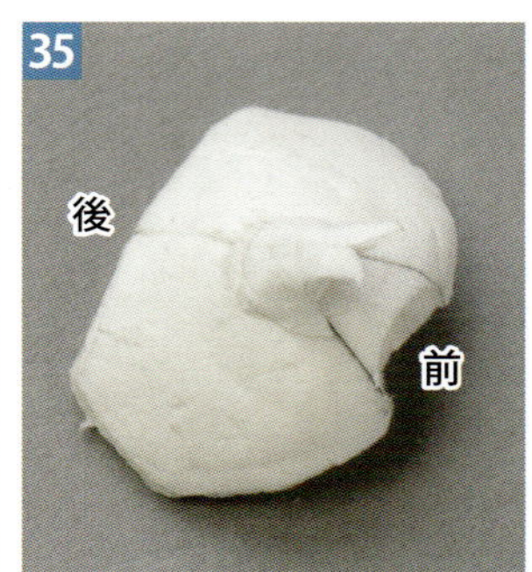

貼ったところ。

別の角度から見たところ。

大きいツノを貼る

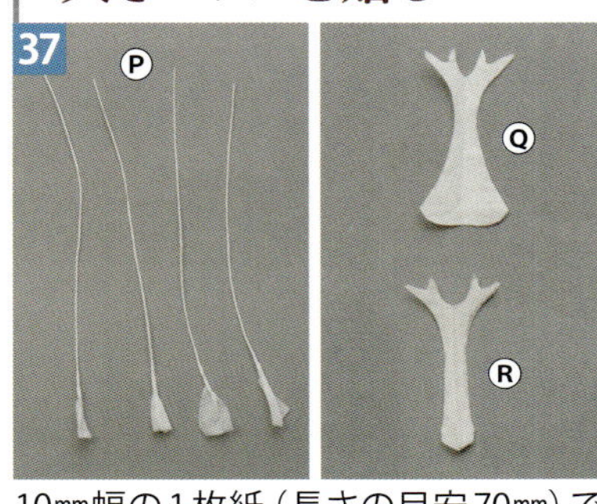

10㎜幅の1枚紙（長さの目安70㎜）で作ったコヨリ4本を用意。ボンド紙（4枚組）に図面(右下)を写し、切り抜きます。

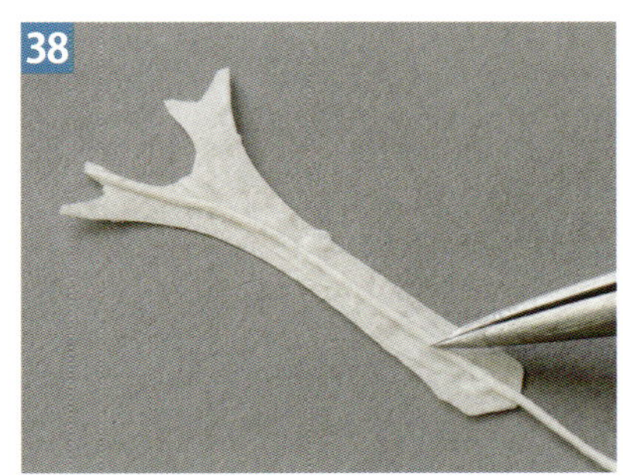

ⓆにⓅをまず2本、写真のように貼ります。

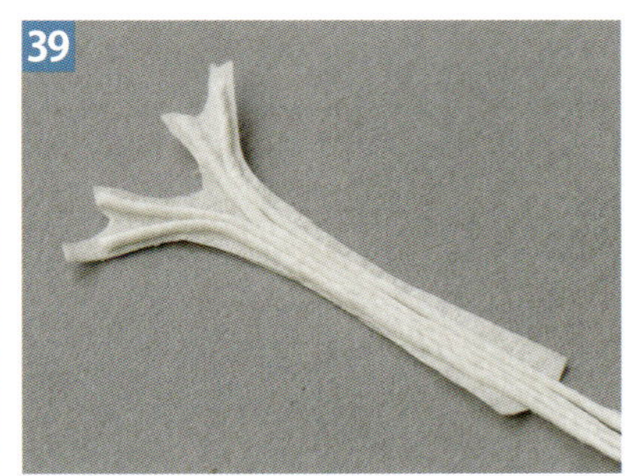

Ⓟの残りの2本を、写真のように貼ります。

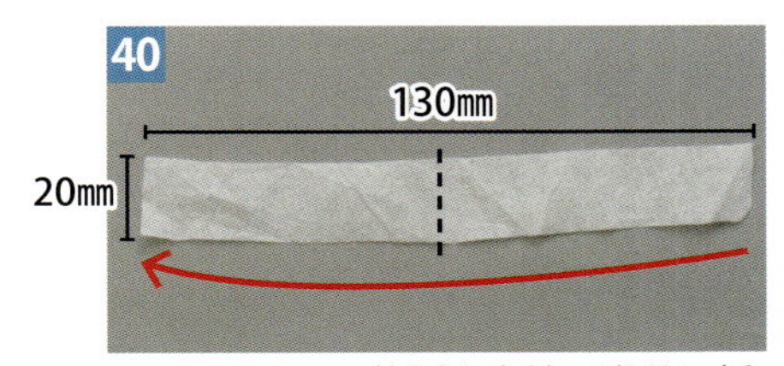

20×130㎜の1枚紙を点線で半分に折ります。

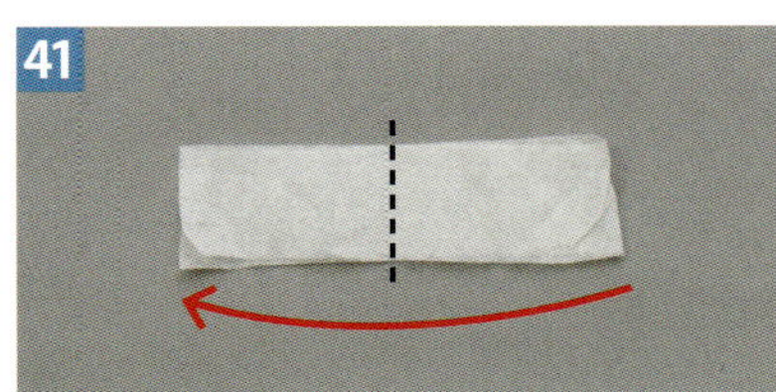

さらに点線で半分に折ります。

くるくる巻いて、端をボンドでとめます。

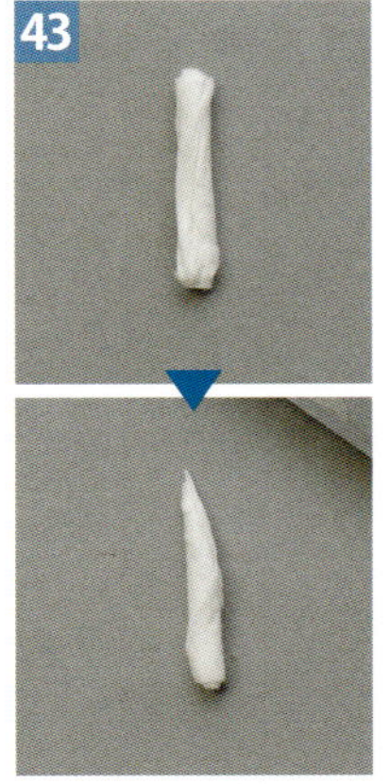

巻いたら、斜めにカットします。

Ⓡに43を貼ります。これがツノの芯になります。

44を裏返し、写真のように39の上に乗せます。

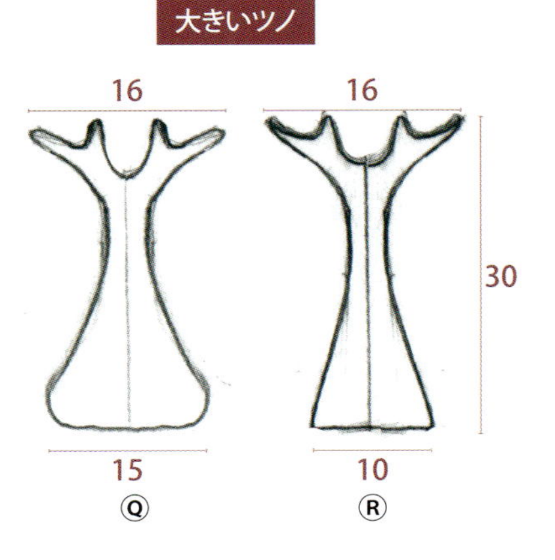

原寸大

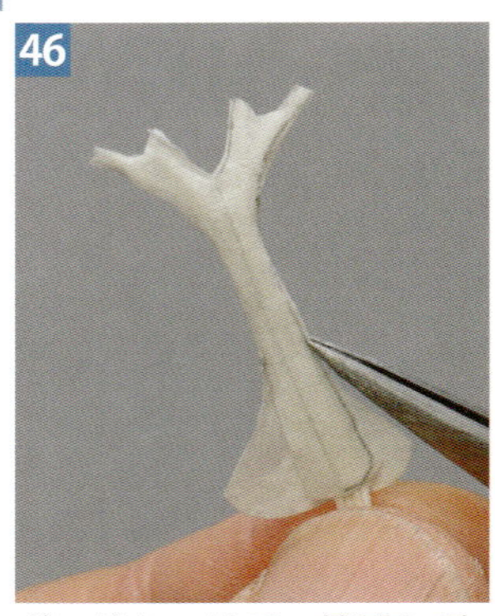

ボンドをつけて、慎重に貼り合わせます。

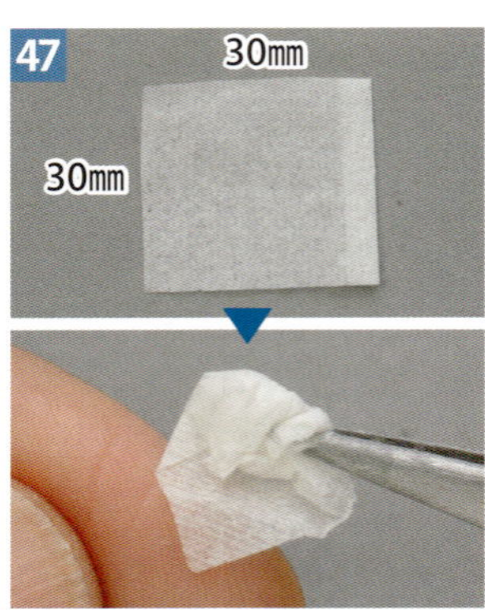

30×30mmの2枚紙をピンセットでくるくる丸めます。

46の根元の内側に47を詰めます。

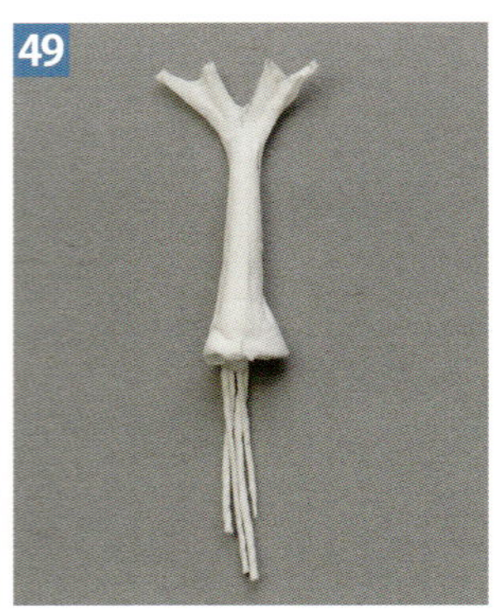

大きいツノのできあがり。

▶触角と目を作る

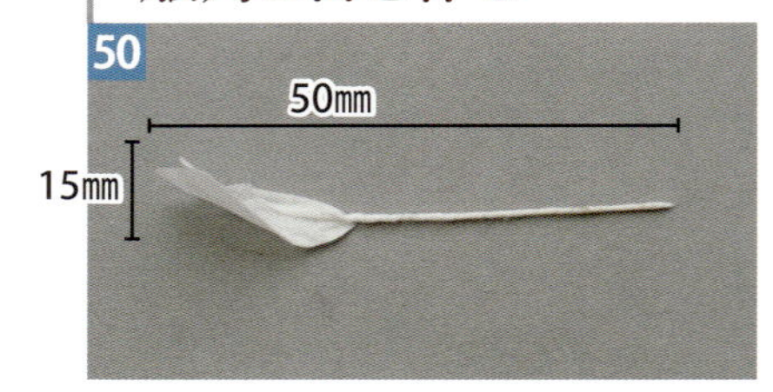

15mm幅の1枚紙（長さの目安70mm）でコヨリを作ります。

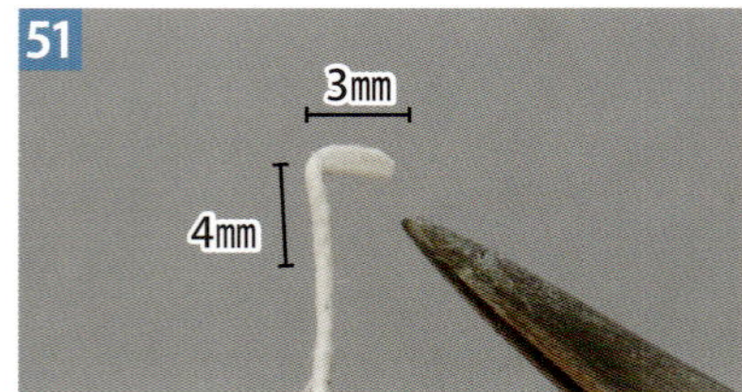

先をピンセットでつぶし、3mmのところで曲げます。4mmでカットします。

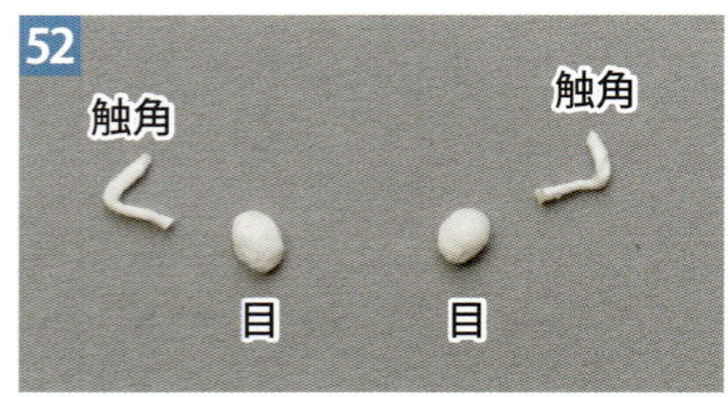

目は15×15mmの1枚紙を丸めて作り、半円形にします。

▶頭を組み立てる

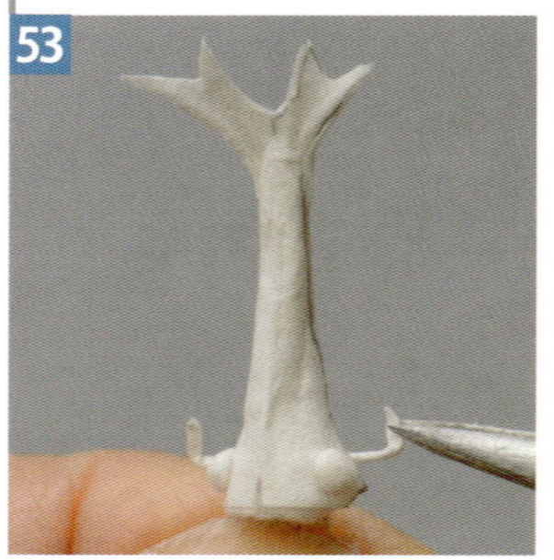

52を49に写真のように貼ります。

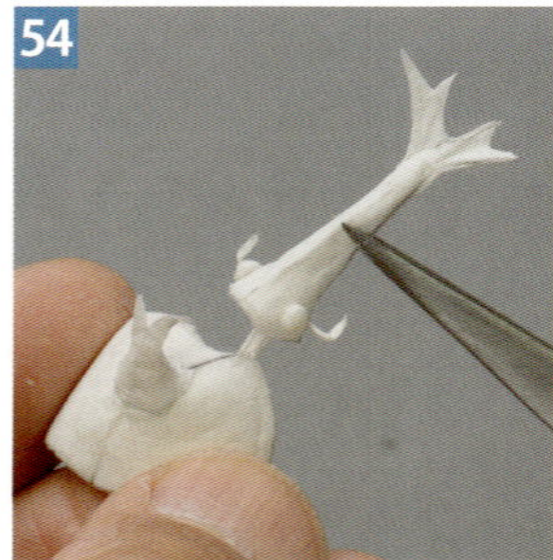

53を36に貼ります。位置合わせは慎重に。

はみ出たコヨリはハサミできれいにカットします。

カットしたところ。

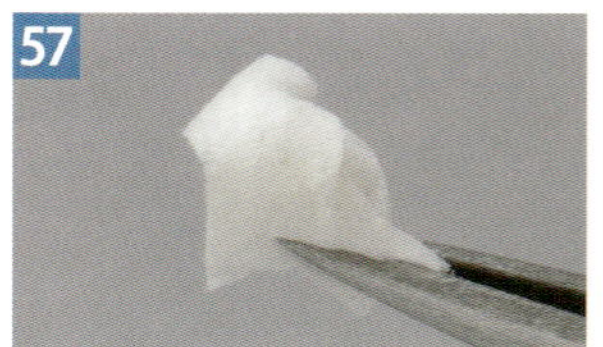

47と同じように、2枚紙を丸めます。

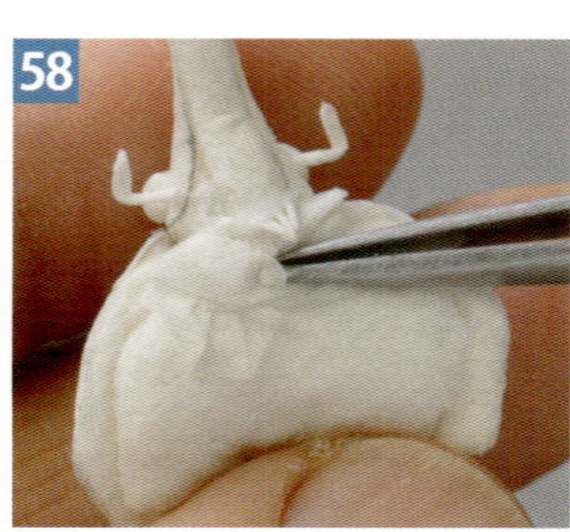

57を56の接合部に詰めて、角度を調整します。

頭のできあがり。

Step 03 羽を作る

カブトムシの固い上羽は、スプーンを使って作ったボンド紙（8 枚組）で作ります（p.27）。このスプーンは、昔ながらのカレーライスによくついてくるようなスプーンです。これでボンド紙を作ると、ちょうどカブトムシの上羽の形になります。

スプーンのボンド紙から羽を作る

ボンド紙（8枚組）をスプーンに貼って乾かしておきます（p.27参照）。

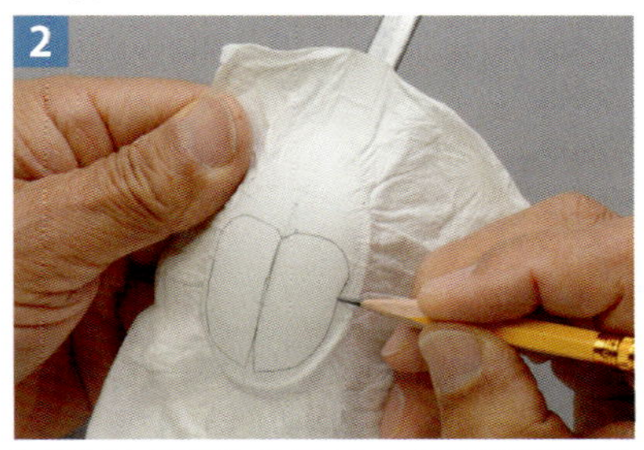

図面（右下図）を元に、羽の形を鉛筆で描きます。

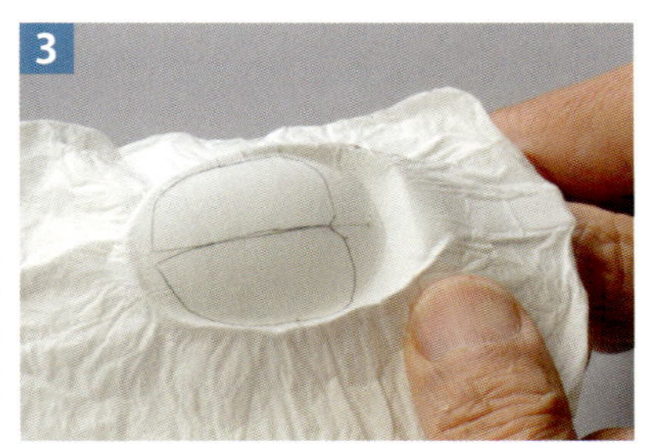

描き終わったら、スプーンから静かにはがします。

はがしたところ。

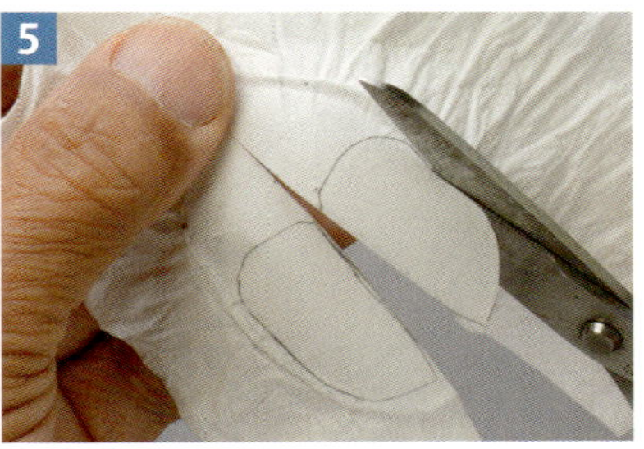

輪郭に沿ってハサミでカットします。

丸箸の先を当て、カーブをつけます。

丸箸の尖った先端を当て、くぼみを作ります。

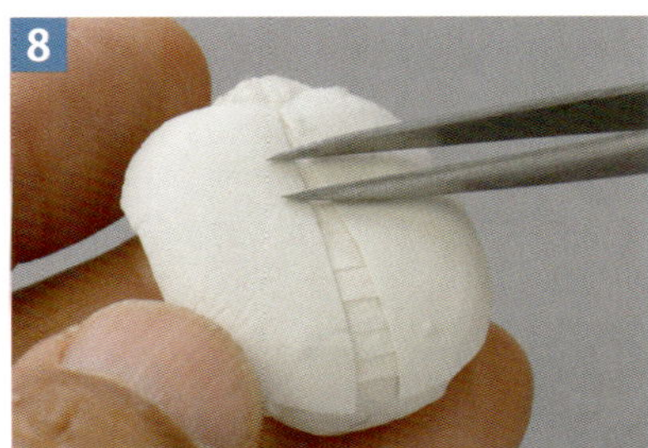

胴体に仮に合わせてみて、カーブを調整します。

羽のできあがり。

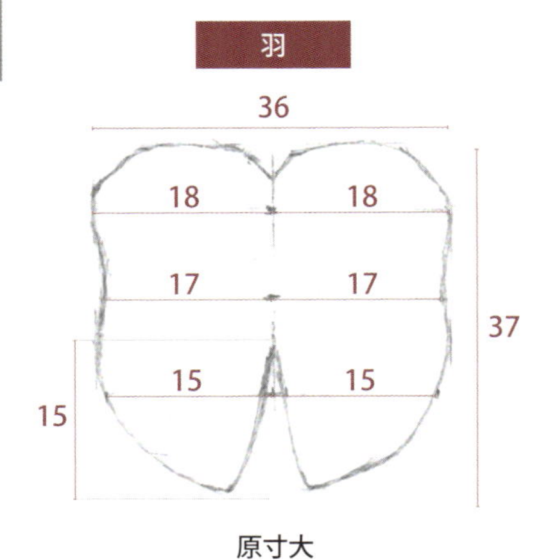

Step

04 脚を作る

脚の爪先から作ります。関節の太い部分は、カブトムシの力強さが感じられる部位です。7～10で関節を太くするために1枚紙を巻くとき、ピンセットをうまく使ってきれいに巻き、形良くつぶしてください。

脚を作る

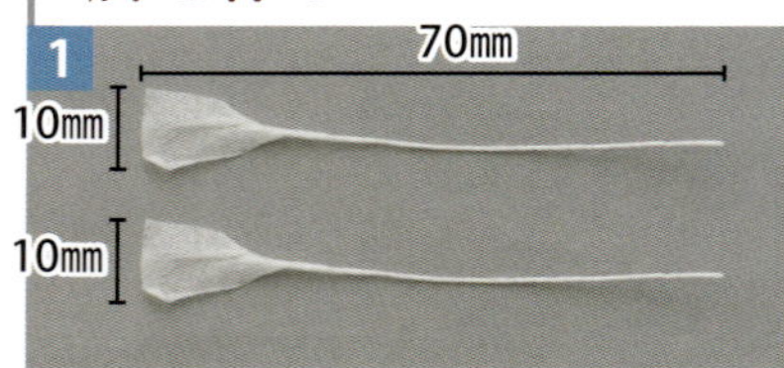

10㎜幅の1枚紙（長さの目安70㎜）でコヨリを2本作ります。

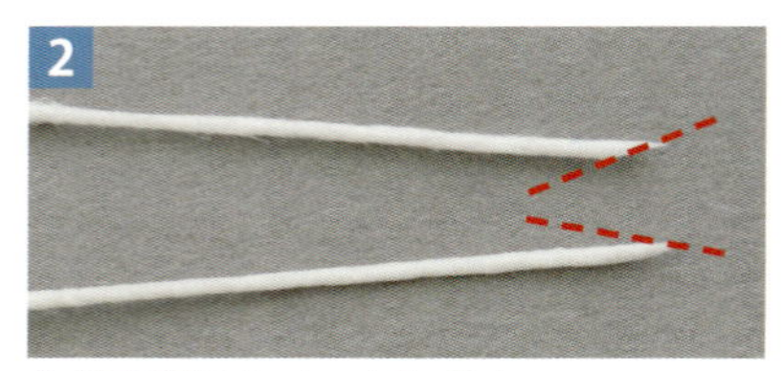

先端を斜めにカットします。

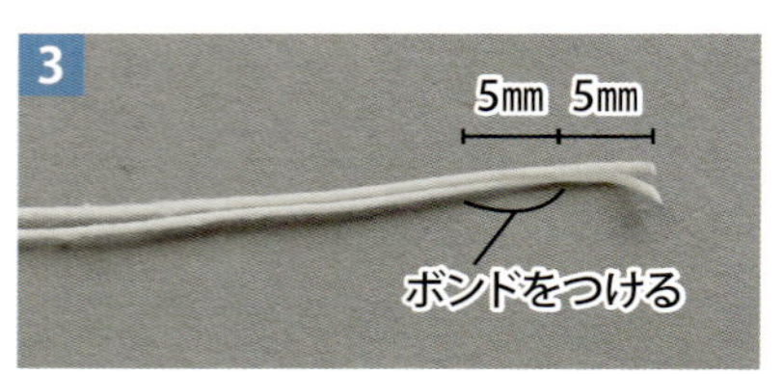

写真の位置にボンドをつけて、貼り合わせます。

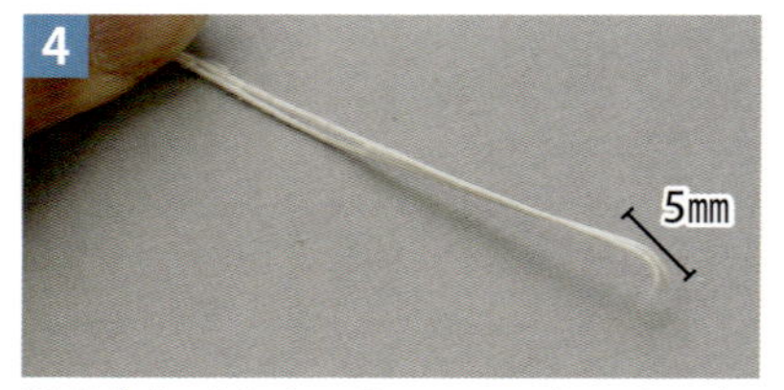

貼り合わせたところ。5㎜のところで少し曲げます。

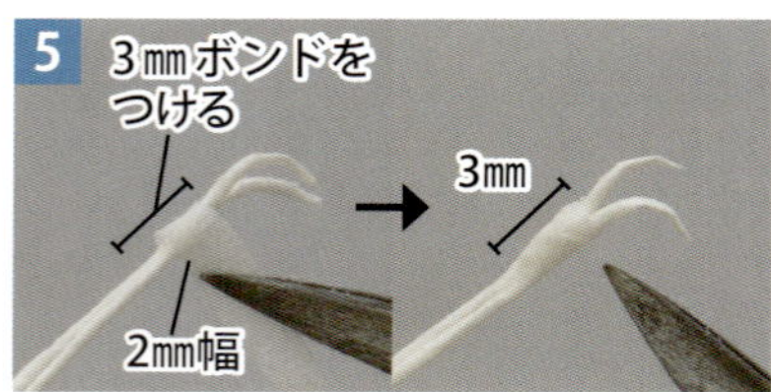

3㎜ボンドをつけ、2㎜幅の1枚紙（長さ20㎜）を巻きます。

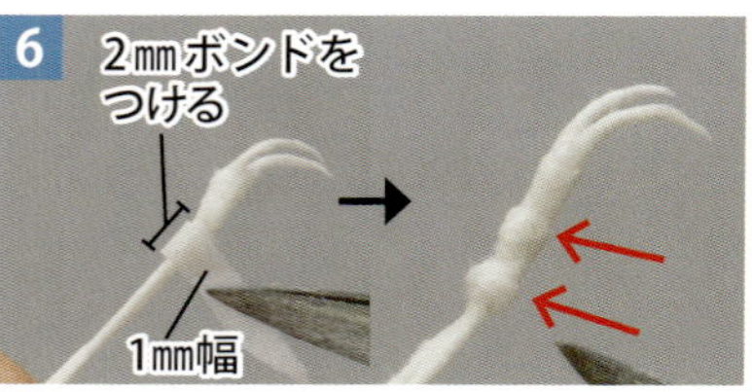

5の隣に2㎜ボンドをつけ、1㎜幅の1枚紙（長さ20㎜）を巻きます（2箇所）。

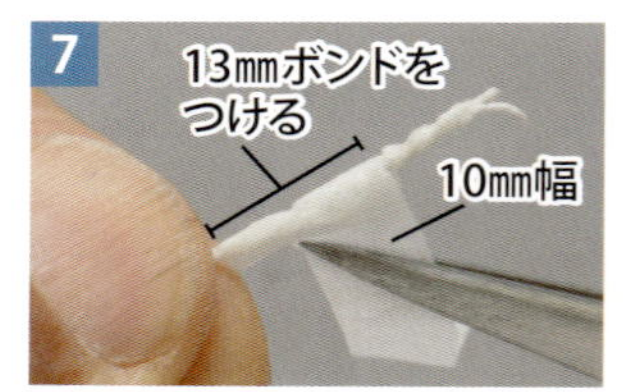

6の隣に13㎜ボンドをつけ、10㎜幅の1枚紙（長さ10㎝）を巻きます。

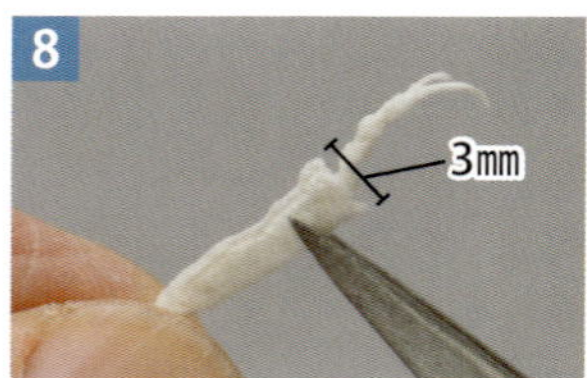

巻いたところ。幅3㎜になるように7をつぶします。

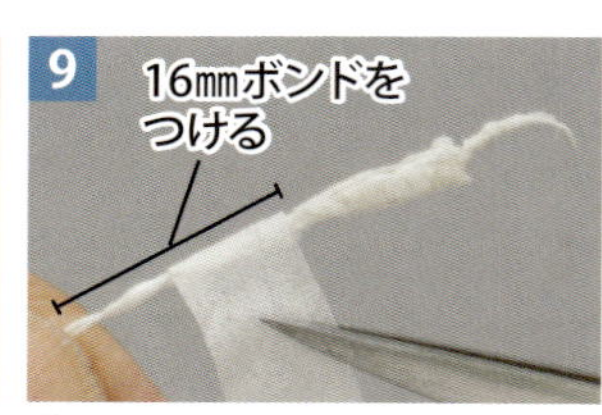

8の隣に16㎜ボンドをつけ、10㎜幅の1枚紙（長さ7㎝）を巻きます。

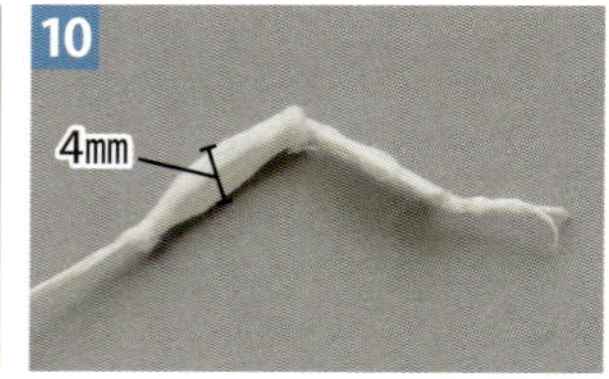

9に、さらに10㎜幅の1枚紙（長さ7㎝）を足して巻き、幅4㎜になるようにつぶします。

5㎜幅の1枚紙でコヨリを作り、2㎜間隔で細かく斜めにカットします（下図参照）。後脚1本につき約20本必要。

2㎜　2㎜　2㎜　2㎜

2㎜　2㎜　2㎜　2㎜

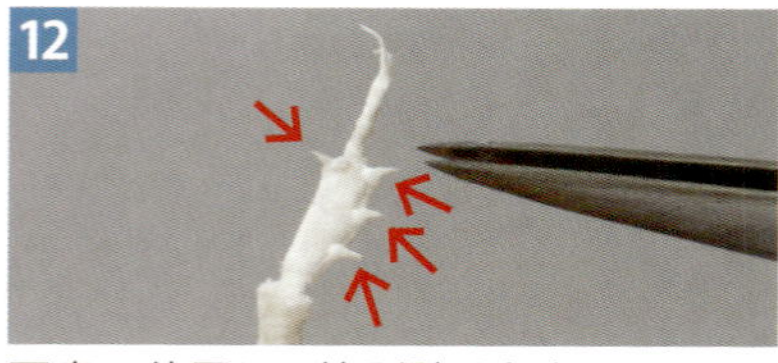

写真の位置に4箇所貼ります。

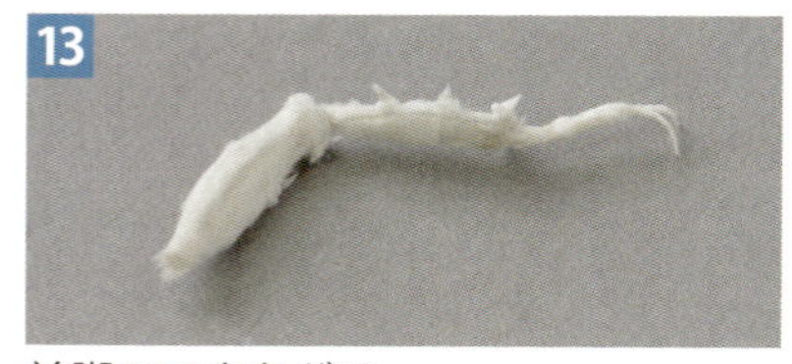

前脚のできあがり。

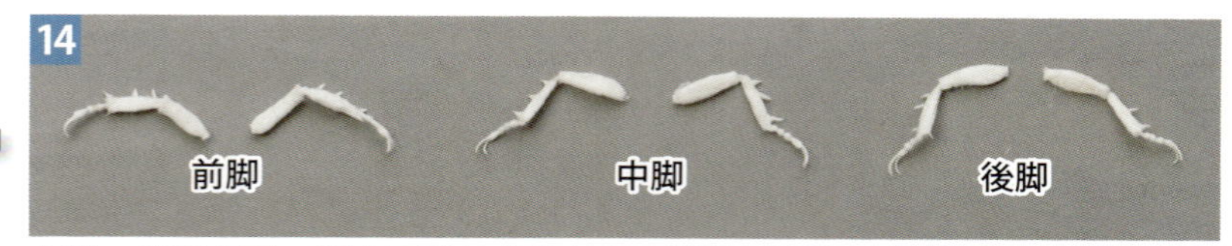

中脚、後脚も1～13と同様に作ります。前脚とはサイズが違うので注意。図面で確認してください。

Step 05 組み立てる▶着色する▶ニスを塗る▶完成

これまで作ってきたパーツを組み合わせる大事な段階です。ひとつひとつのパーツを仮に合わせてみて、角度や位置を確認したら、少しだけボンドをつけて、慎重に貼り合わせていきます。着色は一度に塗ろうとせず、乾いては塗りを繰り返して、ていねいに仕上げましょう。

頭、胴体、羽、脚を組み立てる

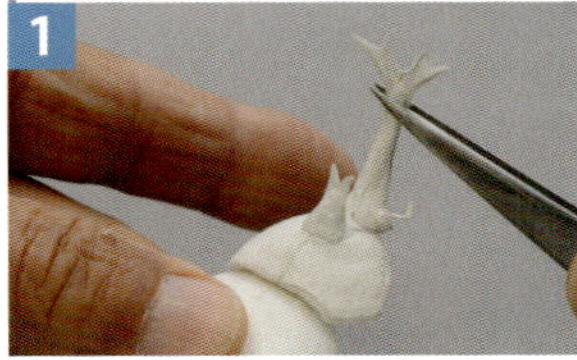

1 頭、胴体、羽を仮に組んでみます。位置や角度を確認しましょう。

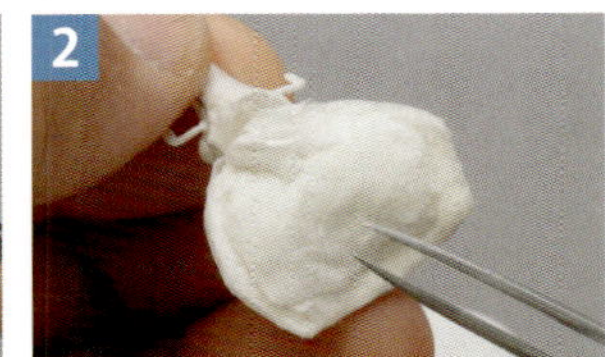

2 結合部がしっくりしない場合、1枚組を少し丸めて足すなどして調整します。

3 調整が終わったら、羽のつけ根あたりにボンドをつけます。

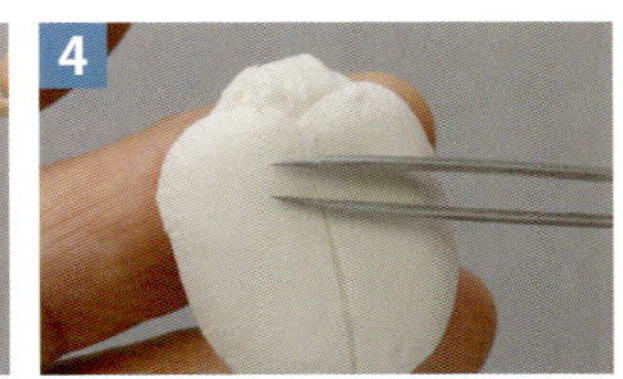

4 羽を貼ります。

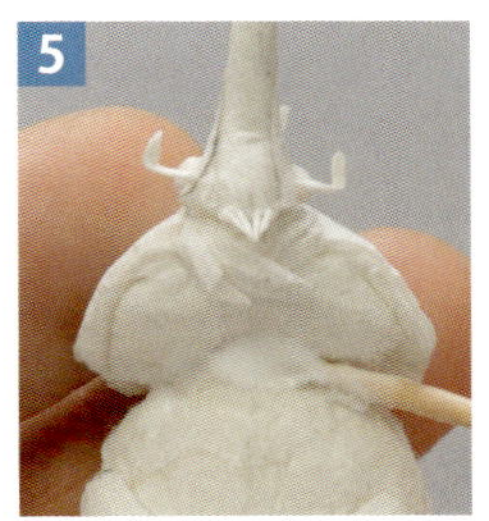

5 接合部にボンドをつけて、頭と胴体を慎重に貼り合わせます。

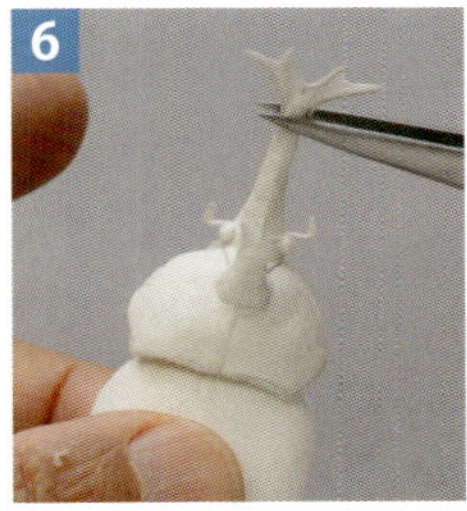

6 ボンドがある程度乾くまで、位置や角度を調整しましょう。

7 羽の裏側にも少しボンドを入れて固定します。

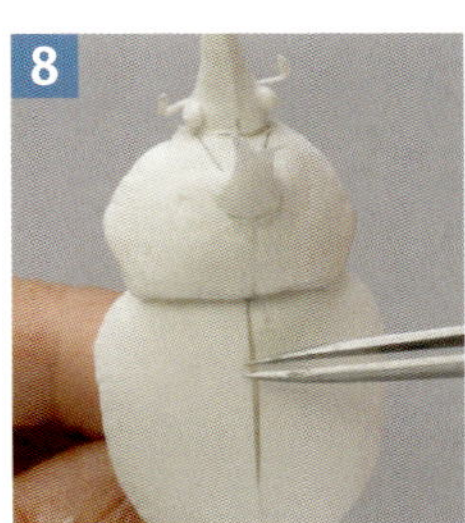

8 羽のつき方がうまくいっているか、確認して調整しましょう。

9 頭、胴体、羽が固定されました。

10 脚を胴体に当ててみて、胴体のカーブに沿うように形を調整します。

11 調整が終わったら、1本ずつ貼っていきます。

12 貼り終わったところ。

着色する

13 絵具を用意します。

14 ていねいに何度も塗り重ねます。

ニスを塗る

15 絵具が乾いたら、ニスを塗ります。

完成

16 カブトムシのできあがり。

✔いろいろなアングルから見てみよう（着色前）

顔

斜め後ろ

真横

表

裏

斜め前

✓いろいろなアングルから見てみよう（完成版）

顔

斜め後ろ

真横

表

裏

斜め前

ミンミンゼミ ▶ニス紙を使って、透明な羽を作ろう

Step 00 ミンミンゼミの図面と解説

ミンミンゼミのポイントは、透明な羽、そして複雑な凹凸と模様のある体です。背や腹のパーツも細かいですが、ていねいにカットして貼りましょう。口から伸びる管（パーツⓖ）はコヨリで作ります。

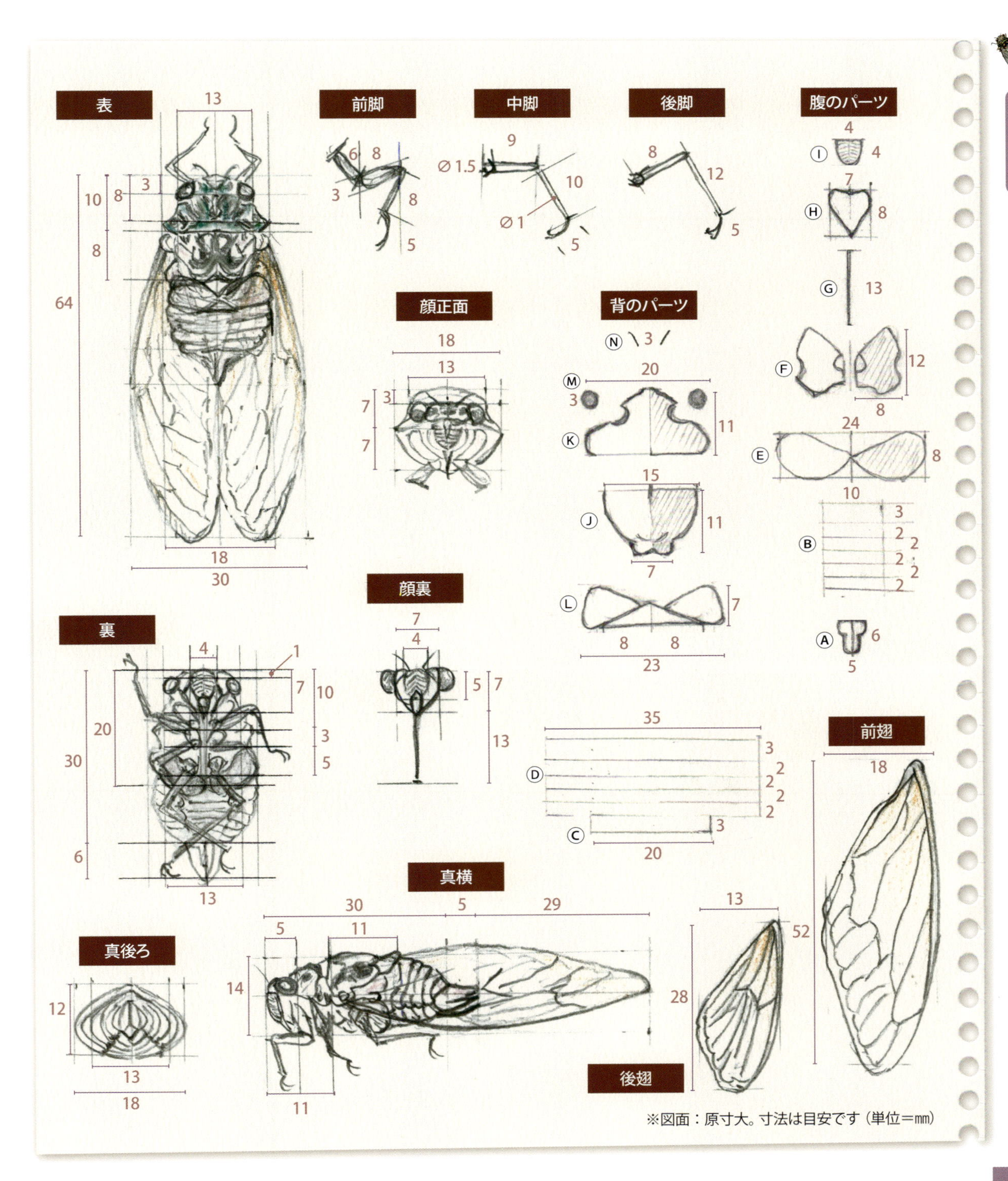

※図面：原寸大。寸法は目安です（単位＝㎜）

Step 01 体を作る

体の土台はティッシュを巻いて作りますが、あまりきつく巻きすぎないこと。7の段階で幅 15㎜になれば OK。20で体のパーツを図面から写し、カットします。細かくて複雑ですが、1つずつていねいにカットしていきましょう。ボンドで貼る前に、必ず試しに当ててみて位置を確認しましょう。

体の土台を作る

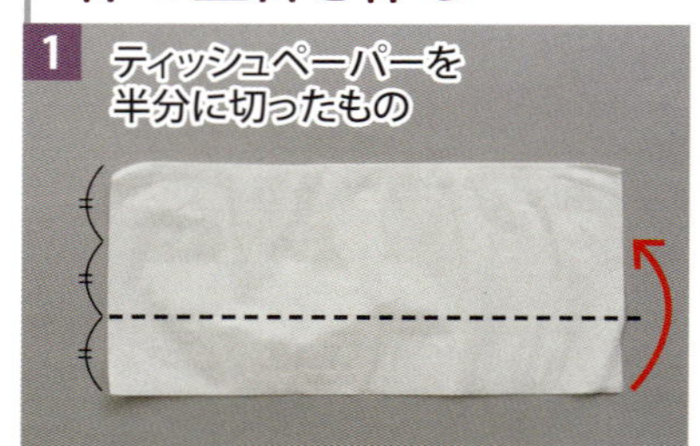

体の土台を作ります。2枚紙を半分に切ったものを使います。点線で折ります。

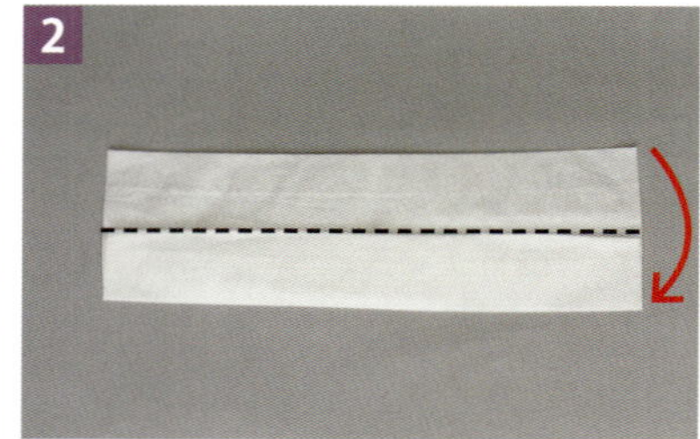

点線で半分に折ります。

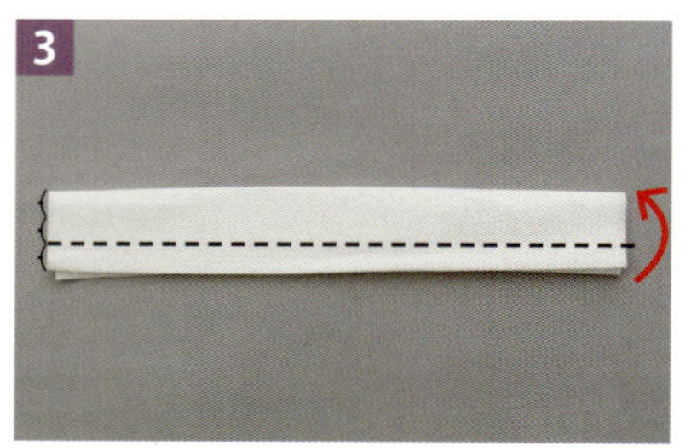

上の1枚のみ、点線で折ります。

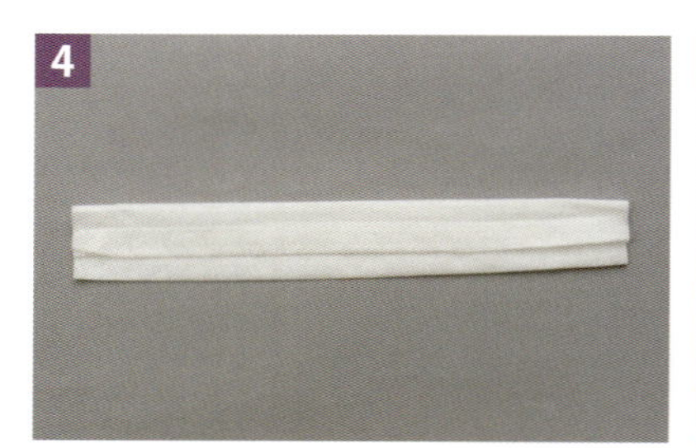

折ったところ。

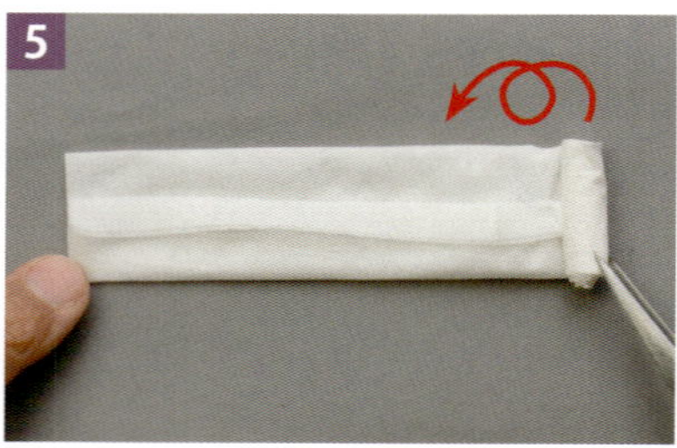

ピンセットを使って端から巻いていきます。

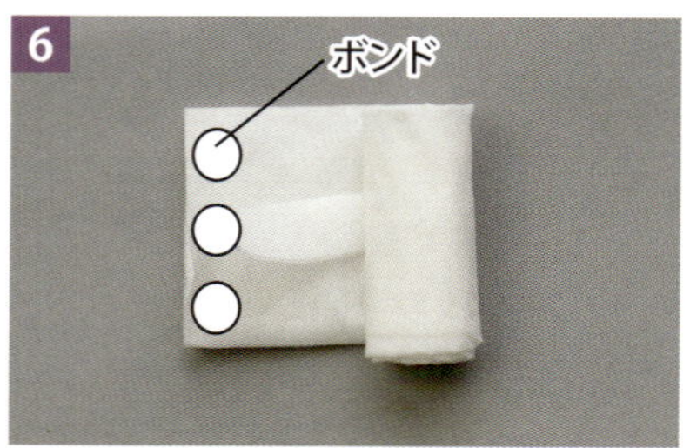

端にボンドを3箇所ほどつけます。

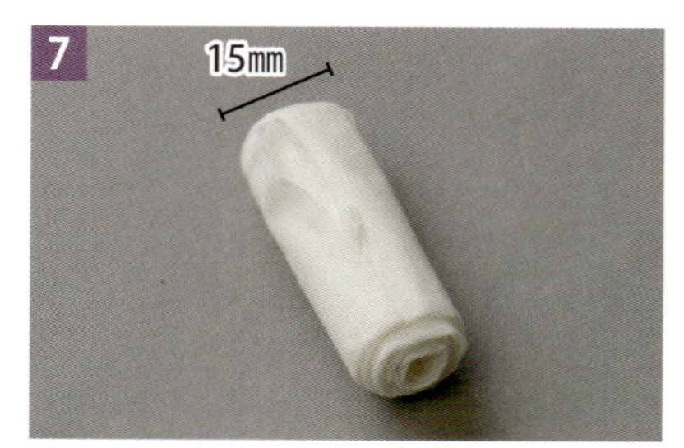

端を貼ります。直径が約15㎜になるように調整して巻いてください。

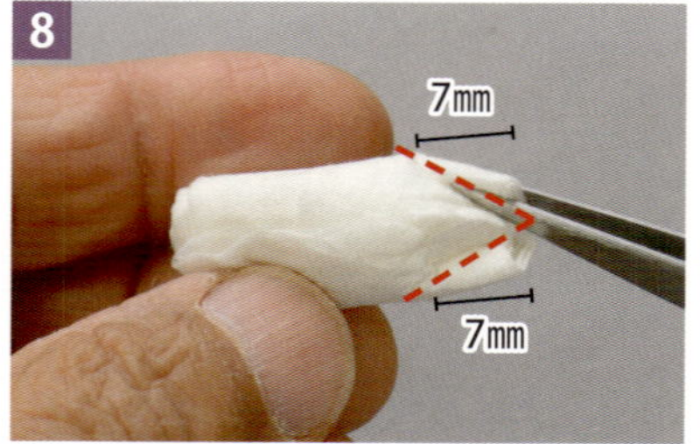

端を2箇所、写真のようにピンセットではさんでつぶします。

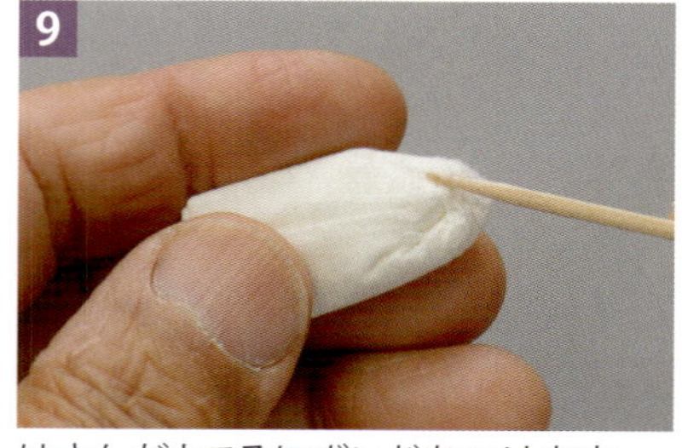

はさんだところにボンドをつけます。

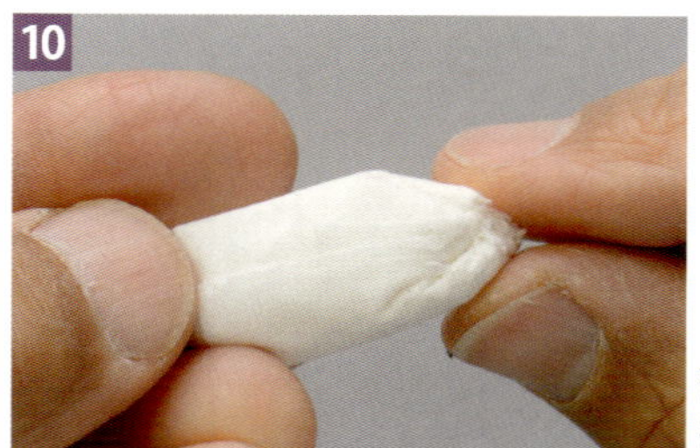

指で尖らせるように形を整えます。

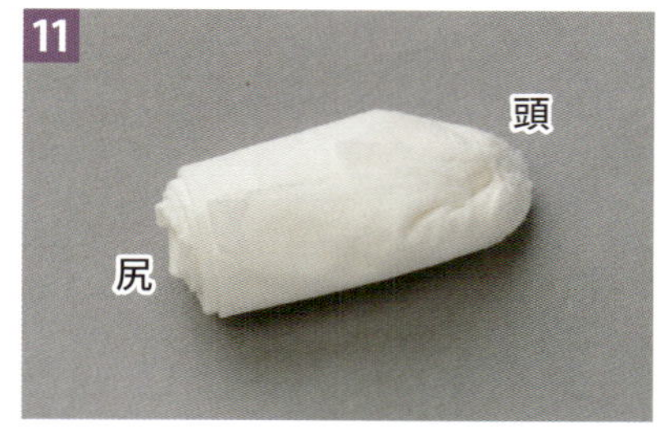

尖らせたところ。尖らせたほうが頭になります。

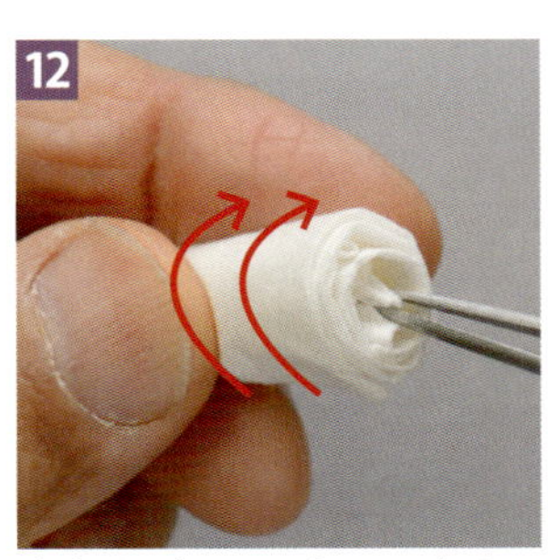

中心をピンセットでつまみ、胴体を矢印方向に2回ほど回して、尖らせます。

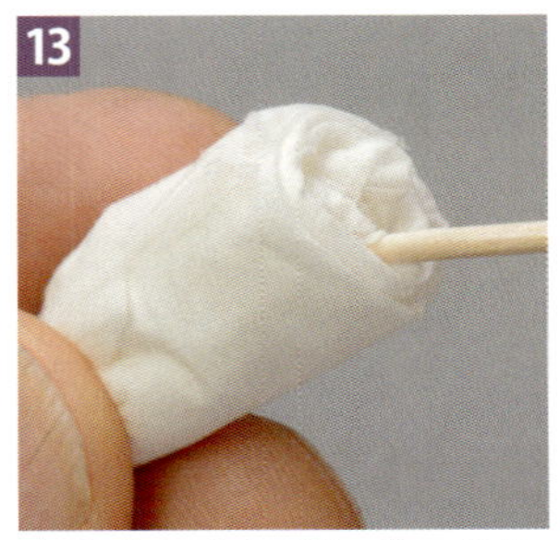

尖らせたまわりにボンドをつけます。

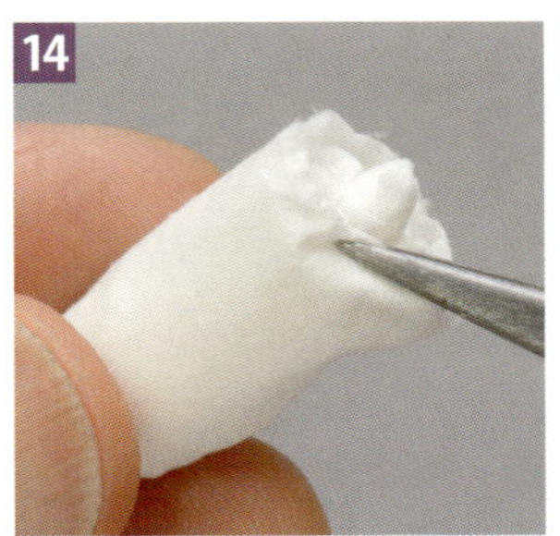

外側を中心に向かって折り曲げます。

このような形にします。セミの尻になります。

4×5cmのボンド紙（2枚組）の上にボンドをつけ、15を乗せます。

ボンドを少量つけて16をくるみます。

くるみ途中。指で形を整えながらくるみましょう。

このような形にします。

▶体のパーツを作り、体に貼る

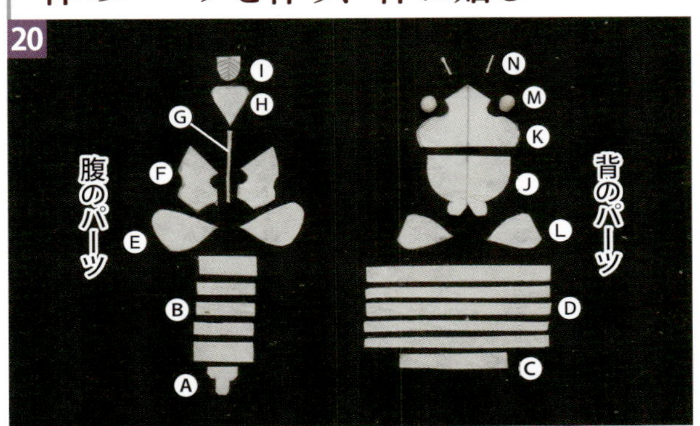

図面からセミの腹のパーツと背のパーツをボンド紙（4枚組）に書き写し、カットします。

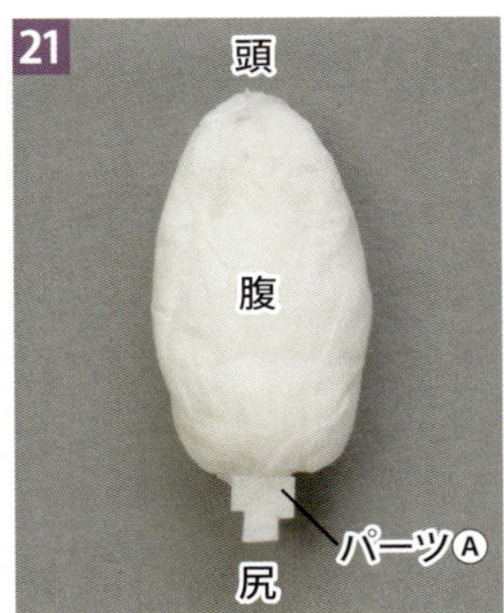

パーツⒶを写真の位置に貼ります。

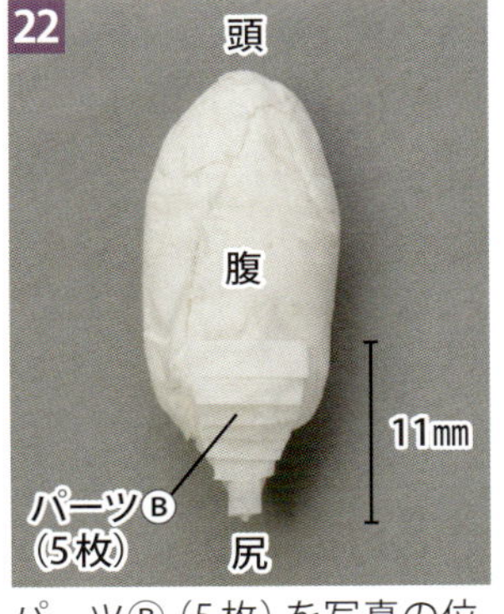

パーツⒷ（5枚）を写真の位置に貼ります。

パーツⒸを写真の位置に貼ります。

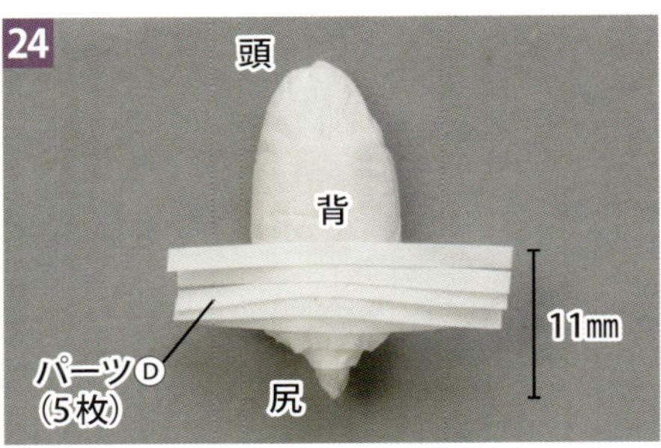

パーツⒹ（5枚）を写真の位置に貼ります。

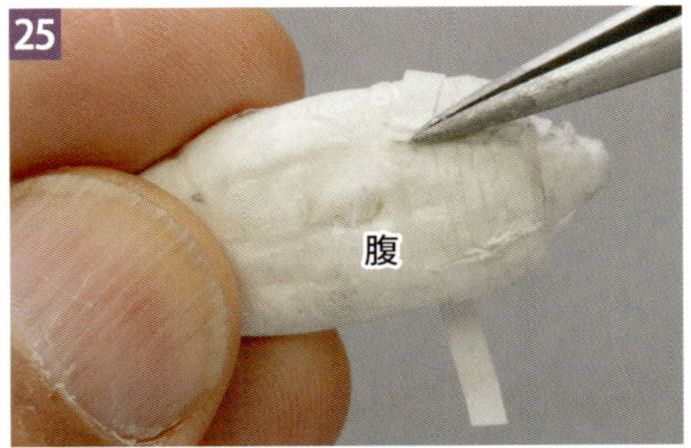

パーツⒹ（5枚）のはみ出た部分にボンドをつけて、腹側のパーツに合うように、1枚1枚胴体に貼ります。

パーツⒶⒷⒸⒹを貼り終わったところ。

写真の位置にピンセットの先で穴を開け、ボンドをつけて爪楊枝を挿します。

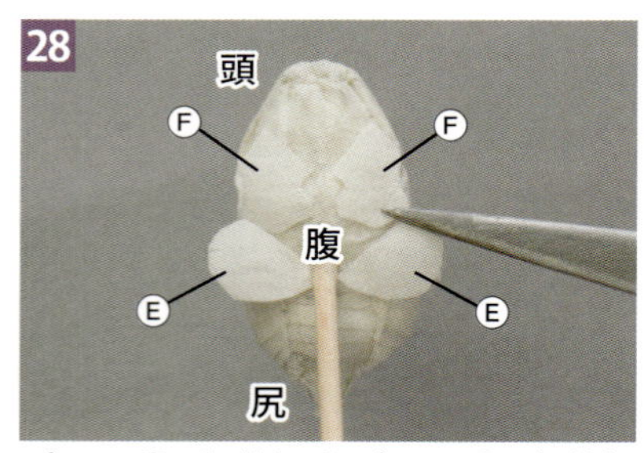

パーツⒺ（2枚）とパーツⒻ（2枚）を貼ります。

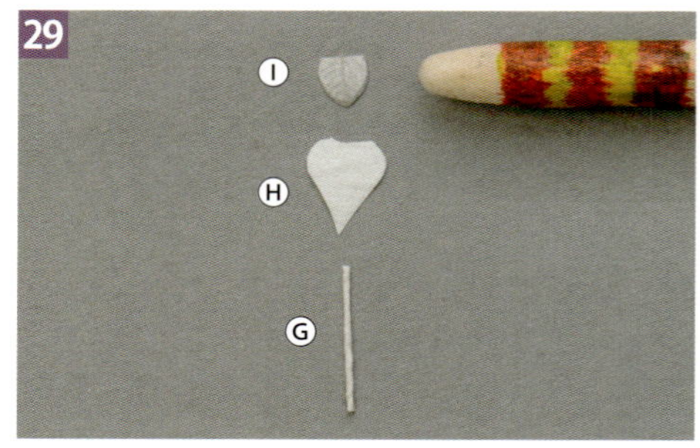

パーツⒼⒽⒾを用意します。パーツⒼは、幅10㎜のコヨリを13㎜でカットしたもの。パーツⒾは、丸箸でカーブをつけておきます。

写真のように組み合わせて、ボンドで貼ります。

30を28に貼ります。

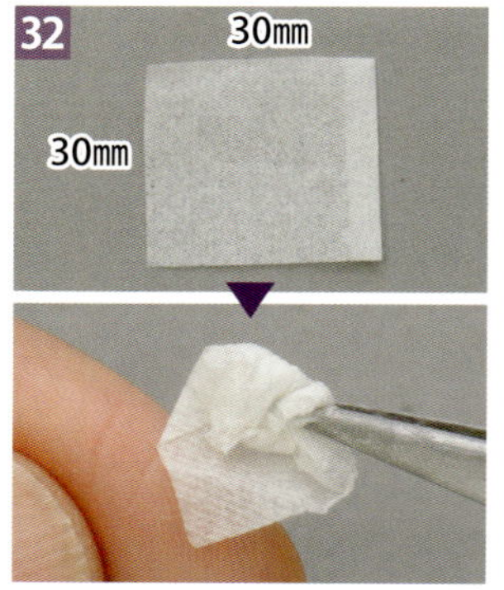

30×30㎜の2枚紙をピンセットでくるくる丸めます。

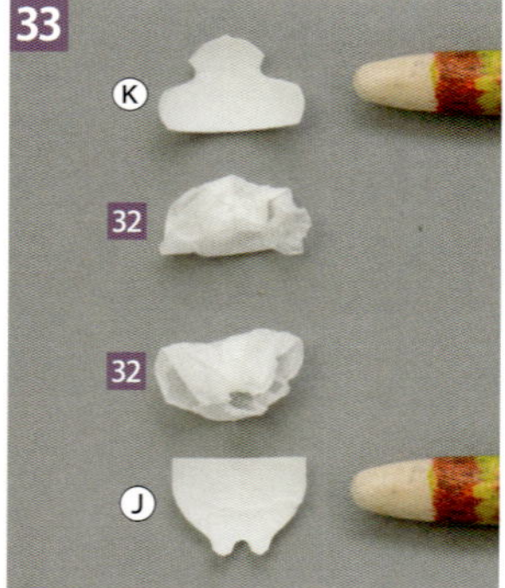

32を2個作ります。パーツⒿⓀは丸箸でカーブをつけておきます。

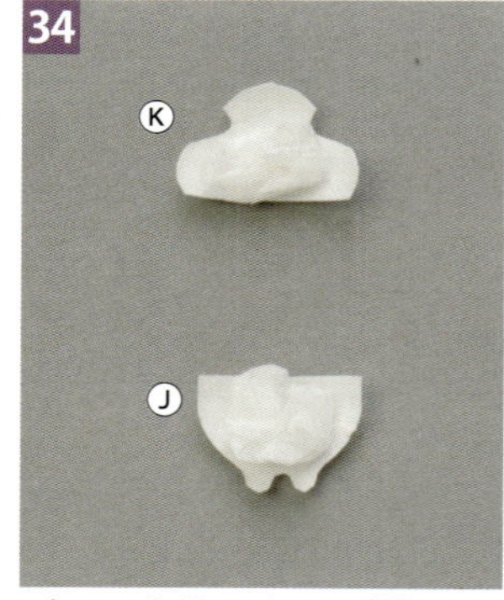

パーツⒿⓀの上に、32を乗せて貼ります。

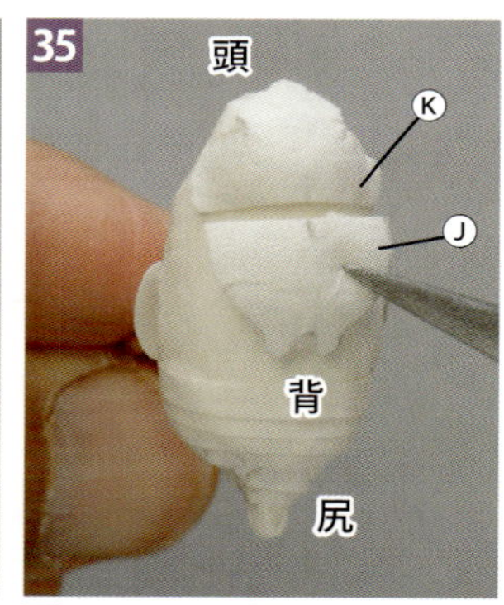

34を裏返し、31の背側に貼ります。

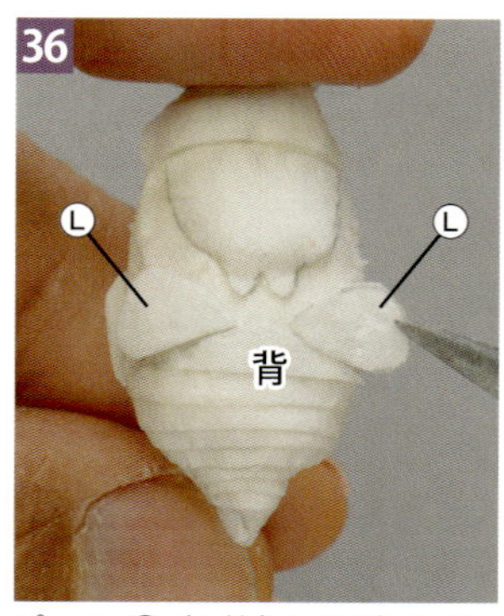

パーツⓁ（2枚）を写真の位置に貼ります。

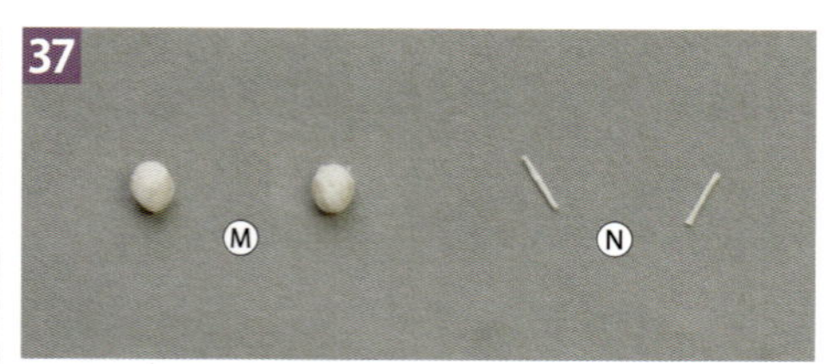

パーツⓂ（目）は、20×20㎜の1枚紙をボンドで固く丸めたもの（2個）。パーツⓃ（触角は、幅5㎜のコヨリを3㎜でカットしたもの（2本）。

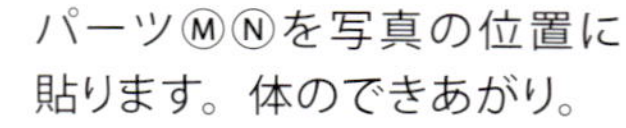
パーツⓂⓃを写真の位置に貼ります。体のできあがり。

Step 02 脚を作る

ミンミンゼミの脚は、脚と、脚の爪用の２種類のコヨリを作り、貼り合わせて作ります。細かい作業ですが、ボンドを少なめに何回かに分けてつけて、ピンセットをうまく駆使しつつ、ていねいに行ってください。

前脚を作る

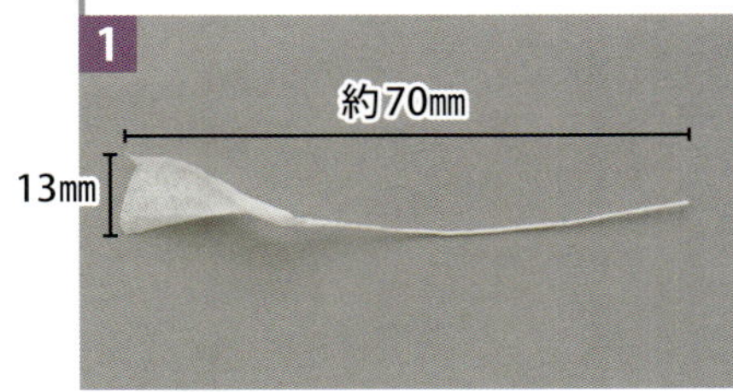

幅13㎜の１枚紙でコヨリを作ります（長さは自由＝目安として70㎜）。

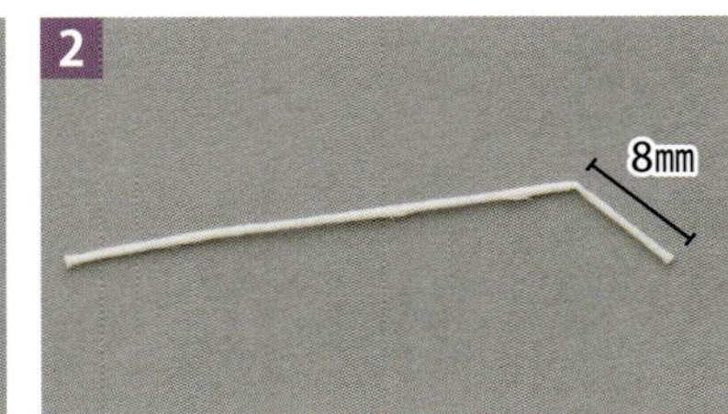

ボンドで固めたコヨリを、写真の位置で曲げます。

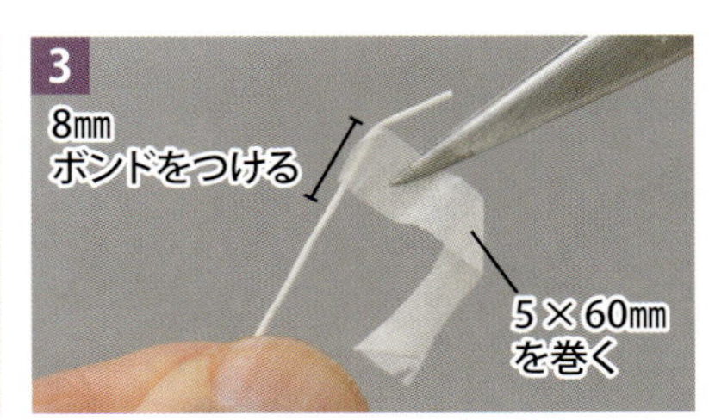

曲げたところから8㎜にボンドをつけ、5×60㎜の１枚紙を巻きつけます。

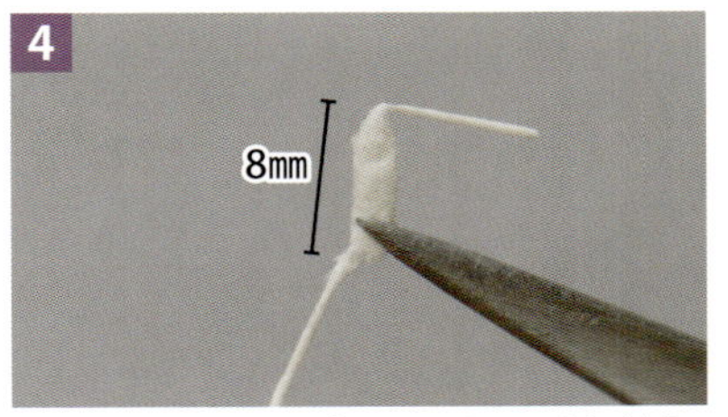

巻きつけたら、ピンセットで形を整えます。

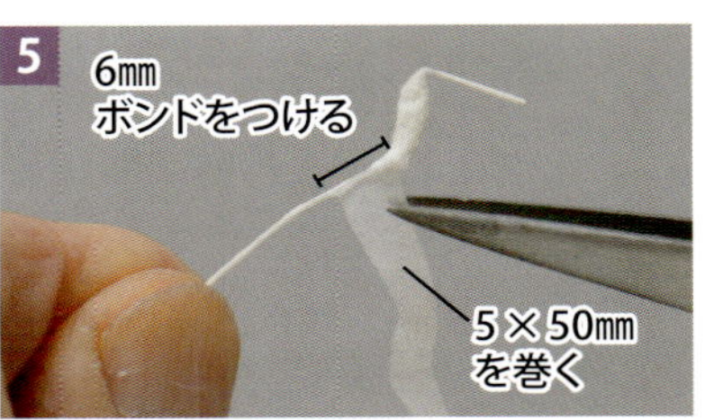

4 のすぐ隣6㎜にボンドをつけ、5×50㎜の１枚紙を巻きつけます。

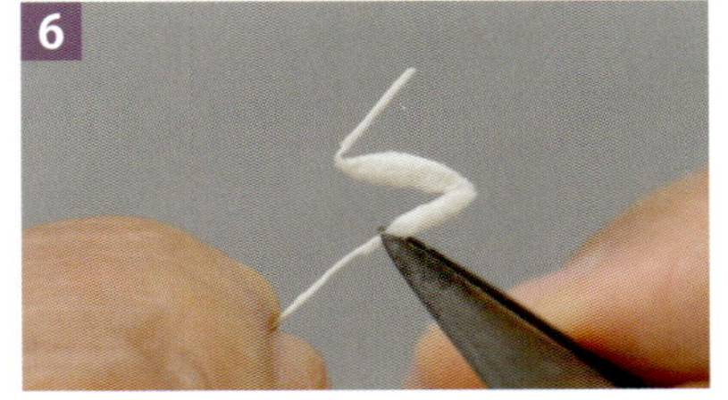

巻きつけたら、ピンセットで形を整えます。

前脚の爪を作る

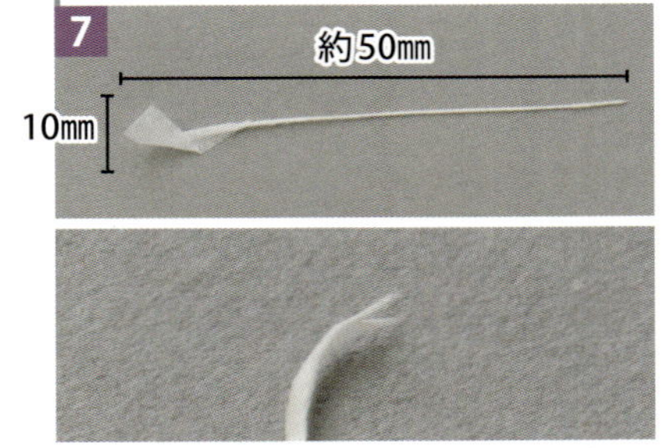

幅10㎜のコヨリを作り（長さは自由＝目安として50㎜）、先端をつぶしてからV字にカットします。

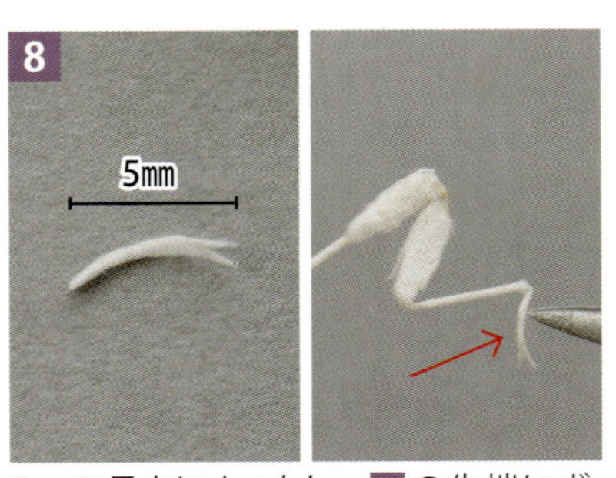

5㎜の長さにカットし、6 の先端にボンドで貼ります。

中脚、後脚も作る

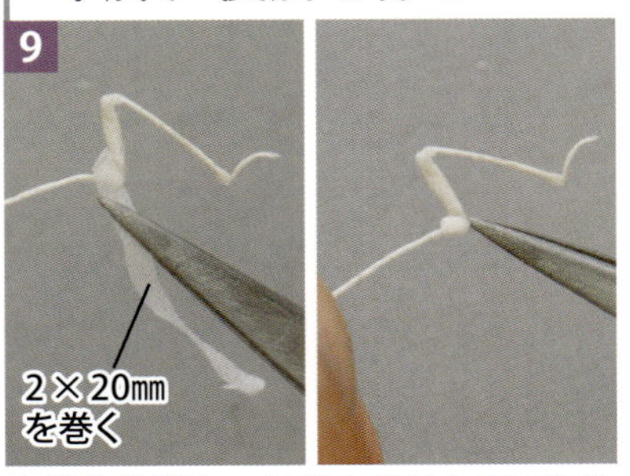

中脚と後脚も、前脚と同じように作りますが、5 〜 6 の代わりに、2×20㎜の１枚紙を巻きつけます。

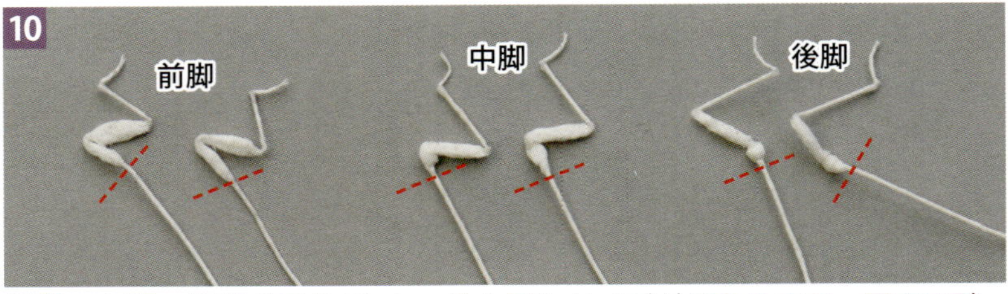

前脚、中脚、後脚ができました。それぞれサイズが異なるので、図面で確認してください。点線でカットします。

つまようじのお尻に、ボンドで貼っておきます（着色しやすくするため）。

Step 03 羽を作る

羽はニス紙（2 枚組）にサインペンで図面から写しますが、なるべく細い薄い線で描くこと。羽には色を塗りません。4～8の作業は非常に細かいので、あせらずにじっくりと。9で丸箸で丸みをつけるのがポイントです。羽は傷をつけると破れてしまうので、注意して扱うこと。

羽を作る

1

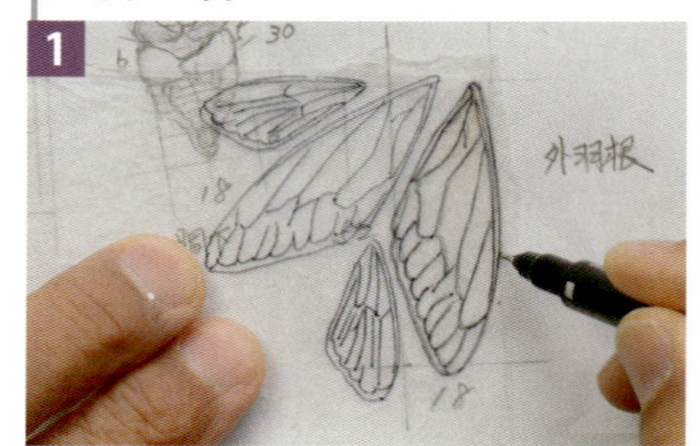

ニス紙（2枚組）を図面に当てて、サインペンで羽の形をなぞります。

2

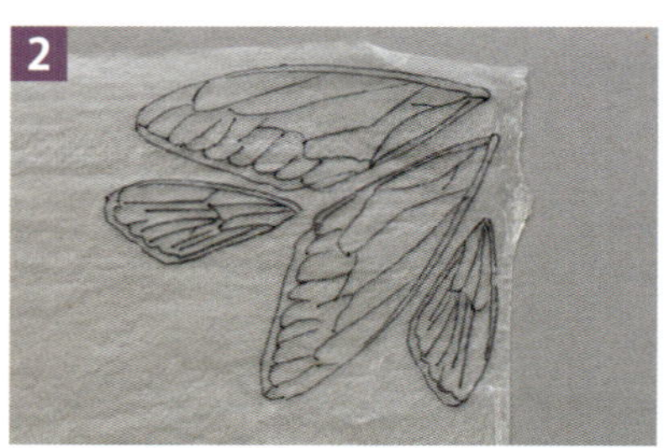

羽をなぞり終わりました。

3

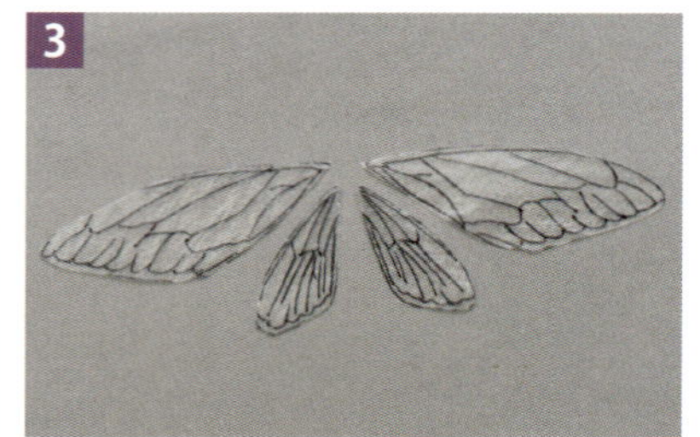

輪郭線でカットします。

4

ニス紙（2枚組）の100×5㎜の範囲を、サインペンで塗りつぶします。

5

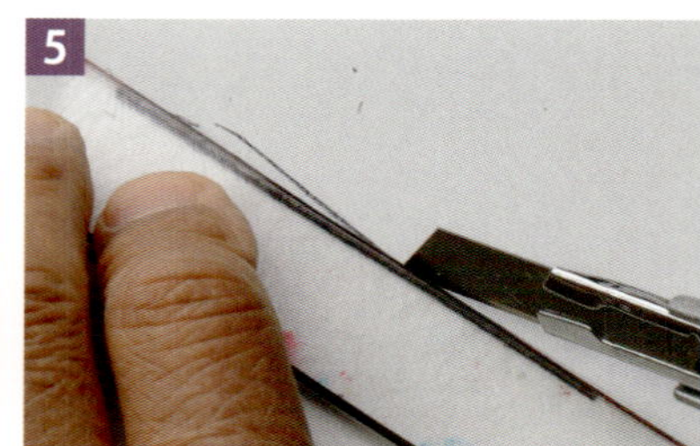

4を細長くカットします。

6

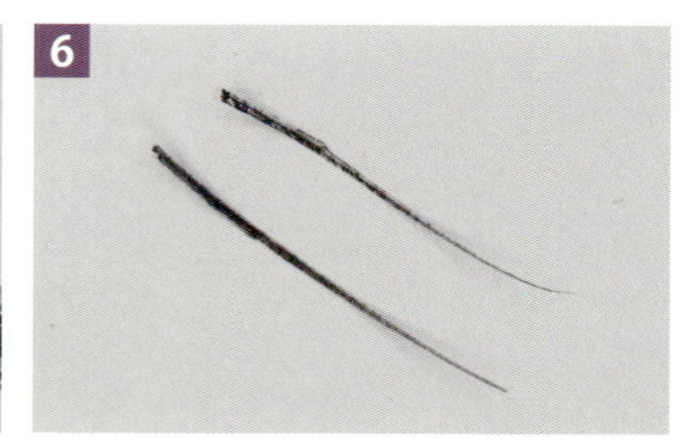

写真のような形にカットします（2本）。

7

6を3の大きい羽の上端に沿って、ボンドで貼ります。

8

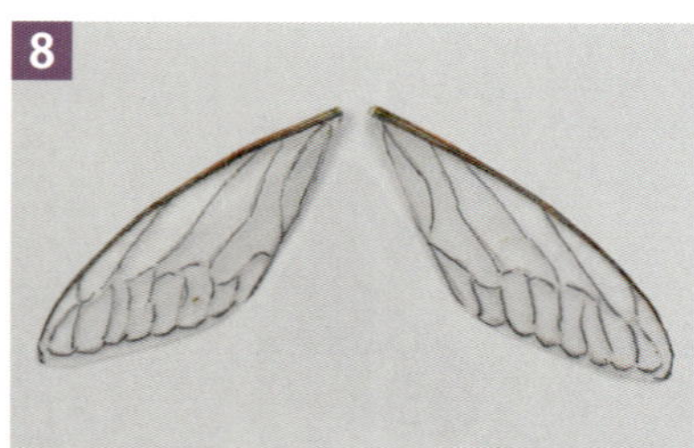

貼ったところ。

9

丸箸の先端を押しつけて、丸みをつけます。

10

羽のできあがり。

Step 04 着色する▸組み立てる▸ニスを塗る▸完成

着色は、薄い色を何度も重ねて仕上げていきます。特に4の体の模様は、緑、黄、茶、黒を少しずつ薄くつけて、全体のバランスを見ながらだんだんと濃くしていきます。17で羽を胴体に貼るときは、羽の根元にも少しボンドをつけて、ボンドが乾き始めた頃に貼り合わせます。

脚と体を着色する

1 絵具を用意します。

2 脚を塗ります。

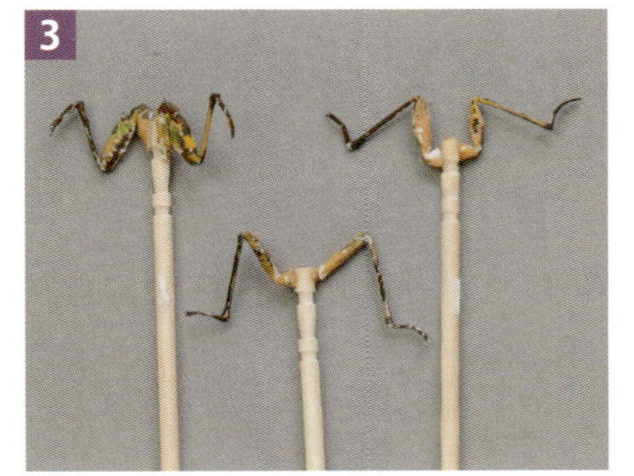

3 前脚、中脚、後脚を塗ったところ。

4 体の模様を丹念に塗っていきます。

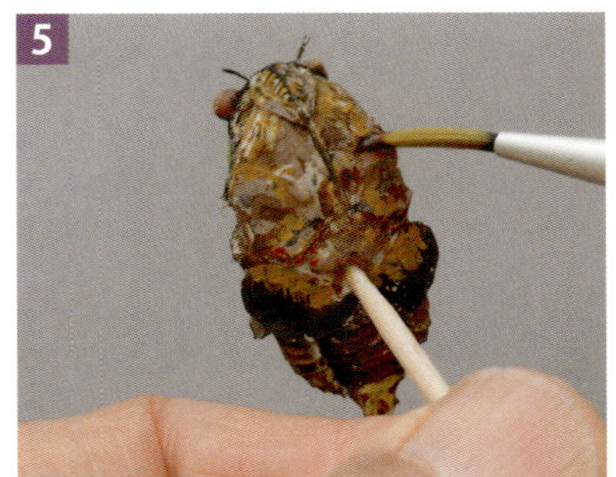

5 腹側もじっくり塗ります。

6 絵具が乾いたら、脚の位置にボンドを6箇所つけます。

脚を体に貼る

7 6本の脚を慎重に貼ります。

8 貼ったところ。

9 真上から見たところ。6本の脚がバランスよくついているか確認します。

羽を体に貼る

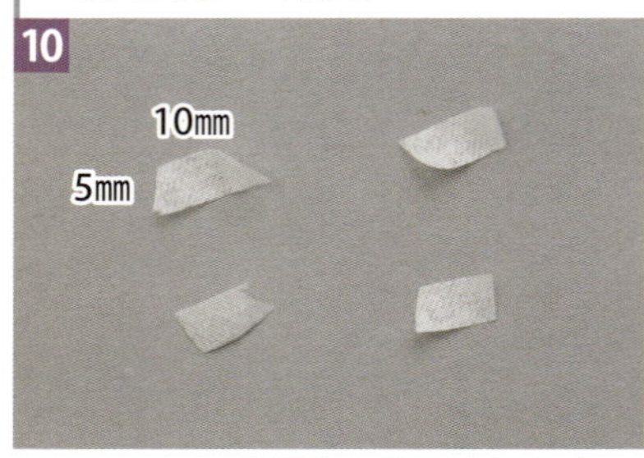

5×10㎜の1枚紙を4枚用意します。

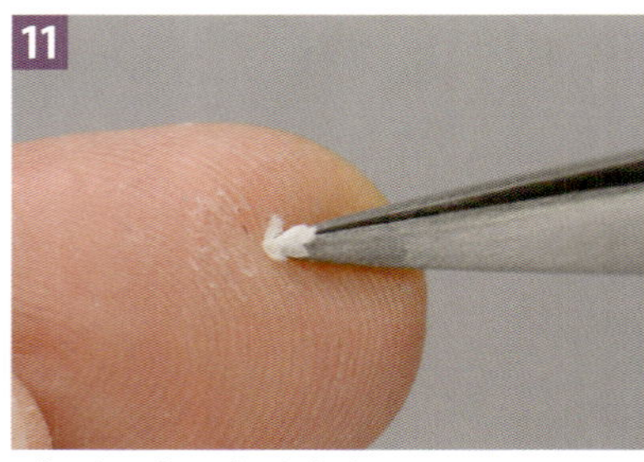

ピンセットで丸めます。

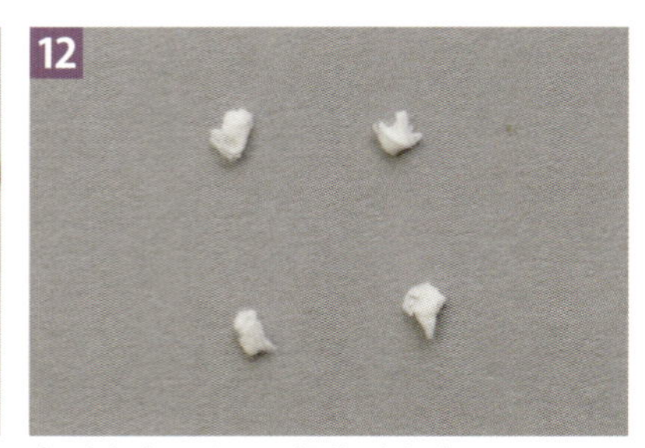

丸めたところ。4個作ります。

写真の位置4箇所にボンドをつけます。

12を4個とも貼ります。

14に着色します。

乾いたら、ボンドをつけます。

小さい羽を2枚つけます。

大きい羽もつけます。

裏から見たところ。

真上から見たところ。

ニスを塗る

乾いたら、ニスを塗ります。

完成

ミンミンゼミのできあがり。

✔いろいろなアングルから見てみよう（着色前）

顔

斜め後ろ

真横

表

裏

斜め前

✓いろいろなアングルから見てみよう（完成版）

顔

斜め後ろ

真横

表

裏

斜め前

Part 3

ティッシュ昆虫
ギャラリー
&図面

オオカマキリ

鎌のような長い前脚が特徴のオオカマキリ。先に胴体を作り、次に三角形の頭を作ります。前脚は、特に爪先から第二関節までを注意深く作りましょう。

裏

顔

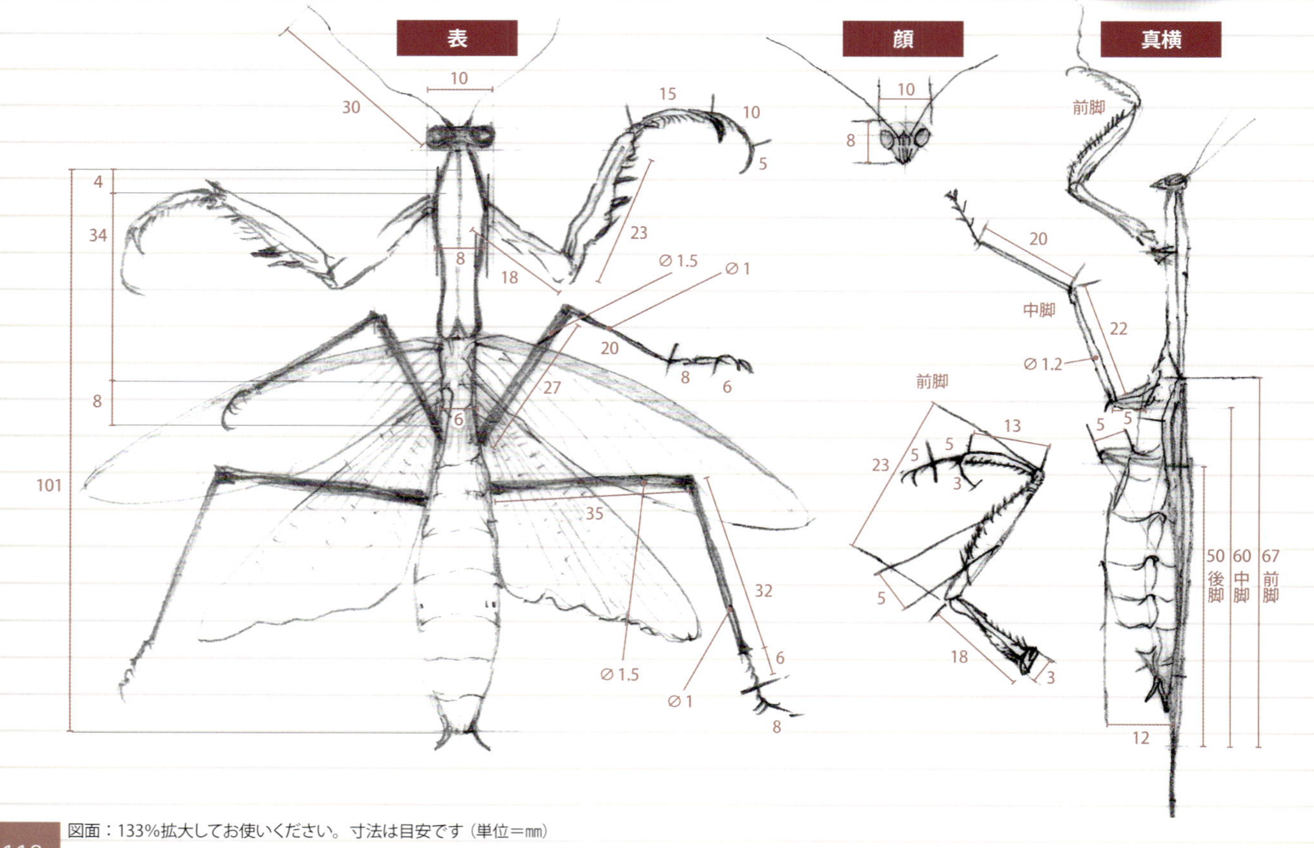

図面：133%拡大してお使いください。寸法は目安です（単位＝㎜）

✓いろいろなアングルから見てみよう

顔

斜め後ろ

真横

表

裏

斜め前

ミヤマカミキリ

長い触角と鋭い牙の口が特徴のミヤマカミキリ。胴体→頭→触角→羽→脚の順番で、パーツをひとつひとつていねいに作ります。

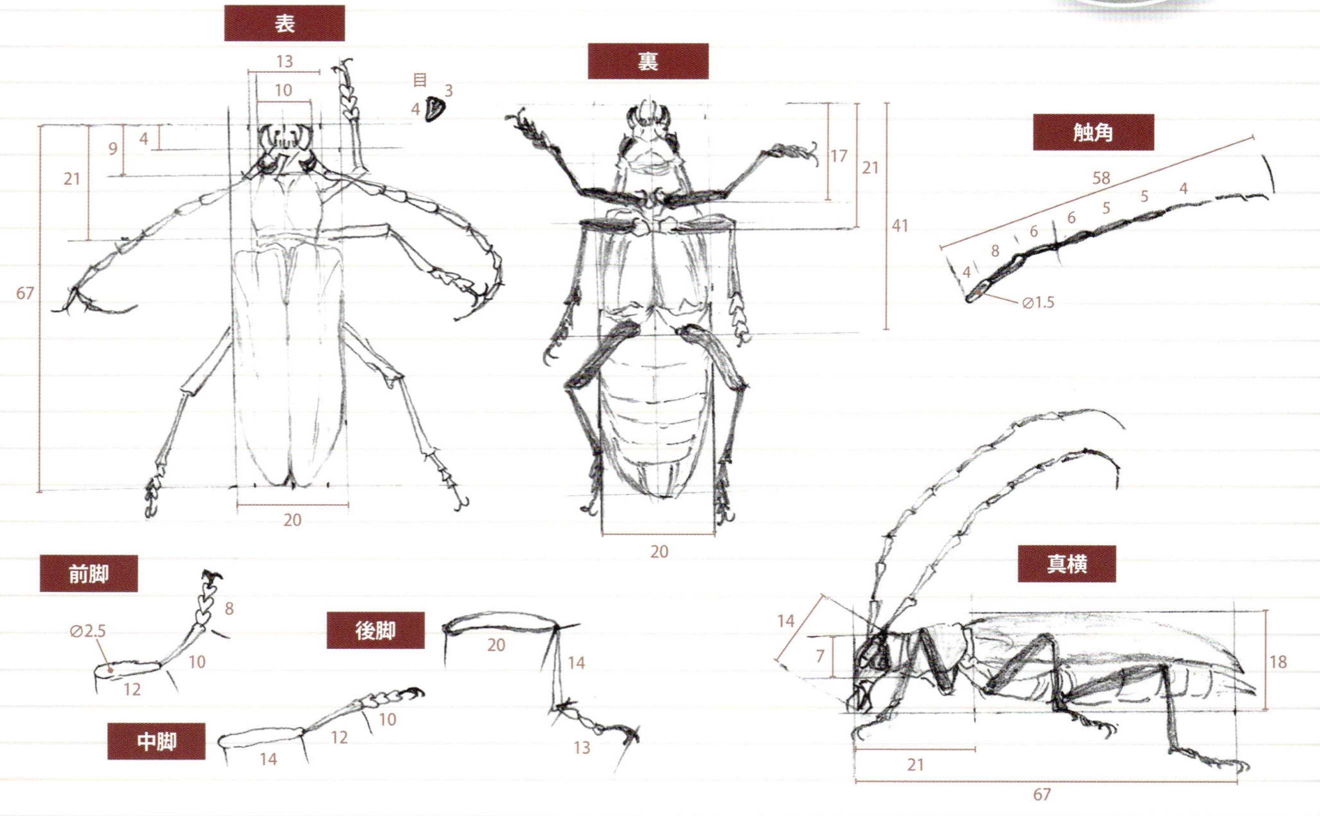

図面：133%拡大してお使いください。寸法は目安です（単位＝㎜）

✔いろいろなアングルから見てみよう

顔

斜め後ろ

真横

表

裏

斜め前

オオスズメバチ

尻の毒針と鋭い牙が特徴のオオスズメバチ。頭と胴体は別々に慎重に作ります。各部位のバランスに気をつけながら作りましょう。

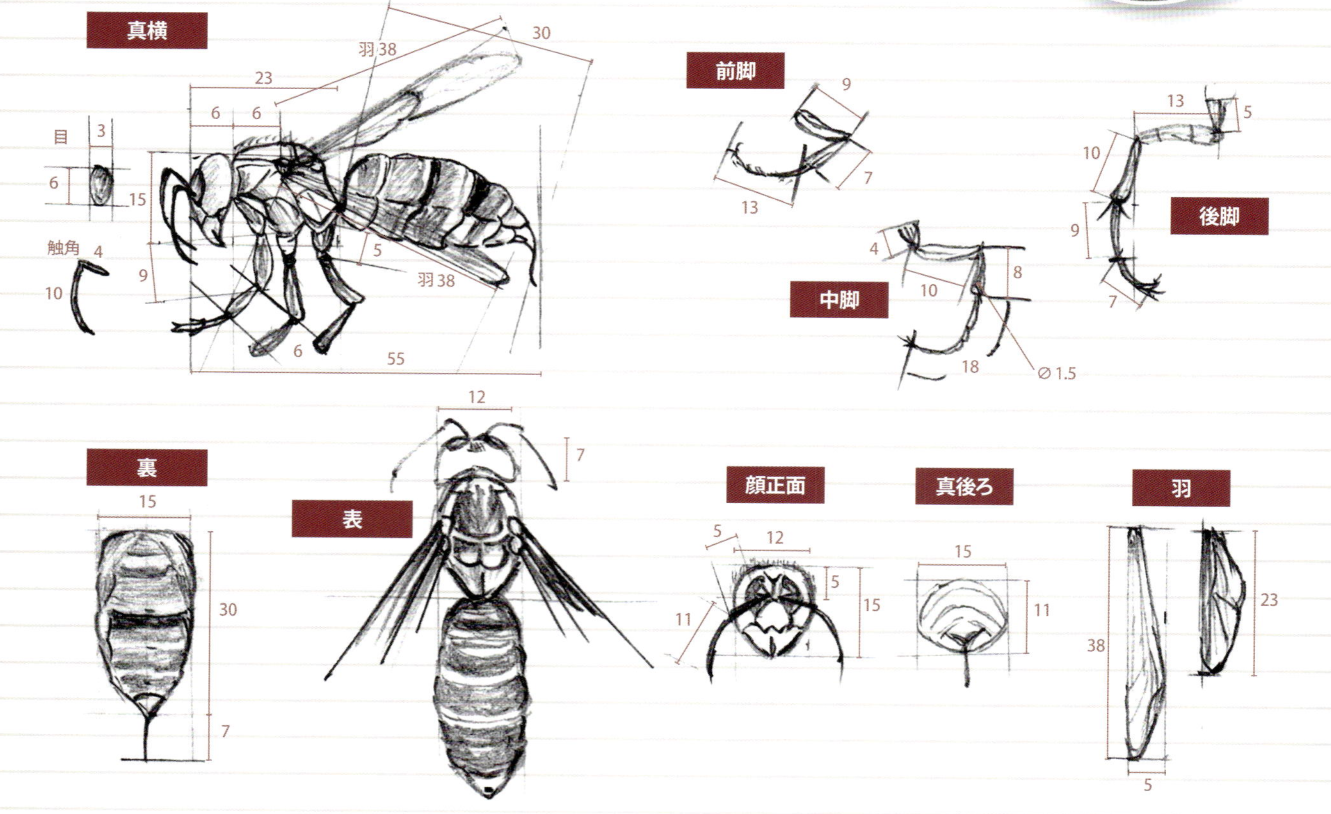

図面：118%拡大してお使いください。寸法は目安です（単位＝㎜）

✓いろいろなアングルから見てみよう

顔

斜め後ろ

真横

表

裏

斜め前

ノコギリクワガタ

鋭いトゲのある大きなツノが特徴のノコギリクワガタ。ツノの微妙な反り具合をうまく再現してみましょう。６本の脚の長さと配置決めも慎重に。

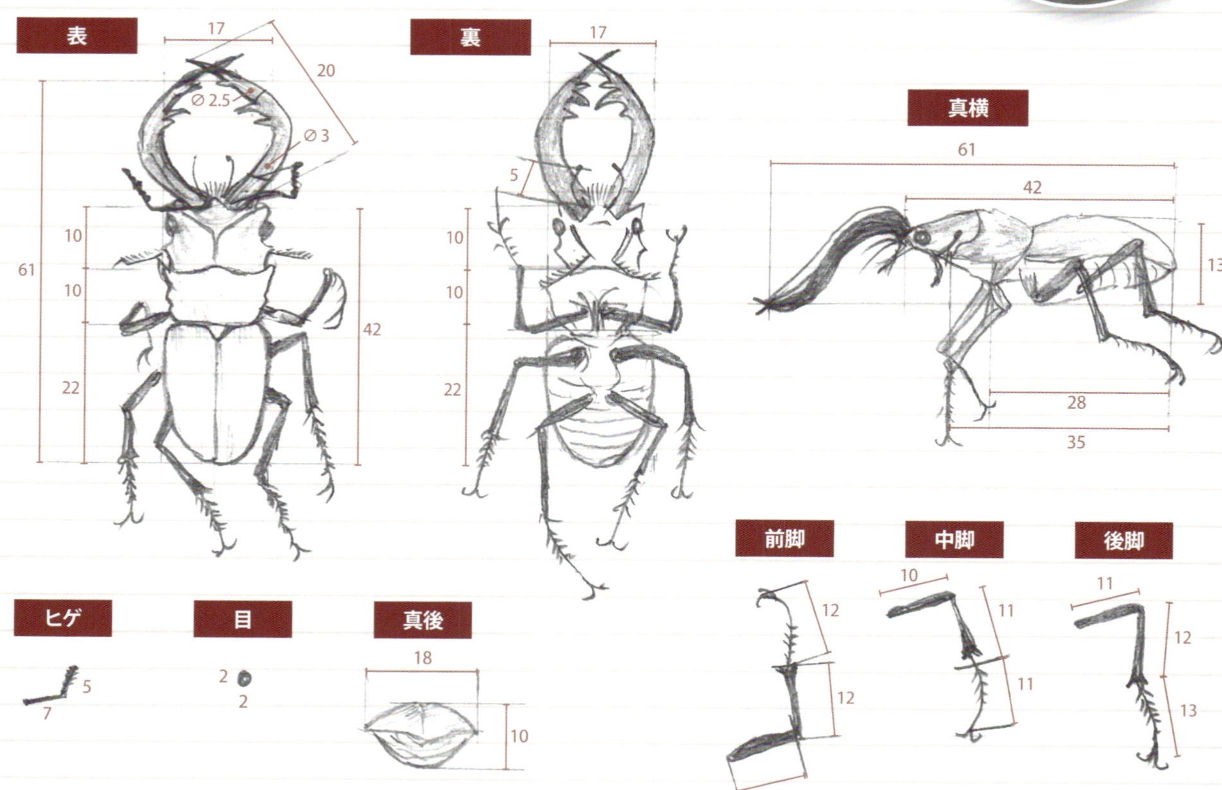

図面：118％拡大してお使いください。寸法は目安です（単位＝㎜）

✔いろいろなアングルから見てみよう

顔

斜め後ろ

真横

表

裏

斜め前

アトラスオオカブト

長くて大きい３本のツノを持つアトラスオオカブト。固い上翅からのぞく半透明の下翅はニス紙で作り、細いコヨリで脈を入れています。

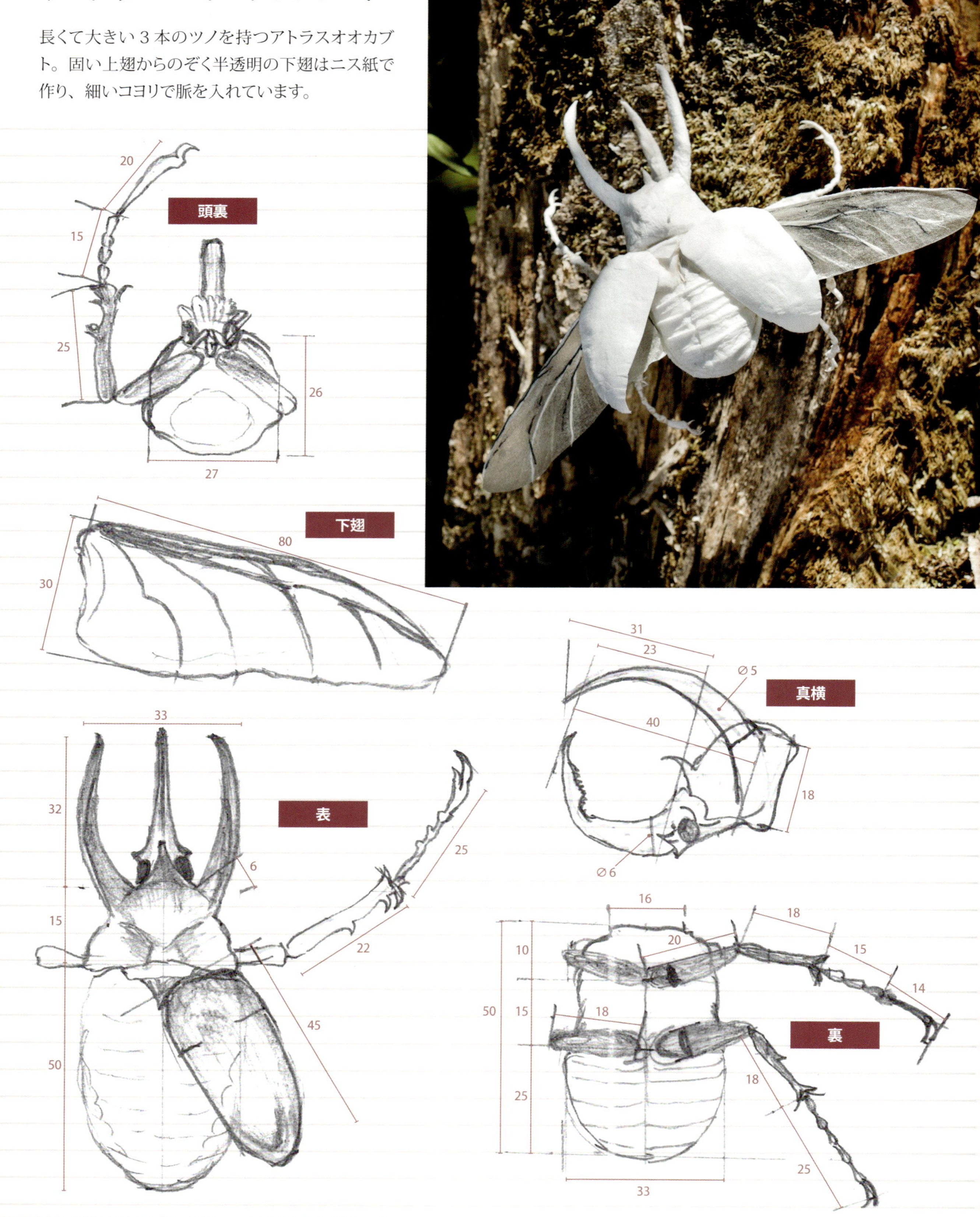

図面：116%拡大してお使いください。寸法は目安です（単位＝mm）

✔いろいろなアングルから見てみよう

顔

斜め前

斜め後ろ

真横

表

裏

ショウリョウバッタ

尖った頭と細長い脚が特徴的なショウリョウバッタ。触角も特徴的で、細い葉のような形をしていることに注目してください。

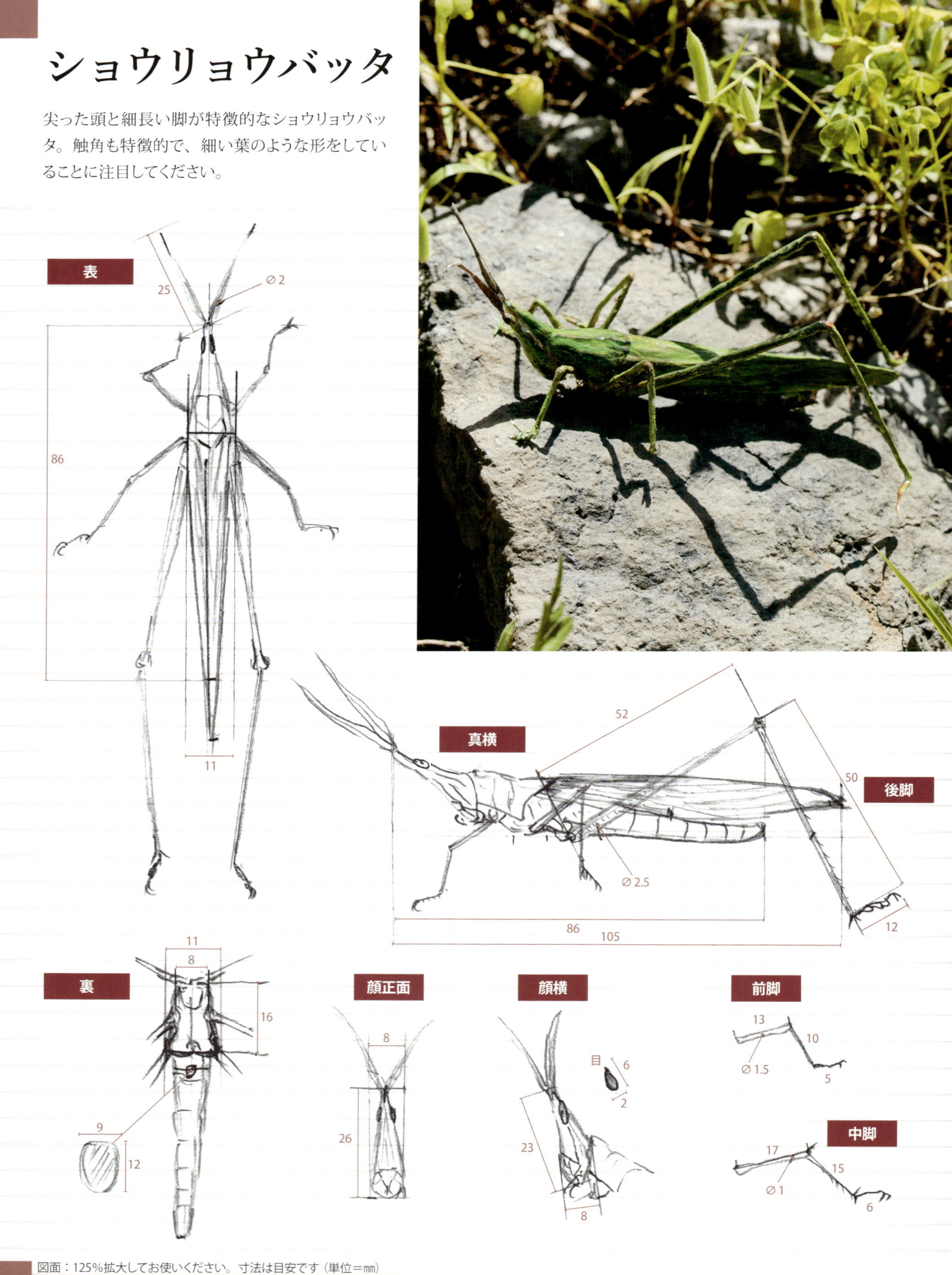

図面：125%拡大してお使いください。寸法は目安です（単位＝㎜）

✓いろいろなアングルから見てみよう

顔

斜め後ろ

真横

表

裏

真後ろ

タガメ

全体に薄く平たい形が特徴的なタガメ。太い前脚も個性的です。上翅の形も独特なので、しっかり再現しましょう。

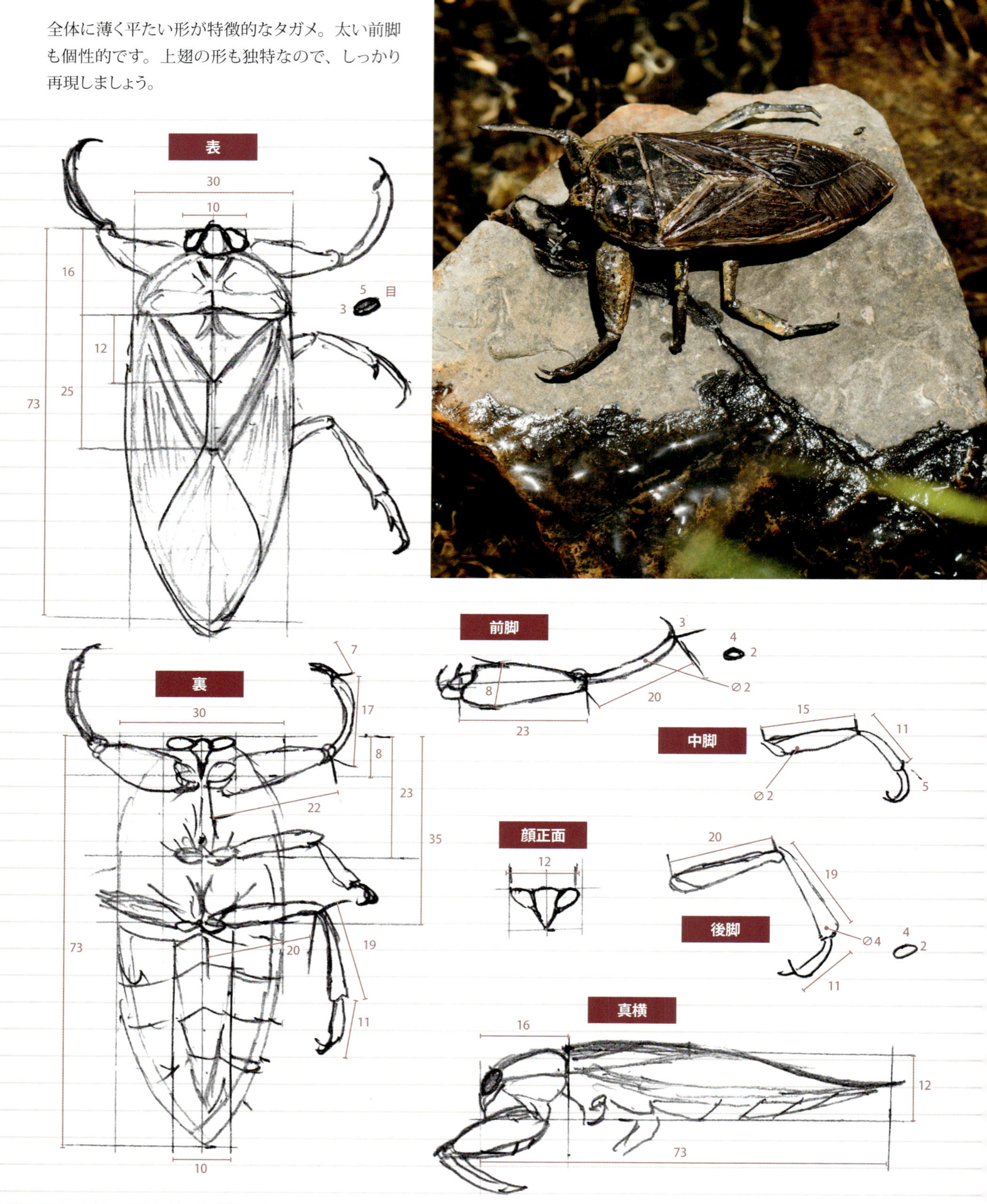

図面：原寸大。寸法は目安です（単位＝mm）

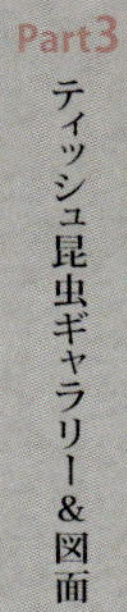

✓いろいろなアングルから見てみよう

顔

斜め後ろ

真横

表

裏

斜め前

タマムシ

宝石のような色合いのタマムシ。胴体と頭を一体化して同時に作っていきます。体の模様は、少しずつ慎重に色を重ねて仕上げます。

裏

真横

斜め前

斜め後ろ

顔

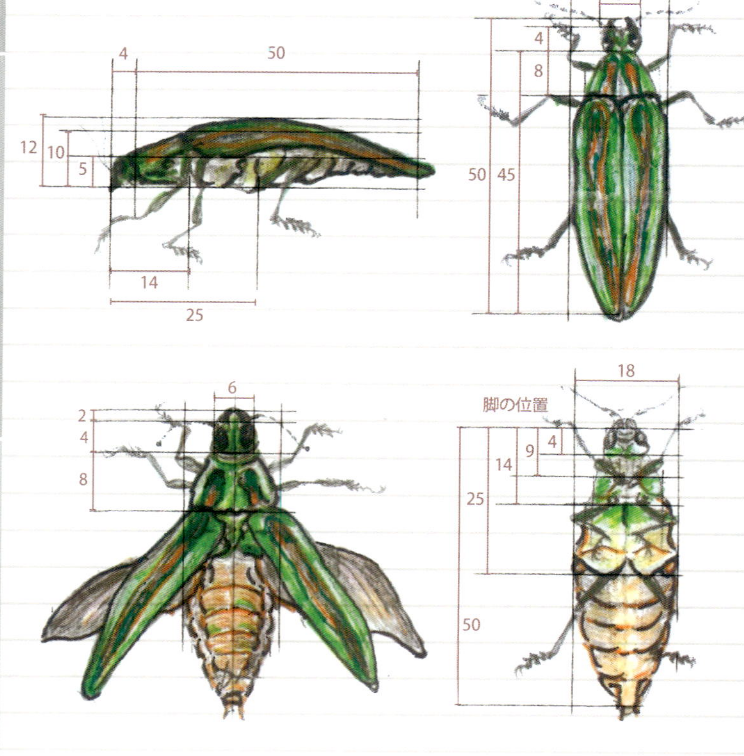

図面：128%拡大してお使いください。寸法は目安です（単位＝mm）

オオゴマダラ

オオゴマダラは日本で最大級のチョウ。羽の模様を慎重に描き写してください。羽の淡い黄色は、濃く塗りすぎないように注意しましょう。

顔

斜め前

真横

表

真横

裏

図面：180%拡大してお使いください。寸法は目安です（単位＝mm）

ルリタテハ／ツマグロヒョウモン

チョウは羽の模様と色合いの表現が大切です。ルリタテハは羽の黒と青のエレガントな配色が印象的。ツマグロヒョウモンは黒とオレンジのコントラストが特徴的です。

図面：111%拡大してお使いください。寸法は目安です（単位＝㎜）

アケビコノハ

蛾ではありますが、とても美しい色合いと興味深いフォルムを持つアケビコノハ。特徴である木の葉のような羽と、体に密集している細い毛をていねいに作るのがポイント。

顔

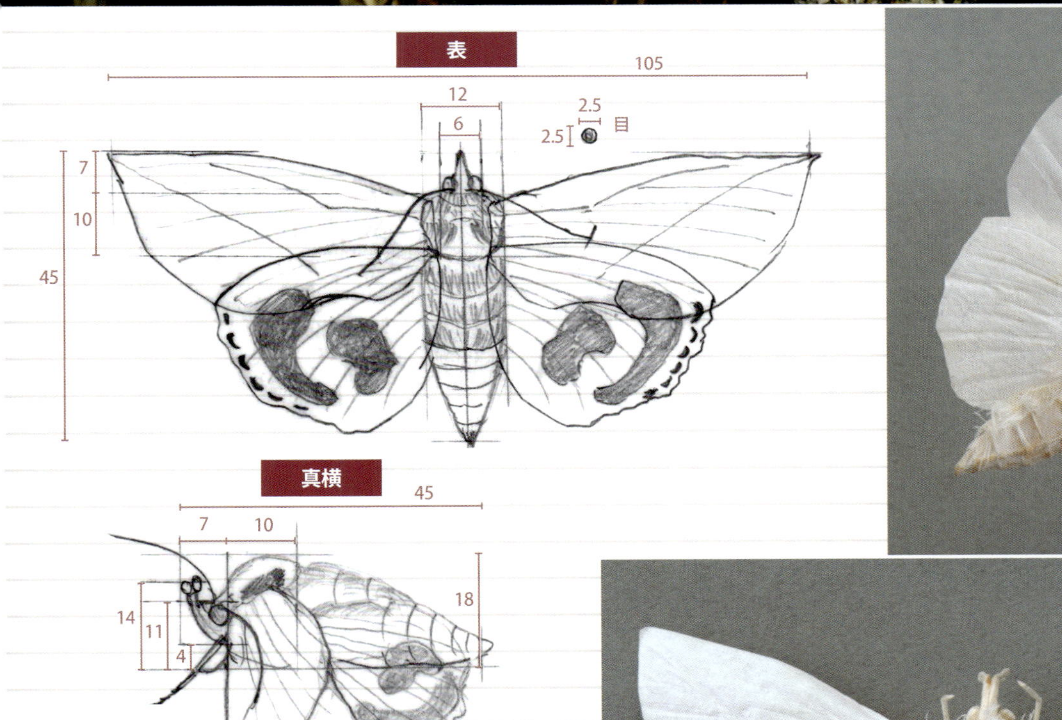

真横

裏

図面：114%拡大してお使いください。寸法は目安です（単位＝mm）

■著者紹介

駒宮 洋（こまみや ひろし）

1945年埼玉県生まれ。ティッシュ昆虫®や古民家模型の製作を行う造形作家。ティッシュ昆虫は実物を観察して図面を引き、部位ごとにパーツを作り、仕上げる。これまでに100種以上、300個体の昆虫をティッシュペーパーで製作している。各地で作品展やワークショップを開催。ギャラリー工房「心の郷」主宰。岐阜県、山梨県、石川県、埼玉県、東京都など、全国各地で『ティッシュ昆虫展』を開催している。著書に『はじめてでもできる かんたん ティッシュ工作』（学研マーケティング）がある。

■スタッフ

本文編集／デザイン／DTP：アトリエ・ジャム（http://www.a-jam.com）

カバーデザイン：板倉 宏昌（リトルフット）

作品撮影：大野 伸彦

プロセス撮影／作品撮影／編集協力：山本 高取

監修：山本 勝之（ペンション・ファーブル）

企画：森本 征四郎（アースメディア）

編集統括：谷村 康弘（ホビージャパン）

ティッシュで作(つく)るリアルな昆虫(こんちゅう)

基本(きほん)のカナブンからカブトムシ、アゲハ、トノサマバッタの工作(こうさく)まで

2019年7月20日　初版発行

著　者　駒宮 洋

発行人　松下 大介

発行所　株式会社ホビージャパン
〒151-0053 東京都渋谷区代々木2-15-8
電話03-5354-7403（編集）
電話03-5304-9112（営業）

印刷所　大日本印刷株式会社

乱丁・落丁（本のページの順序の間違いや抜け落ち）は購入された店舗名を明記して当社パブリッシングサービス課までお送りください。送料は当社負担でお取り替えいたします。但し、古書店で購入したものについてはお取り替え出来ません。

Printed in Japan

ISBN978-4-7986-1973-6 C0076